昭通扶贫

昭通市脱贫攻坚大决战实录

易地搬迁扶贫卷

政协昭通市委员会 组编

中国文史出版社
CHINA CULTURAL AND HISTORICAL PRESS

图书在版编目（CIP）数据

昭通市脱贫攻坚大决战实录．易地搬迁扶贫卷／政协昭通市委员会组编．--北京：中国文史出版社，2021.12

ISBN 978-7-5205-3176-4

Ⅰ．①昭… Ⅱ．①政… Ⅲ．①移民—扶贫—工作概况—昭通 Ⅳ．① F127.743

中国版本图书馆 CIP 数据核字 (2021) 第 187200 号

责任编辑：窦忠如　秦千里　方云虎
特约编辑：窦广利　张幼平　邓文华

出版发行：中国文史出版社
社　　址：北京市海淀区西八里庄路 69 号院　邮编：100142
电　　话：010－81136606　81136602　81136603（发行部）
传　　真：010－81136655
印　　装：廊坊市海涛印刷有限公司
经　　销：全国新华书店
开　　本：787 毫米 × 1092 毫米　1/16
印　　张：25.5
字　　数：351 千字
版　　次：2021 年 12 月北京第 1 版
印　　次：2021 年 12 月第 1 次印刷
定　　价：1980.00 元（全 19 册）

《昭通市脱贫攻坚大决战实录》丛书

编　委　会

《易地搬迁扶贫卷》

总　序

成联远

贫困是人类社会的顽疾，消除贫困是人类梦寐以求的理想，人类发展史就是与贫困不懈斗争的历史。

中国共产党从成立之日起，始终高度重视解决贫困问题，持续向贫困宣战。党的十八大以来，以习近平同志为核心的党中央，把脱贫攻坚摆在治国理政的突出位置，团结带领全党全国各族人民打响了人类历史上规模最大、力度最强、惠及人口最多的脱贫攻坚战。经过8年持续奋斗，如期完成了新时代脱贫攻坚目标任务，现行标准下近1亿农村贫困人口全部脱贫，贫困县全部摘帽，消除了绝对贫困和区域性整体贫困，脱贫地区处处呈现山乡巨变、山河锦绣的时代画卷！这是中国共产党团结带领全国各族人民艰苦奋斗所创造的又一个彪炳史册的人间奇迹，生动展示了中华民族摆脱贫困、走向复兴的强大力量。

昭通地处云、贵、川三省接合部的乌蒙山区腹地，是集革命老区、地震灾区、散居民族地区、生态敏感脆弱地区为一体的深度贫困地区，是全国贫困人口最多、贫困程度最深、脱贫任务最重、攻坚压力最大的地级市。全市11个县（市、区）中有国家级贫困县10个，1379个村（社区）中有贫困村1235个，629万人口中有贫困人口185.07万人，正可谓全国脱贫看云南、云南脱贫看昭通。

历史的洪流浩浩荡荡，精彩的答卷壮阔恢宏。近年来，特别是习近平总书记于2015年视察昭通以来，市委、市政府始终铭记习近平总书记的殷殷嘱托，感恩党中央的亲切关怀，始终把脱贫攻坚作为最大的政治任务，全面落实精准扶贫、精准脱贫方略，团结带领全市各族干部群众，攻坚克难、感恩奋进，发扬钉钉子精神，敢于啃硬骨头，奋力夺取了脱贫攻坚大决战全面胜利。全市现行标准下185.07万农村贫困人口、1235个贫困村、10个贫困县全部退出贫困序列，贫困群众人均收入由2015年的2703元增加到9899元，昭通千百年来的绝对贫困问题历史性地画上句号，全面建成小康社会取得历史性成就。昭通的奋力崛起、华丽转身，是云南乃至全国扶贫开发事业的一个缩影。

荆棘载途，玉汝于成。一切向前走，都不能忘记走过的路。在脱贫攻坚工作中，数万名扶贫干部倾力奉献、苦干实干，将最美的年华无私奉献给了脱贫事业，涌现出许多感人肺腑、可歌可泣的先进事迹。“感动南网”的彝良县牛街镇水田村第一书记吴长碧，用柔弱肩膀扛起扶贫重任；把病情报告单“藏”起来去扶贫的女干部金碧琼，一直坚守在扶贫第一线；特别是即将结婚却没有等到婚礼那一刻的“90后”扶贫干部王秋婷、积劳成疾牺牲在扶贫一线的驻村工作队队长李永春等25名扶贫干部，更是用生命诠释了共产党人的初心使命；还有216对“父子兵”、1284对“夫妻档”，572名干部“轻伤不下火线”，他们用身影、心血和汗水，交出了让党和人民满意的答卷。为全面记录新时代昭通艰苦卓绝、波澜壮阔的脱贫攻坚历史进程，客观反映乌蒙大地发生的翻天覆地历史性巨变，真实记录各级干部群众在脱贫攻坚中的感人故事，经市委同意，我们组织相关县市区、部门、专家对2015年至2020年我市开展脱贫攻坚的重大事件、典型故事进行搜集整理，编写《昭通市脱贫攻坚大决战实录》，旨在通过回望昭通脱贫攻坚的壮阔历程，探索总结蕴含其中的宝贵经验和深刻启示，赓续传承伟大的脱贫攻坚精神，从历史回望中照见未来，以更坚定的信心、更昂扬的斗志，继续走好新时代的长征路，奋力谱写昭通高质量跨越发展新篇章。

以昭通脱贫攻坚的壮阔历程资鉴后世。回望昭通脱贫攻坚的壮阔历程，市委、市政府团结带领全市各族人民披荆斩棘、栉风沐雨，攻克了一个又一个贫中之贫、坚中之坚，脱贫攻坚取得了重大历史性成就。昭通脱贫攻坚任务之艰前所未有，全市基础条件薄弱、致贫原因复杂、发展滞后明显，贫困面积大、贫困人口多、贫困程度深，贫困发生率高达34.8%，“大山大水大峡谷、天寒地冻不出种、人多地少矛盾多”是昭通最大的市情。昭通脱贫攻坚规模之大前所未有，全市11个县市区中有国家级贫困县10个，其中深度贫困县7个；1235个贫困村中，有深度贫困村691个；农村贫困人口高达185.07万人，占全省贫困人口的1/5以上，平均每天脱贫人数达到1000人以上。昭通脱贫攻坚成效之巨前所未有，全市累计投资1658亿元，规划的12条高速公路全部落地建设，打通了11个“出滇入川进黔”大通道，通车里程达750公里；累计新建或改造农村住房55.89万户；215.4万人饮水安全得到巩固提升，自来水普及率达94%；累计硬化农村公路1.86万公里，建成公路安全生命防护工程1.05万公里；因地制宜规划建设集中安置区23个，35.47万名搬迁群众全部搬入新居；全市生产总值5年连跨5个百亿级台阶，年均增长8%，达1289亿元。脱贫地区经济社会发展大踏步赶上来，整体面貌发生历史性巨变，极大增强了人民群众的获得感、幸福感、安全感。我们通过收集广大奋战在一线同志的真实故事，以“当事人”的亲身经历，将昭通脱贫攻坚艰苦卓绝、成效卓著的壮阔历程系统完整地记载下来，形成档案性的历史资料，以资后人，以鉴后世。

探索总结昭通打赢脱贫攻坚大决战的深层逻辑。习近平总书记强调：“办好中国的事情，关键在党。”有了党的坚强领导，脱贫攻坚就有了坐镇中军帐的“帅”，亿万人民就有了众志成城的“主心骨”。面对夺取脱贫攻坚大决战全面胜利的历史重任，市委、市政府始终坚持把党的领导贯穿各项工作全过程，坚持以脱贫攻坚统领经济社会发展全局、以党的建设统领推动各项工作落实“双统领”，强化铁的纪律和硬的作风“双保障”，努力实现党的建设和脱贫攻坚“双推进”。始终坚持以人民为中心的发展思想，提出“坚持以人民为中心、以群众工作为主线，抓住精准、统筹、务实三个关键，实现思想、工作和情感三个认同”的“133”工作思路，让人民群众真正成为脱贫攻坚这棵参天大树的主干。始终坚持精准扶贫、精准脱贫方略，围绕“扶持谁”“怎么扶”“怎么退”“退出后怎么办”四个重点，着力扣好精准识别、精准施策、精准退出、巩固提升“四粒扣子”，构建了一整套行之有效的政策体系、工作体系、制度体系，用发展的办法消除贫困根源。始终深入贯彻落实“五级书记抓扶贫”“党政同责促攻坚”的要求，坚持“一把手”负总责，切实强化市县抓落实机制，着力构建各级领导干部责任上肩、挂甲上任的组织体系。始终坚持集中精锐力量投向脱贫攻坚主战场，累计选派 4592 名驻村工作队队员、823 名驻村督导员、6.37 万名各级帮扶干部充实到扶贫一线，鲜红的党旗始终在脱贫攻坚主战场上高高飘扬。这些宝贵经验、深刻启示，我们通过编撰实录的形式如实记录，推动脱贫攻坚的认识和实践实现一个新的飞跃，为以后的改革发展提供重要的历史借鉴和方法指导。

赓续传承新时代脱贫攻坚昭通精神。伟大事业孕育伟大精神，伟大精神引领伟大事业。脱贫攻坚伟大斗争，锻造形成了“上下同心、尽锐出战、精准务实、开拓创新、攻坚克难、不负人民”的脱贫攻坚精神，这是中国精神、中国价值、中国力量的充分彰显。回望昭通脱贫攻坚大决战的壮阔历程，市委、市政府团结带领全市各族人民风雨同舟、携手与共、砥砺奋斗，努力闯出了一条以脱贫攻坚统领经济社会发展全局，倒逼产业形态、基础设施、城乡建设、生态文明等各个领域创新突破的“昭通路径”，奋力跑出了争先进位、赶超跨越的“昭通速度”，锻造锤炼了为民务实、实干求真的“昭通作风”，树立展示了“文明友善、开放包容”的“昭通形象”，淬炼形成了敢打善拼、坚韧求成、再硬的骨头也要嚼碎的脱贫攻坚“昭通精神”，这是一笔昭通当代脱贫攻坚人留给后世的宝贵精神财富。我们着力做好时代的忠实记录者，发挥文史资料“存史、资政、团结、育人”功能，赓续传承、大力弘扬新时代脱贫攻坚昭通精神，激励全市 600 多万名各族儿女在新征程上再鼓干劲、再聚合力、再立新功。

引领我们不断从胜利走向新的更大胜利。春江浩荡暂徘徊，又踏层峰望眼开。脱贫摘帽不是终点，而是新生活、新奋斗的起点。我们如期完成新时代脱贫攻坚目标任务，为实现两个百年奋斗目标以坚定信心、强劲动力，必将激励我们不断从胜利走向新的更大胜利。站在新的历史交汇点上，推动滇东北开发提速和崛起的奋斗史诗正在书写，我们必须从决战决胜脱贫攻坚的实践中汲取智慧和力量，进一步增强“四个意识”、坚定“四个自信”、做到“两个维护”，不断提升政治判断力、政治领悟力、政治执行力，在以习近平同志为核心的党中央的坚强领导下，永远保持慎终如始、戒骄戒躁的清醒头脑，永远保持不畏艰险、锐意进取的奋斗韧劲，永远保持永不懈怠、一往无前的精神状态，真抓实干、埋头苦干，脚踏实地、久久为功，在推动昭通高质量跨越发展的新征程上奋勇前进！

（作者时任中共昭通市政协党组书记、政协昭通市委员会主席）

本卷编写说明

易地搬迁作为精准扶贫开发“五个一批”脱贫路径的重要组成部分，主要针对的是资源约束型和生态约束型贫困问题，通过“挪穷窝、换穷业、拔穷根”的路径达到“搬得出、稳得住、能致富”的扶贫效果，其意义全面而深刻。第一，由于易地搬迁具有明显的集聚人口功能，有助于尽快建立城乡一体、水平较高的公共保障制度体系，有效配置公共资源；第二，由于易地搬迁针对的是“一方水土养不起一方人”的发展受限地区，有助于高起点解决贫困问题；第三，由于易地搬迁带来的空间转换与改善，有助于以新起点拓展产业发展空间，为搬迁人口提供更多的发展机会；第四，由于易地搬迁群众的改变是全方位的，有助于有效衔接乡村振兴并推进新型城镇化的发展。

为此，易地扶贫搬迁在宏观考量上需要高度重视发展与协调的关系，既要做到谋划规划科学前瞻，又要完善保障利益权益、实现经济社会协调发展、提高公共服务效率而又因地制宜的相关机制；在具体实践中要妥善处理居民的“融入”与“发展”问题，既要打破地理限制，还要将搬迁居民纳入现代化、开放性的生计环境；需要妥善处理政策理性与实践智慧的关系，既要打破 “等、靠、要”“干部急、群众不急”的政策依赖现象，又要通过深入细致的工作打破瞄准不善、施策低效的执行困境；需要妥善处理空间移动与空间再造的关系，既要帮助群众打破原有的文化心理，还要提高不同空间的耦合度。广泛的社会动员、精准的贫困识别、全方位的贴心服务、各项政策的有机执行、想尽一切办法构造促进移民发展、实现心理聚合的条件……广大扶贫工作者兢兢业业，全力以赴。

这本书，正是广大扶贫工作者作为扶贫易地搬迁安置的参与者、见证者，以文字记录下的扶贫工作经历和村民生活变迁过程。全书共五编，分别为概论、新区崛起、我要搬家、贴心服务和网页文稿，编写中遵循“为什么要搬家—搬到哪里—如何实现—搬迁之后”的逻辑，展示了扶贫易地搬迁的理念、方法和效果。“概论”从整体角度解说了易地搬迁的必要性、总的实践路径与方法；“新区崛起”主要体现安置区的建设过程；“我要搬家”呈现各方主体动员群众搬迁、帮助群众实现生存和发展空间改变的历程；“贴心服务”书写了安置搬迁群众，让群众安居乐业的经历和方法；“网页文稿”则选取了部分网络媒体关于昭通市扶贫易地搬迁的报道，以媒体视角展示搬迁工作。

（陈　玥）

目 录

第一编 本卷概述

第二编 新区崛起

第三编　我要搬家

第四编　贴心服务

第五编　网页文稿

第一编　本卷概述

让人搬到人该待的地方　让树长到树该长的地方

——昭通市搬迁安置局易地搬迁纪实

马　京

昭通，地处云、贵、川三省接合部的乌蒙山区腹地，土地面积2.3万平方公里，境内峡谷深切，沟壑纵横，山区、半山区占3.7%，居住着汉、彝、回、苗等24个民族629万人，是集革命老区、地震灾区、散居民族地区、生态敏感脆弱地区为一体的深度贫困地区。全市11个县市区中，国家级贫困县10个，其中深度贫困县7个，是全国贫困人口最多的地级市和云南省脱贫攻坚的主战场。2015年以来，昭通市委、市政府始终铭记习近平总书记视察昭通时“三个更加”的重要指示精神，以及省委省政府的部署要求，立足“一方水土养不好一方人”的市情实际，坚持把易地扶贫搬迁作为啃下脱贫攻坚最硬骨头的“铁齿铜牙”，以敢打必胜的决心和敢啃“硬骨头”的勇气，着力奏响搬迁群众“安居、乐业、幸福”三部曲。

奏响“安居曲”：
创新易地扶贫搬迁模式，让贫困群众“搬得出”

2016年以来，昭通市全面启动易地扶贫搬迁民生工程，下大力气把那些不具备发展条件、生存在贫困山区和生态脆弱地区的群众搬出大山，全力推动不具备发展条件的贫困山区、生态脆弱地区的贫困群众既挪“穷窝”，更断“穷根”。全市建档立卡贫困人口从 2014 年末的 185.07 万人下降至 2019 年年底的 15.99 万人的艰辛历程中，易地扶贫搬迁贡献 16.6 个百分点，由此实现“让人搬到人该待的地方、让树长到树该长的地方”。

一是聚焦重点区域，精准识别搬迁对象。充分发挥“搬不动山就搬人”的新时代愚公精神，激励引导群众突破大山重围、打破小农思想，搬出大山谋发展，迈入城镇寻跨越。按照“能搬则搬、应搬尽搬、整村搬迁”的原则，聚焦六类重点区域，以集中居住规模在 30 户左右、贫困发生率高于 50% 以上、交通基础设施等公共服务难以适应长远发展为主要标准，全市精准锁定“十三五”时期易地扶贫搬迁群众 8.26 万户 35.47 万人。其中，建档立卡贫困人口 70231 户 306956 人，占云南省“十三五”易地扶贫搬迁计划的 30.8%；全市行政村整村搬迁 3 个（巧家县东坪镇道角村、巧家县药山镇洗羊塘村、永善县细沙乡石坪村，涉及 632 户 2476 人，其中，卡户 619 户 2429 人、同步搬迁 13 户 47 人），整村民小组搬迁 836 个、搬迁人口 80% 以上的村民小组 699 个。

二是科学系统谋划，探索搬迁安置新模式。立足昭通客观条件和空间潜力，综合考虑城镇的资源环境承载能力、产业发展潜力、就业吸纳能力和基本公共服务保障能力，结合昭通中心城市总体规划，坚持全市“一盘棋”布局，打破县、乡、村行政区划，按照“进城、入镇、进厂、上楼”+“跨县安置”的思路，着力探索中心城区安置、县城安置、保障房安置、中心集镇安置四种模式，在原三年行动规划建设 366 个集中安置点的基础上，因地制宜规划建设 23 个新增集中安置区，全部采取“进城入镇”方式安置，中心城区和县城安置占比达 92%，其中上万人的安置区 9 个，全国建档立卡人口安置规模前 5 的安置区中鲁甸县卯家湾、昭阳区靖安跨县安置区和彝良县发界安置区分别位列第一、第二、第四。全市 2018 年和 2019 年易地扶贫搬迁安置 53602 户 235468 人（建档立卡户 49028 户 216438 人，同步搬迁户 4574 户 19030 人），进城入镇安置 53016 户 232814 人（建档立卡户

48472户213899人，同步搬迁户4544户18915人），占比98.87%。同步实现城乡人口分布格局重构。

三是建章立制，筑牢易地扶贫搬迁基础。结合国家13部委《关于印发2020年易地扶贫搬迁后续扶持若干政策措施的通知》和云南省《关于进一步做好易地扶贫搬迁工作的指导意见》《云南省易地扶贫搬迁“稳得住”工作方案》等文件精神，起草出台《昭通市跨县区易地扶贫搬迁安置区建设指导意见（试行）》《全力做好易地扶贫搬迁各项保障工作的实施意见》《关于靖安、卯家湾易地扶贫搬迁安置区资金跨县区筹措、拨付及监管暂行办法》《关于全面启动搬家程序、进入搬家状态确保坚决打赢打好易地扶贫搬迁“搬得出、稳得住”攻坚战的工作方案》《昭通市易地扶贫搬迁“安居”“乐业”“幸福”三部曲工作方案》《昭通市易地扶贫搬迁万人以上集中安置区服务管理工作指导方案》等指导性文件，统筹解决建设、配套、搬家、社区治理等方面存在的困难问题，全面筑牢易地扶贫搬迁工作基础。

四是强化过程监管，建设群众满意的安置区。全面推行项目工程总承包（EPC）模式，引进中建集团、云南建投集团等大型国有企业参与安置区建设，采取明察与暗访、周报告与月调度、驻点推进与挂牌督战等方式，在一年左右的时间内建成卯家湾、靖安2个全国数一数二的跨县区安置区，书写了新“昭通速度”。截至目前，389个集中安置区（点）已全部建成，聚焦“两不愁、三保障”目标，对照国家发改委易地扶贫搬迁补短板和省委、省政府“50个有”工作要求，按照“缺什么补什么”的原则，配套建设44所学校、33个医疗卫生服务机构、35个警务室、44个便民服务中心、48个“一水两污”等项目，完善相应绿化亮化、市政道路、便民服务大厅、群众互助场所、文化活动场所等基础设施，推动搬迁群众在城镇获得均等的发展机会，公平享受公共资源和社会福利，保障群众全面发展的基本社会条件，广大搬迁群众一步实现了由贫困山区到现代城镇、由传统农民到城镇市民到产业工人的直过式跨越和根本性转变。

五是开展“五清”行动、提前启动搬家程序，实现“零事故”搬家。

围绕怎么搬？坚持以人民为中心、以群众工作为主线，在搬迁前提前半年组织动员县、乡干部、驻村扶贫工作队、驻村督导员、帮扶干部、村组干部逐村逐组逐户开展易地扶贫搬迁政策清、就业清、产业清、配套清、家底清“五清”专项行动，完成了2018年和新增任务搬迁对象55560户243289人入户核查及分析研判（其中，建档立卡49064户216438人，同步搬迁6496户26851人），提前启动搬家程序、进入搬家状态，细化制定到户到人的搬家路线图，做到搬迁任务明确到天、到乡镇、到搬家对象，在“新冠”疫情发生后通过采取有效预防和配备随行医护人员等保障措施克服了疫情影响，实现搬家“零事故”和疫情防控“零病例”。完全确保了通过“五清”专项行动摸清的“进城入镇”搬迁对象中41787名需转入安置区就学的学生的就近就学需求。确保了35.47万搬迁群众就近得到更加优质的健康服务。

奏响“乐业曲”：
坚持“外输为主、内培为辅”，让搬迁群众“稳得住”

“搬得出”是关键，“稳得住、能致富”才是硬道理。面对全市35.47万搬迁群众的切身利益，昭通没有简单地“一搬了之”，按照“外输为主、内培为辅”的思路，做好易地扶贫搬迁“后半篇文章”，确保搬迁群众就业有渠道、产业有支撑、收入有保障。

在“外输上”，在800人以上的30个安置点建立就业创业工作站，开展“订单式”技能培训，建立政府与用工企业的“点对点”沟通机制，目前，组织化外出转移就业8.49万人。

在“内培上”，全市布局发展70万吨水电铝、80万吨有机硅，80万亩苹果、300万亩马铃薯、600万亩竹子等特色产业基地；在迁出地，聚焦盘活60万亩耕地、77万亩林地、0.81万亩宅基地“三块地”，通过集中流转土地与退耕还林发展竹子、花椒等特色产业相结合，推行良种良法+党支部+合作社“三个全覆盖”，促进贫困户与特色产业发展有机衔接，实现资源变资本、资金变股金、农民变股东“三变”，彻底斩断贫困群众与生态脆弱地区直接联系，为群山减负、让大山增绿、促农民“三变”、助群众增收，同步实现山区自然生态环境重塑；在迁入地，以扶贫车间、产业基地、劳动密集型工业园区建设和公益公服岗位开发等为重点，规划建设5318个蔬菜大棚、3791个食用菌大棚、60万平方米“扶贫车间”引进电子元件、设备终端、服装加工等劳动密集型企业43家。规划“地摊经济”、夜市经济、商业圈和依托45万平方米配套商业设施，出台租金减免等扶持政策，鼓励有创业意愿的搬迁群众自主创业增收。目前，已入住商户1400余家，发展餐饮、超市、批发市场、金融网点、物流、家政等商贸服务业。同时，开发公益公服岗位1.18万个。通过“内培”带动就近就地就业5.97万人，同步实现产业发展结构重组。

特别是新冠肺炎疫情发生后，昭通坚决贯彻落实党中央、国务院守住疫情防控底线、积极稳妥推进复工复产的部署要求，在做好安置区复工复产工作的基础上，采取专列、专车、专机“点对点”送达的方式，把外出务工群众从“家门”直接送到“厂门”。

截至目前，全市“十三五”期间建档立卡搬迁劳动力就业率92.1%，“零就业”家庭保持动态清零。

奏响“幸福曲”：党建引领，构建科学有效的社会管理机制

全市紧扣“133”工作思路，以“服务人、凝聚人、管理人、改变人”为社区治理工作目标，以“爱心超市积分”为激励机制，探索创新“基层

党建 + 社区管理 + 群众自治”的社区治理“昭通办法”。在 30 个 800 人以上安置区共成立 111 个党组织、组建 44 个社区，配备社区干部 537 名，设置楼栋长 827 名。建立“街道 + 社区 + 片区 + 楼栋 + 住户”的“五级”社区治理网格，依托“昭通易地扶贫搬迁智慧管理服务平台”，收集录入住户人口、就医、就学、就业等基本信息按照户情实施“红黄绿”分类标注和动态管理。对特殊困难群体家庭标注为红色，实行“每日 1 访”；对有返贫风险的家庭标注为黄色，实行“每周 1 访”；对就业、就医、就学、安全都有保障的家庭标注为绿色，实行“每月 1 访。同时，积极开展“平安和谐社区创建”“自强、诚信、感恩”“爱国卫生运动”“心贴心志愿服务”等活动，增强了“市民意识”。有效促进搬迁群众在观念意识、行为习惯上的巨大转变和“思想、情感、工作”上的三个认同，实现了社区融入“加速度”。

值得一提的是，在工作中涌现出了一些有创意的、贴心的、群众喜闻乐见的好办法。比如，鲁甸卯家湾安置区为了解决老人、儿童、残障人士和精神病人等特殊人群出行迷路的问题，制作了佩戴手环，上边详细记载了佩戴者个人、家庭成员和住所的详细信息，可据此随时得到帮助；昭阳区红路安置区在楼栋、楼层张贴不同的水果、动物图案，方便不识字的群众记住自己的住所。

奏响“安居、乐业、幸福”三部曲，破解“一方水土养不好一方人”难题。昭通面对庞大的易地扶贫搬迁安置区和民生事务系统，各级干部凝聚“一条心”、统筹“一盘棋”、树起“一面旗”，有效打通了联系服务易迁群众的“最后一公里”。

如今的安置区，人民安居乐业，社会和谐稳定，群众的生产生活方式和精神面貌都得到了极大的改善，实现了从山村生活到城镇生活的一步跨越，对未来生活的信心更足了。正如永善县红光安置区搬迁群众唐富相所说：“以前住在山村，成天与土地打交道，煮饭用的是灶头，全身擦得黑漆漆，身上弄得一股烟臭味。现在搬来新家最幸福的是生活条件好了，出去游玩不到三米就是柏油路，十七八米就是广场、超市，做什么事都很方便，这是以前做梦都没想到的好事。”唐富相也逢人就说：“生在红旗下，要听党话、跟党走、感党恩，把这九个字记得了，一辈子就幸福了！”

（作者时任昭通市搬迁安置局政策宣传科科长）

为了那一方人

施华松

2018 年 5 月，根据组织安排，我到昭通市发展和改革委员会任党组副书记、副主任，主持市发展改革委日常工作。根据省委、省政府和市委、市政府的安排部署，昭通市于 2017 年年底聚焦“一方水土难以养活一方人”的六类区域，以贫困程度为主要依据，按照“能搬则搬、应搬尽搬、整村搬迁”的原则，组织县、乡干部、驻村扶贫工作队、大学生村官、村民代表等力量，全面开展易地扶贫搬迁摸底调查精准识别，在核实原“三年行动计划”搬迁 3.56 万户 14.83 万人的基础上，新识别新增易地扶贫搬迁安置的 4.89 万户 21.41 万人，其中建档立卡贫困群众就达 18.74 万人，占全省新增易地扶贫搬迁人口 34.5 万的 54.3%。昭通市原三年行动计划和新增搬迁任务达到 8.45 万户 36.24 万人，其中建档立卡贫困人口 30.7 万人、同步搬迁人口 5.54 万人，按照省市要求，所有的搬迁任务要在 2020 年春节前基本完成。此时，全省各级各部门针对 2016 年和 2017 年易地扶贫搬迁工作中存在的问题和薄弱环节的整改正在如火如荼进行中，2018 年 0.66 万户 2.9 万人的搬迁任务还未启动，新增规模的 4.89 万户 21.41 万人仅完成对象锁定，规划选址等前期工作还未启动，离完成任务时间仅有 1 年半的时间，要在如此短的时间内完成 24 万多人的搬迁倍感“压力山大”，仅仅是建设 5.55 万套安置住房就已经是属于不可完成的任务，更谈何再把 24 万群众从大山中组织搬入新家园。我的心不由得揪紧了，心想“这活可不好干啊！”因此，刚到市发展改革委工作的几个星期，除了需要充分了解经济运行、外资利用、固定资产投资、综合性产业发展、区域协调发展战略、新型城镇化战略实施等常规工作外，还需要抽出更多的时间重点研究全市的易地扶贫搬迁工作到底该怎么组织实施？如何贯彻落实市委市政府“不当愚公当智叟、搬不动山就搬人”的思想共识，在资金不能完全到位的情况下，且在短短1年半的时间内完成建设、搬家任务，把那些不具备发展条件的贫困山区、生态脆弱地区群众搬出大山，为这些贫困群众寻求脱贫出路？而作为易地扶贫搬迁的主管部门，委内仅有扶贫科1名科长3名工作人员负责此项工作，仅是以工代赈项目和2016年和2017年的整改工作已经占用了他们的绝大部分精力，面临着既没有人，也没有工作经费的现实问题。

组建队伍

关键时刻，市委、市政府于2018年5月底成立了由市委杨亚林书记和市政府郭大进市长任双指挥长，市委王忠副书记任常务副指挥长，市委、市政府相关领导任副指挥长，市直各部门主要领导任成员的昭通市易地扶贫搬迁工作指挥部，下设办公室在市发展改革委，下大决心啃下脱贫攻坚战中这块最硬“骨头”。同时，从各县市区抽调了10余名业务精干补充到指挥部办公室，高规格、高标准推进全市的易地扶贫搬迁。2019年3月，市委、市政府又在市易地扶贫搬迁工作指挥部办公室的基础上成立了昭通市搬迁安置局作为市人民政府工作部门，具体负责全市易地扶贫搬迁工作，成为全国唯一一个州市级成立搬迁安置局的州市，强化了市委、市政府对易地扶贫搬迁工作的组织领导，进一步坚定了我们打好打赢易地扶贫搬迁攻坚战的信心和决心，大大激发了干部职工干事创业的激情。

进城、入镇、进厂、上楼

为认真吸取2016年和2017年易地扶贫搬迁工作的经验教训，坚决杜绝山头搬山腰、村头搬村尾、“步步为营”、步步折腾的现象。市委、市政府主要领导多次组织召开指挥部会议，立足昭通大部分县不具备县域内大规模集中安置的实际，创造性提出了“进城、入镇、进厂、上楼”的安置模式，搬迁安置2018年和新增任务5.55万户24.31万人，并打破县、乡、村行政区划，统一组织实施昭阳区靖安、鲁甸县卯家湾两个跨县区安置。面对时间紧、任务重的实际，在市委、市政府强有力的支持下，2018年及新增搬迁任务规划建设的安置区全面推行项目工程总承包制（EPC），引进有经验、有实力、有信誉的中建集团、云南建投集团等大型国有企业参与安置区建设。截至2018年10月底，2018年搬迁任务规划建设的34个集中安置区（点）已全部动工建设，新增搬迁任务规划建设的23个集中安置区（点），除靖安、卯家湾2个跨县区安置区受基本农田等因素的影响未能实质性启动建设外，其他安置区（点）基本启动了“三通一平”、基础开挖等工作。特别是计划2018年脱贫出列县的威信、绥江、盐津3个县中，威信、绥江2个县规划建设龙溪、兆佳坝等安置区已经基本建成，2019年春节期间实现了搬迁入住；盐津县规划的水田新区、落雁、庙坝等安置区受前期规划选址、地质气候等因素影响，建设进度较为滞后，未能在2019年春节前实现搬迁，对盐津县2018年脱贫出列造成了一定的影响，但在全省新增易地扶贫搬迁任务中仍属前列。

松了一口气

2019年2月12日，大年初八，省委、省政府召开昭通市脱贫攻坚推进会议，专题研究部署昭通市脱贫攻坚工作。会上，市委、市政府汇报新增易地扶贫搬迁概算投资，由于我市规划建设的23个新增安置区基本都处于中心城市、县城和集镇边缘区域，道路、一水两污、教育、卫生、综合管理服务用房等配套基础设施和公共服务设施基本处于空白状态，全部需要同步配套建设才能满足搬迁群众的基本需求，特别是9个上万人的安置区地形复杂、规模较大，涉及的“三通一平”等工程量较大，需要配套建设的基础设施和公共服务设施内容也较多。经测算，新增安置区概算总投资233.3亿元，预计可到位资金167.07亿元，缺口66.23亿元（公共服务和基础设施建设缺口38.29亿元、征地拆迁费和前期工作费缺口27.94亿元），但有关部门对昭通的实际情况了解不够，认为我市新增易地扶贫搬迁安置区规划投资规模过大，有“拔高标准、吊高胃口”的嫌疑！如果这些质疑成立，那我们昭通就被动了，一个结果是我们执行政策跑偏了，这是政治问题；二是砍掉一部分政策资金，将导致我们资金更加紧缺，完成任务的困难就更大！

会后，按照市委、市政府的安排部署，在段登位副市长的带领下，我及时召集市住建局和指挥部办公室的所有同志，连夜传达会议精神，研究贯彻落实会议精神的具体措施，并于2月13日下午召集市直各行业部门和县区政府安排部署新增安置区规划建设工作，由市直各行业部门指导各县区政府紧紧围绕“两不愁、三保障”“保基本”和“不擅自拔高标准、吊高胃口，也不降低标准”的原则对新增安置区规划建设项目进行再次梳理、核实。同时，邀请省发展改革委、省设计院专家团队，对每个新增安置区规划建设项目、投资规模、单位造价进行审查、指导、把关。在整体规划设计上，坚持“实事求是、因地制宜、着眼长远”的原则，在不突破政策标准的基础上，充分考虑搬迁群众的长远发展需求，按照“同步规划、一步到位，分类施策、协调推进”的思路，将上级补助资金优先用于安置区“三通一平”、住房、道路、配套学校、医疗卫生、公共场地硬化及绿化、活动场所、社区服务中心等综合服务设施；尽可能通过市场化运作的方式解决一水两污、地下车库、农贸市场等基本配套设施资金需求；力求通过东西部扶贫协作、社会捐赠等渠道，筹措解决教育卫生设备购置及部分建设资金；统筹整合城乡土地增减挂钩收益等资金，努力解决征地拆迁、前期工作经费及其他综合配套资金缺口。经审查优化，省级有关部门最终认可我市新增安置区规划投资，并在落实上级补助资金建档立卡人均 5.8 万元到位的基础上，协调国家有关部委在基础设施和公共服务设施建设方面给予昭通更多、更大的支持，其中，2019 年第四批中央预算内学校卫生补短板资金 7 亿元、2020 年第一批中央预算内投资计划 1.86 亿元、中央财政脱贫攻坚补短板综合财力补助资金 1.95 亿元，统筹用于易地扶贫搬迁工作，很大程度上帮助我市解决了教育卫生项目建设资金缺口，终于松了一口气。

超前谋划

2019 年 5 月，离大规模搬家入住还有差不多 8 个月的时间，市委杨书记主持召开易地扶贫搬迁专题会议，针对搬迁群众政策知晓率不高，易迁劳动力底数不清、就业意愿不稳、就业措施不细，“三块地”资源盘活利用和安置区配套产业发展谋划推动不到位，综合配套建设滞后等突出问题，提出“兵马未动、粮草先行”的理念，要求指挥部办公室尽快出台专项方案，围绕“搬得出、稳得住、能持续发展、群众较满意”的目标，全体总动员，市县为主体，整合乡村干部、驻村工作队队员、脱贫摘帽督导员等力量，不落一户、不漏一人，进一步摸家底、理思路、明要求、抓落实。

会后，我带领指挥部办公室有关同志，草拟细化工作方案，并报请领导组审阅，于5月22日正式印发《昭通市关于进一步做实易地扶贫搬迁工作政策清就业清产业清配套清家底清的实施方案》，用一个月的时间全面开展易地扶贫搬迁“五清”专项行动，进一步解疑释惑、消除顾虑、稳定意愿，提高政策知晓度，全面摸清安置区配套基础设施、公共服务设施、产业基地、扶贫车间规划建设情况，全面摸清搬迁劳动力情况、劳动力结构、就业情况以及劳动力就业意愿，全面摸清搬迁群众人口结构、年龄结构、就学就医等基本家庭情况，我和局班子成员分组到各县市区督促指导搬迁入住前各项准备工作，提前半年启动搬家程序、进入搬家状态，细化制定到户到人的搬家路线图，做到搬迁任务明确到天、到乡镇、到搬家对象，为2020年春节前后的大规模搬家入住奠定了坚实的基础。

完成搬迁

2019年11月，通过近一年时间的奋战，永善红光、彝良发界、盐津水田、镇雄鲁家院子、呢噜坪、高山大地等万人安置区相继建成启动搬家入住工作，并在2020年春节前基本完成搬家入住；靖安、卯家湾2个跨县区安置区分别于11月18日和20日组织群众摇号分房，于12月20日开始陆续组织群众搬迁入住。截至2020年1月底，2018年搬迁任务2.9万建档立卡群众全部搬迁入住，新增搬迁任务18.74万建档立卡群众完成搬迁入住13.5万人，剩余的5.24万建档立卡群众受疫情影响，经请示省发展改革委和市委、市政府，同意暂缓搬迁，待疫情稳定后再行组织搬迁入住和配套设施扫尾。

2020年2月底，按照市委、市政府的安排部署，我与昭阳区、鲁甸县等县区多次沟通协调，依托春节未返乡工人、本地劳动力特别是易迁劳动力，分区分类组织安置区项目复工，全力推进住房装修扫尾，以及市政道路、一水两污、学校医院、绿化亮化等配套设施建设扫尾工作，并陆续组织群众搬家入住。截至 4 月底，30.7 万建档立卡群众全部搬迁入住，按期完成全市“十三五”易地扶贫搬迁任务，两年来一直揪紧着的心终于放下了，心想自己总算没有辜负市委、市政府的信任，圆满啃下脱贫攻坚个工作中“最硬的骨头”，易地扶贫搬迁前半篇文章取得阶段性胜利，下一步更多的精力和时间将转向产业就业支撑和管理服务保障“后半篇文章”，确保实现“稳得住、有就业、逐步能致富”的目标。

（作者时任昭通市搬迁安置局副局长）

靖安、卯家湾易迁工作实录

昭通市住建局

昭阳区靖安安置区、鲁甸县卯家湾安置区是昭通市易地扶贫搬迁安置区中两个4万人规模的跨县区大型安置区。其中，靖安安置区安置昭阳、镇雄、彝良、盐津、大关、永善6县（区）9000多户，4万多人，是全国最大易迁安置区；卯家湾安置区安置鲁甸、巧家、彝良、盐津、永善5县（区）8000多户，近4万人，规模接近靖安安置区。

两个安置区均属县城整体搬迁的规模。建设工程的立项、选址、勘察、规划、设计、施工从一张白纸开始。从建设内容来看，除百万平方米规模的安置房外，还包括学校、医院、商业、综合服务、扶贫车间等配套工程以及道路、绿化、给水、燃气、污水处理、垃圾处理等基础设施。从时间线来看，两个安置区于2018年下半年开始工程建设前期工作，2019年年初进入施工阶段，2020年年初住建进入竣工验收阶段，施工工期约为一年。

住建部门作为建设主管部门，在这项工作中付出了艰辛的努力，也获取了一些经验与教训。

一、工作机制

市住建局在此项工作中主要涉及三项内容：一是易迁项目建设前期初步设计审查、施工图审查、抗震专项审查；二是易迁项目施工阶段工程质量安全监管；三是市委、市政府和市易迁指挥部安排的其他工作。工作的顺利展开，主要得益于以下工作机制的落实。

（一）及时建立组织机构，制定工作方案

根据市政府2018年6月6日下达的“镇彝威革命老区精准扶贫精准脱贫三年行动计划和全市易地扶贫搬迁工作专题会议”的工作部署，市住建局于6月7日召开会议，成立了“昭通市住建局易地扶贫搬迁工作领导组”，由局长任组长，两位副局长任副组长，相关科室负责人为成员的组织机构，负责落实住建系统涉及的易地扶贫搬迁相关工作。及时制定印发了《昭通市住房和城乡建设局关于2018年易地扶贫搬迁的工作方案》，要求各县区住建局抓好工作落实。

（二）开通绿色通道，积极开展项目前期工作

按照2018年9月21日昭通市易地扶贫搬迁工作指挥部专题会议精神，为加快推进全市易地扶贫搬迁项目建设，市住建局认真梳理住建部门涉及的项目前期审批事项，及时研究开通项目初设审批、抗震专项审查等审批事项的绿色通道，简化审批流程，压缩审批时限，实行并联并审，主动服务，压实责任。积极联系云南省设计院集团为项目初步设计审查提供技术咨询服务。在把好项目投资控制关的同时，对建筑结构安全可靠，建筑形式有地方文化特色、户型科学合理等方面进行优化。

（三）开展月度安全监督督查工作

积极开展日常驻点工作。靖安、卯家湾两个跨县区安置点各派一位副

局长配备两名工程技术人员驻点，负责跟踪设计审查及现场工作；安置点驻点监管人员会同县（区）住建局建管、质监、安监等相关人员对施工、监理、检测机构及从业人员资格进行审查；对工序质量验收、材料进场报验等进行日常监管，确保工程质量安全。

（四）建立工程质量安全专报机制

根据《全市新增易地扶贫搬迁工作专题会议纪要（市易迁指会议纪要第五期）》（2019 年 2 月 25 日）的要求，安排专人每月对靖安、卯家湾两个跨县区安置区的工程质量、施工安全进行检查，形成专报上报市委、市政府主要领导和分管领导。

2019 年 12 月，围绕靖安、卯家湾易地扶贫搬迁安置点搬迁入住目标，依据工程实际进度，结合施工现场现状条件，对工程进度进行分析研判。相关情况每周一次汇总上报市政府。

（五）建立安全生产管理机制

根据市政府 2019 年 4 月 16 日会议精神，研究制定了《昭通市易地扶贫搬迁项目安全管理细则》下发到各县（市、区）指挥部、各县（市、区）住建局，各安置点按照《昭通市易地扶贫搬迁项目安全管理细则》的要求，结合实际情况制定实施细则，落实安全生产相关要求。

二、主要工作及其方法

（一）易迁集中安置点选址现场指导工作

2018 年 6 月 22 日至 27 日，按照昭市易迁指办〔2018〕1 号文件的工作安排，抽派专业技术人员参与了易地扶贫搬迁集中安置区选址现场指导工作。对昭阳、鲁甸、盐津、永善、绥江、镇雄、彝良、威信8个县（区）的集中安置区规划选址进行了现场指导。并接合部门职能职责，形成报告上报了昭通市易地扶贫搬迁指挥部办公室。

（二）主动参与《昭通市易地扶贫搬迁安置区建设流程》编制工作

按照市易地搬迁指挥办公室的要求，市住建局主动作为，参与编制完成了我市易迁工作的一项指导性文件《昭通市易地扶贫搬迁安置区建设流程》。对全市易地扶贫搬迁各集中安置点项目从立项到竣工验收，全过程几十个关键环节提供了明确的工作程序，使各县区在易迁实际工作中有了具体的可操作程序；确保了全市易迁工作合法有序快速推动。

（三）易迁工程质量和安全拉网式排查工作

根据《云南省易地扶贫搬迁攻坚战指挥部关于开展易地扶贫搬迁工程质量和安全拉网式排查的通知》要求，于2018年11月5—22日期间，历时17天全面开展易地扶贫搬迁工程质量排查工作。一是拟定了《昭通市易地扶贫搬迁工程质量和安全拉网式排查工作方案》，明确了排查目的、范围、内容和工作要求，确保排查工作有序开展。二是组建了工作机构，抽调发改、住建相关工作人员、质量安全技术专家组成6个小组，分县（市区）进行了拉网式实地排查，确保拉网式排查不留死角。三是采取“四不两直法”（不发通知、不打招呼、不听汇报、不用陪同接待，直奔基层、直插现场）排查方式，将检查出的质量和安全问题，及时通报各县（市区），要求限期整改落实，工作期间共签发《工程质量安全整改通知书》11份。排查结束后，形成《昭通市易地扶贫搬迁工程质量和安全拉网式排查情况报告》上报市易迁指挥部。

三、需要重点解决的问题

（一）基本建设程序的合法性问题

易迁工程时间紧、任务重。但是彼此保证基本建设程序的合法。一是符合国家法律法规的要求（否则就会出现不同程度的违法问题），二是符合程序本身具有的科学性与逻辑性（如果不遵循程序，必然会在项目推进过程中遇到不可逾越的障碍，强行推进必然导致违法施工，最终甚至造成工程质量安全事故）。比如，土地手续是程序中比较靠前的一环，土地手续未获批准，规划就不能做；用地如果涉及基本农田，未获审批就做出规划，一旦土地手续通不过，已经完成的规划设计就要推倒重来，重复付给设计费还在其次，项目进度就会受到影响。比如，项目立项确定了建设内容、投资规模两大核心问题。一是《可研批复》不容随意修改增减；二是明确为工程的初步设计、施工图设计提供了设计任务清单，初设审批工作就有据可循。如果在初步设计完成后再重新编制，或者以“会议决议”甚至口头告知设计单位对设计内容进行修改，必然导致设计成果推倒重来，为初设审查工作带来障碍，延迟项目推进的进度，还会导致投资无法控制。因此，不遵循基本建设程序，就会牵一发动全身，造成进度迟缓，投资不可控。

（二）五方责任主体的问题

一是责任主体的确立。工程的推行与实施，需要依靠五方责任主体协调配合。但有一个根本性的前提：五方责任主体必须明确，尤其是项目的建设方。我们历次检查工作中，想要找“甲方”时，EPC 总承包单位、指挥部、城投公司、扶投公司、县发改局都出现过。作为主管部门，我们的主要监管方式就是监管五方责任主体的行为，如果责任主体不明确，监管就很难落实。

二是五方责任主体之间的关系。依靠各方之间签订的合同（法律文件）

来建立，包括《EPC 总承包合同》《勘察合同》《设计合同》《施工合同》，合同规定了各方的权利及义务。如果工程进度的推进不是依靠严格执行合同的有关条款来达成，而是主要依靠各单位各部门的各种推进会，就表明工程进度已处于不可控的状态。

（三）其他问题

工程开工建设，必须是五方责任主体全部到位的情况下，以监理单位下达《开工令》的日期为开工时间，工程工期以此为起始点。下达《开工令》的前提条件，必须是审图机构的《施工图审查合格证》，住建部门的《施工许可证》到位，并且到建设主管部门办理“报监手续”后方可开工，否则就是违法施工。

如果为了赶工期，未办理上述手续就进入了实质性的施工阶段。就会存在“边勘察，边设计，边施工”的现象，可能引发质量安全事故及投资不可控等问题。

四、工作推进方式

根据对关键问题的分析，对重大重点工程的实施提出以下建议：

（一）建设方或指挥部

作为重大建设项目的总协调单位，应承担起工程项目管理的主要职责：协调组织各方责任主体的具体工作；联系市、县人民政府；市、县各主管部门；沟通渠道畅通。单位固定，人员固定，专责专职，常态化巡查工地，不能再承担其他工作；人员结构合理，应配备一定数量的从事过相关工程管理工作的有经验的工程管理人员（最好有建筑、结构工程师证书，或者建造师证书），如有必要，可以聘用社会技术力量参与。

（二）及时查缺补漏

弥补完善各项建设前期工作，为工程开工建设及工程质量、进度、安全目标的有效管控打下坚实基础。

（三）明确要求总承包单位

充分准备好施工所需要的“人、机、料、钱”四要素；根据总体工期要求，精心制定切实可行的《施工组织设计》，特别是横道图与网络图，每隔 15 天应由监理方召集各方进行评估，并根据实际进度修改调整。分部分项工程如有滞后现象，应及时加大人力机械投入，及时追回损失的工期。

（四）各县区指挥部履行好总协调职责

保证工地现场有专人驻点协调，掌握工程质量、安全、进度情况，及时上传下达；各县区质监站履行好监管职责，保证工地现场有专人驻点指导，发现问题以书面形式下达整改通知并督促反馈。

通过两年多来卓有成效的工作，靖安、卯家湾两个大型易迁安置区的建设如期完成。

昭通市水电移民工作办公室
五年挂钩扶贫工作纪实

张长艳

昭通市水电移民工作办公室（原昭通市移民开发局）共有在职在编干部职工 38 人，其中领导班子成员 6 人，2015 年，按照市委、市政府对扶贫攻坚“挂包帮”“转走访”工作的总体安排部署，原昭通市移民开发局负责挂钩扶贫巧家县炉房乡炉房社区和荒田村，包保两个村（社区）建档立卡贫困户 665 户（2017 年 10 月，由于移民工作任务繁重，调整为挂包炉房社区 403 户，2018 年 4 月调整为挂包 387 户），机构改革后挂钩扶贫任务不变。5 年来，我办始终围绕户脱贫的“五条标准”和村出列的“七条标准”，贯彻市委“133”脱贫攻坚工作思路，按照市委、市政府关于脱贫攻坚工作的安排部署，精准选派驻村力量，充分发挥部门优势，上下联动协调项目，千方百计统筹资金，倾尽全力对挂钩乡、村进行帮扶。

一、挂钩前村情贫情

（一）村情

炉房社区位于炉房乡政府所在地，土地面积 36.29 平方公里，最高海拔 3041 米，最低海拔 1800 米，属于高寒山区，全社区共有耕地 5485 亩，林地 6483 亩，草地 26070 亩，粮食作物以洋芋、玉米、荞麦为主。辖 41 个村民小组，共有农户 2134 户 6811 人，其中建档立卡户 606 户 2816 人，总劳动力 3432 人，其中贫困劳动力 1446 人。

（二）贫情

2015 年我办初到炉房社区挂钩时，炉房社区呈现贫困面广、贫困程度深、发展动力不足的特点，后经精准识别统计得出，606 户建档立卡户中，因缺技术致贫 221 户（占建档立卡户的 36.4%）、因交通落后致贫 116 户（占建档立卡户的 19.1%）、因病残致贫 99 户（占建档立卡户的 16.3%）。具体表现在：一是住房条件很差，全社区 C、D 级危房占比达 85% 以上，砖混结构安全住房屈指可数。二是增收入渠道窄，全社区无规模化特色产业，村民经济收入主要靠家庭分散种养殖和零散的外出务工，加之劳动力总体受教育程度低，导致外出务工收入低。三是基础设施落后，除通往巧家和会泽两个临近县城的四级公路以外，社区内再无硬化路，乡集镇街道无路灯，大部分村民小组饮水困难；全社区无专门的基层文化活动场所，村民小组开会安排事务和参加学习都在室外或农户家中进行，村民没有统一集中活动的场所。四是人居环境差。炉房水库周边无正规的垃圾处理场，无垃圾清运设施；瓦窑河道泥沙淤积，汛期供水常常使周边住户和农作物受到灾害；受长期以来“人畜共居”的习惯影响，村内“粪水乱流、垃圾乱扔、苍蝇乱飞”的情形随处可见。

二、主要工作措施

（一）深入走访摸清底细

我办严格按照“五查五看”和“三评四定”等相关工作要求，组织全体干部职工深入贫困村一线开展遍访、回访，2015 年完成回访 2 次、2016

年完成回访3次、2017年完成回访4次、2018年完成回访4次、2019年完成回访4次，2020年截至目前已完成回访3次，全面了解掌握挂包贫困户家庭人口、经济收支、住房结构、政策落实等各方面动态变化情况，宣传脱贫攻坚政策，全力推进脱贫攻坚。

（二）建好队伍树立形象

5年挂钩扶贫，我办在单位工作任务异常繁重的情况下，先后派出驻村工作队三个批次共10人、脱贫攻坚督导员2人到炉房乡驻点开展工作，从精准识别、精准施策、精准帮扶和精准脱贫等环节全程参与，扎扎实实地开展各项业务工作。同时对照贫困村出列的“七条标准”，采取积极有效措施，与乡、村两级协同推进基础设施改善、特色产业培育、人居环境治理、基层文化建设“四大工程”。驻村工作队严格执行上级关于驻村扶贫工作的相关要求和工作纪律，遇紧急繁重工作时，单位还根据工作需要临时加派干部职工到挂包村与驻村扶贫工作队队员一道开展脱贫攻坚工作，并在工作和生活上给予驻村队员极大的关心和支持。

（三）加强领导落实责任

单位党组每月至少专题研究一次脱贫攻坚工作，主要领导5年内到挂钩村31次，分管扶贫工作的领导到挂钩村65次，2019—2020年长期驻村开展工作，其他班子成员到村共118次，督导员及驻村工作队每月驻村20天以上。对照户脱贫、村出列标准，进行每三天一次深入分析研判，针对存在的短板及时提出解决方案及整改措施，确保脱贫攻坚工作不滞后、有突破。

（四）争取资金落实项目

针对炉房乡基础建设、产业、环境等方面存在的短板，我办制订了相对应的帮扶计划，以炉房社区为核心，同时兼顾周边的底里、荒田、鲁德等村，围绕基础建设、产业调整、环境改善、素质提升“四大工程”，先后规划实施了35个大中型水库移民后期扶持项目，总投资3051.52万元，项目覆盖规模化种养殖业、库周环境治理、村组道路修建硬化、村级文化活动场所建设等方面。此外，5年来我办从工作经费中压缩并投入资金496.98万元，以各种形式为炉房社区解决实际问题。

三、帮扶主要实绩

（一）基础设施明显改善

一是道路交通方面。我办争取移民专项资金投入1057.63万元，实施了16个道路硬化项目，使4个村20个村民小组道路交通条件得到极大改善，加上县、乡两级争取实施的国土整治项目，炉房社区41个村民小组，除整体搬迁的以外，已全部通硬化路，群众出行更加便利，种养殖业发展有了基础性交通保障。二是街道照明方面。我办从工作经费中投入47万元，实施了炉房中学至狮子山新街路口92盏新能源路灯项目，改变了炉房乡老街道夜晚一片漆黑的情况。三是活动场所方面。我办先后投入256.89万元，建设了荒田村大花地、鲁德村云盘、炉房社区老房、小坪子、阿雀卡、狮子山、垭口等六个村级活动场所，使项目覆盖村民小组集体活动有了固定场所，并多次组织干部群众开展政策宣传、“三讲三评”等活动，改善了群众的精神文化面貌，党员及村民文化生活得到极大丰富。

（二）产业发展初具规模

一是荷兰豆种植取得成功经验。2017年我办投入20余万元支持炉房社区成立玉和农民专业合作社，又投入80万元由实施千亩荷兰豆种植，项目采取“党支部+合作社+公司+农户”的模式，广泛吸收32户128人（其中建档立卡贫困户28户116人）参与种植，当年实现荷兰豆亩产1000—1200

公斤，净收益520余万元，为炉房社区集体经济创收10万元。从种植到产出全过程，吸收20000人次劳动力就业，每日平均工资80元，带动群众增收160万元，带动了195户796人脱贫出列，2018年又投入49万元对该项目进行持续扶持。二是果蔬种植项目落地实施。2019年我办投入150万元移民专项资金，由玉和农民专业合作社组织实施100亩蓝莓种植，建设20个果蔬大棚，现已全部落地实施，实现亩均收益6000元左右，为炉房社区集体经济创收10万元，带动22户98人脱贫出列。三是种草养畜项目深受群众欢迎。2019年我办投入49万元在炉房社区发展种草养畜项目，组织农户种植300亩牧草，购买450只羊发放给贫困户饲养，帮助项目覆盖的225户建档立卡户实现人均增收328元，受到群众的广泛欢迎。

（三）人居环境焕然一新

一是村容村貌方面。我办先后投资450万元，在炉房乡炉房社区老街实施“美丽家园·移民新村”建设项目，对房屋外观进行风貌打造，新建排污沟和移民文化活动场所，实施公厕改造，建设乡村文化宣传栏等，使项目覆盖村组人居环境面貌焕然一新。二是库周环境方面。我办通过投入198万元，实施炉房水库周边15公里范围内林木种植、卫生整治，投入49万元采购拖挂式垃圾斗60个，钩臂垃圾车2辆，使库周环境得到绿化和美化。三是河道治理方面。我办通过投入518万元实施瓦窑河道治理项目，改变了瓦窑河道泥沙淤积，汛期洪水泛滥的情况，瓦窑河道两岸近百户农户住房及土地、庄稼得到保护。四是通过长期的引导宣传，引导炉房社区485户农户实现了人畜分离，居住环境得到极大改善。

（四）真情帮扶温暖人心

我办大力压缩单位开支，千方百计筹措各类经费，力所能及地帮助乡、村两级解决一些实际困难和问题。截至目前，单位工作经费中直接投入帮扶资金496.98万元，先后为挂钩村解决办公经费56.46万元，帮助贫困群众解决突发事件救助 4 次 1.2 万元，为挂钩村中小学生送去价值 10 万余元的学习用具，发放春耕物资价值 44.78 万元，共惠及群众 10000 余人，得到广大基层干部和群众的一致认同。

四、脱贫出列达标情况

通过 5 年来一系列帮扶措施的落实，炉房社区建档立卡户 606 户 2816 人已全部实现脱贫。其中，2015 年脱贫 34 户 155 人，2016 年脱贫 33 户 156 人，2017 年脱贫 45 户 225 人，2018 年脱贫 242 户 1058 人，2019 年脱贫 234 户 1131 人，2020 年脱贫 18 户 91 人。

（一）户脱贫“5 条指标”完成情况

1. 人均纯收入。截至 2020 年 9 月，全社区建档立卡户 606 户 2816 人年人均纯收入稳定超过 4500 元，达到不愁吃、不愁穿。收入的主要来源是工资性收入占 75%、生产经营性收入占 16%、财产性收入占 3%、转移性收入占 6%。脱贫监测户 12 户 45 人已纳为重点关注对象，定期入户走访、研判，及时采取低保、公益性岗位、转移就业、申请医疗救助等措施遏制返贫风险。全社区非建档立卡户 1528 户 3995 人年人均纯收入均高于 4500 元。通过“两摸底”工作，因就业不稳定或因病等原因可能致贫的边缘户有 51 户 190 人，都已采取低保、公益性岗位、转移就业、申请医疗救助等方式用足了帮扶措施。

2. 住房安全。全社区共实施农村危房改造 966 户（其中四类对象 681 户、非四类对象无能力建房户 285 户），其中拆除重建 786 户，修缮加固 180 户。全社区共实施易地搬迁 260 户，其中狮子山 188 户、鲁甸卯家湾 72 户。建档立卡户安全住房已经全覆盖，已实现“危房不住人、住人不危房”的目标。

3. 义务教育。全社区现有义务教育阶段适龄儿童少年 1151 人，其中，小学 742 人，初中 409 人。2019 年 9 月开学时，共有辍失学学生 7 人，其中建档立卡户子女 7 人。通过压实义务教育控辍保学联保联控责任，采取“宣传动员、责令整改、行政处罚、强制执行或提起诉讼”四步工作法扎实工作以来，已劝返 7 人，建档立卡户子女无辍失学现象。

4. 基本医疗。全社区建档立卡户贫困人口均已购买医疗保险和大病保险，非建档立卡户 1528 户 3995 人已购买医疗保险。2019 年，全社区生病住院自付部分超过 8675 元的农户有 5 户 5 人，已通过申请医疗救助消除了因病致贫风险。

5. 饮水安全。全社区共有人饮管网 22 件，覆盖了 22 个村民小组 4460 人，建有水窖 181 口解决 181 户 794 人的饮水问题，所有农户“水量、水质、取水方便程度、供水保障率”四条指标均已达标。

（二）村出列“7 条指标”完成情况

1. 贫困发生率。全社区建档立卡户 606 户 2816 人已全部实现脱贫，目前贫困发生率为零。

2. 交通。行政村在乡人民政府所在地，通往巧家县城硬化路里程 68 公里，41 个村民小组除整体搬迁的以外已全部通硬化路，且危险路段有必要的防护措施。

3. 电力。全社区已通 380 伏动力电。

4. 广播电视。全社区已全部覆盖广播电视信号。

5. 网络宽带。村委会、学校、村卫生室已全部接通网络宽带。

6. 卫生室。全社区有标准化卫生室 1 个，配备乡村医生 5 名。

7. 活动场所。全社区共有 10 个村民小组活动场所。

（作者时任昭通市水电移民工作办公室规划安置三科副科长，2017 年 3 月—2019 年 3 月为巧家县炉房社区驻村队员）

把使命担当牢牢扛在肩上

——中共昭通市生态环境局党组抓脱贫攻坚纪实

母世权

2015年1月，习近平总书记到昭通视察时指示全市要以更加明确的目标、更加有力的举措、更加有效的行动抓好脱贫攻坚，确保扶到点上、扶到根上，让贫困群众真正得到实惠。5年多来，昭通市生态环境局始终牢记习近平总书记的殷殷嘱托，感恩党中央的亲切关怀，按照市委、市政府脱贫攻坚“133”工作思路，把脱贫攻坚战与污染防治攻坚战有机结合，做到两手抓、两手硬。党组率先垂范、身先士卒、敢于担当、善于作为，充分发挥“火车头”作用，通过不懈努力，取得决定性成效。

一、切实加强组织领导，建立工作长效机制

扶贫脱贫工作必须有坚强的组织保证。市生态环境局成立了党组书记、局长任组长，其他班子成员任副组长，机关各科室及直属各单位负责人为成员的“挂包帮、转走访”工作领导小组，负责脱贫攻坚工作。2015年以来，召开党组会议、局务会议、专题会议、干部职工大会等各类会议50余次，专题研究部署脱贫攻坚工作。制定了《昭通市环境保护局关于做好脱贫

攻坚工作的意见》《昭通市环境保护局“挂包帮、转走访”实施方案》《昭通市生态环境局深入开展扶贫领域腐败和作风问题专项治理工作方案》等文件。局党组班子成员带头定期深入挂钩扶贫点开展工作调研、入户走访、结对帮扶等工作，帮助贫困群众查找致贫原因，对标对表制定帮扶措施并推动落实。严格按程序选派政治过硬、素质过硬、作风过硬9名同志开展驻村扶贫，并明确其中2名同志担任驻村帮扶工作队队长兼“第一书记”。选派5名同志按照市委、市政府统一调度开展脱贫督导。工作中，严格落实驻村帮扶工作各项规定。驻村工作队队员每月驻村20天以上，吃住在村，严格执行驻村考勤签到、请销假制度、认真填写工作日志和工作情况月报。强化扶贫资金保障。2015年以来，累计划拨资金130余万元，助力脱贫攻坚。

二、坚决扛起主体责任，着力实现脱贫出列

扶贫脱贫工作必须带着感情扛起责任。昭通市生态环境局挂钩扶贫巧家县老店镇铅厂社区和树坡村。局党组带头多次实地调研指导挂钩扶贫点扶贫工作，从产业培育、一户一策、增加群众收入、完善基础设施、改善人居环境等方面全力推动脱贫攻坚。“面对面”与帮扶户精准制订脱贫攻坚巩固提升帮扶计划，对工作队驻村、产业发展、现阶段存在的主要问题等进行实地检查、调研，会同县、乡、村三级提出了针对性措施。通过大家的不懈努力，挂钩扶贫取得决定性成效。铅厂社区2019年户籍人口为1304户3944人，共有建档立卡贫困户500户2247人，2017年整村脱贫出列，2020年年底建档立卡户全部实现脱贫出列。建档立卡户中有16户63人规模搬迁至鲁甸县卯家湾集中安置点，现已全部搬迁入住。已通10千伏以上动力电，对8个村民小组进行了电网改造，全村所有村民小组全部实现通动力电，所有村民实现了电网全覆盖。广播电视覆盖率达100%；村委会、

学校、卫生室通宽带网络；建有标准化卫生室并实现“四室分离”；村民小组活动场所达标。对79户建档立卡贫困户实施了光伏发电项目，每户年均增收1000—2000元。投入资金50万元新建村级光伏电站1个，年均为村集体增加收益5万元。协调资金540.78万元新建及修复管网7件硬化道路28.8公里、75.94万元建设村民小组活动场所4个、62.3万元建设农贸市场1个。2016年以来，共实施退耕还林2938亩，种植花椒2938亩。2017年实施产业发展370头牛，740只羊。2019年共种植马铃薯3100亩，共实现种植收入390万元；养殖肉牛740头，羊1100只，猪1600头，共实现养殖收入620万元。2019年，50户卡户挂联到巧家县东清涛养殖农民专业合作社杨梅种植1000亩项目，年收益240元/年。74户卡户挂联到教投公司蔬菜种植示范项目，每户年收益412元/年。对铅厂社、铅厂集镇、三棵树、杨家村、三股水进行饮水管网改造，实施安全水窖313口，确保群众饮水安全。

树坡村2019年户籍人口为773户2779人，建档立卡贫困户424户1847人均已达到“两不愁、三保障”要求，全部脱贫出列（其中，搬迁到鲁甸县卯家湾安置点和巧家县老店镇铅厂社区磨槽湾安置点共66户282人），让更多贫困群众搬出大山，斩断穷根。树坡村全部建档立卡户安全住房已有保障；硬化路通村委会所在地，16个村民小组均已通村组公路，其中9个村民小组村组公路已硬化；饮水管网实施完成16件，水窖实施完成139个，覆盖了全村16个村民小组；村级建设好1个避难场所，3个村民小组活动场所已建成投入使用；村级卫生室已达标，标准化建设完成，有村医3名；全面推进义务教育均衡发展，采取助学贷款、雨露计划帮扶、捐资助学、两免一补等方式确保每一个贫困家庭受教学生不因贫辍学。目前，建档立卡贫困户子女就读高中有35人，均已享受免学杂费和生活补助2500元/人；建档立卡贫困户子女就读大学（大专）的18人和就读中高等职业教育的16人，已享受雨露计划资助3000元/人；义务教育阶段学生均享受两免一补优惠政策。

三、发挥部门职能，全力服务扶脱贫攻坚

扶贫脱贫必须站高立远，出实招，解难题。全力做好全市产业扶贫项目环评审批服务。加强对扶贫项目的环境影响评价服务指导，要求对涉及脱贫攻坚、符合生态环境保护要求的建设项目加快审批，提高审批效率。对按照规划环评审查意见要求建设的产业园区入园项目，依法简化建设项目环评文件内容。2015 年以来，全市共完成扶贫领域项目环境影响报告书（表）审批和环境影响登记表备案 800 余个。特别是对年出栏 5000 头及以上的生猪养殖项目采取告知承诺方式实施行政审批，如对巧家县 2018 生猪规模养殖精准扶贫建设项目、威信年出栏 20 万头商品仔猪繁育场第一期年产仔猪 6 万头建设项目，均采取告知承诺方式及时进行了行政审批。积极争取上级专项资金支持。2015 年以来，局党组主动汇报，共争取到上级资金 15534 万元，用于贫困地区环境综合治理、改善农村人居环境。共完成 377 个建制村农村环境综合整治。编制完成全市县域农村生活污水治理专项规划初稿，完成污水治理自然村 1048 个。生活污水乱泼乱倒现象得到有效控制，生活污水得到收集或资源化利用的自然村比例达到 80% 以上。制定了《昭通市农村黑臭水体排查工作方案》，组织开展农村黑臭水体清理排查，后续治理工作稳步推进中。

四、以赤诚换真心，温暖群众心窝

扶贫脱贫必须加强党建，严明纪律。局党组切实加强组织领导，严明组织纪律，压实工作责任，构建上下贯通，落实有力、严格高效的包保责任体系。深入挂钩扶贫点讲专题党课、开展支部活动 10 余次，定期组织开展

入户走访活动，送温暖，讲政策，把察民情、解民忧落实到点点滴滴，贯穿到日常工作，建立健全结对帮扶工作机制，做到精准把脉问诊、精准靶向施策、精准结对帮扶，切实深化脱贫攻坚成效，助力脱贫攻坚工作推得动，有人管，干得好。邀请相关专家对铅厂社区、树坡村的扶贫工作，特别是产业发展进行针对性指导，真抓实干，实现铅厂社区和树坡村的“凤凰涅槃”。探索建立“党支部 + 专业合作社 + 农户”发展模式，以产业培育助力贫困群众增收，累计兑现帮教助困资金 22.6 万元。倡议全局干部职工积极捐资助学，班子带头奉献爱心，共计捐款 15360 元，全部用于资助被录取的扶贫村大学生和开展助教扶贫。协调北京天润新能源投资有限公司南方分公司捐赠资金 30 万元，助力巧家县老店镇铅厂社区和树坡村群众脱贫致富。捐赠款全部用于铅厂社区、树坡村的帮教、助困、人员培训和产业扶持等方面。协调广东省东莞市生态环境局专家到铅厂社区和树坡村开展专题帮扶，通过专题讲座、业务培训、捐资捐物等形式助力挂钩扶贫点脱贫攻坚。多次到挂钩扶贫点开展生态环境保护、生物多样性等宣传，讲解环保法律法规、环保小知识。

（作者系昭通市生态环境局工作人员）

跨　越

——昭通之变

王长山　林碧锋　彭韵佳　姚均芳　华洪立

云南昭通，地处乌蒙山腹地。它全境96.3%的地域是石漠化严重的山区，大山深处的人们生存困难。全市600多万人口中，2014年年底尚有贫困人口185万人，11个县（市、区）有10个是国家级贫困县，是全国贫困人口最多的地级市。

从过去的“路不通、业不兴、民生艰”，到建成立体交通新枢纽、36万群众搬出大山、崛起百亿级产业……近年来，当地全力决战脱贫攻坚，乌蒙之地变了容颜，从闭塞落后到跨越发展。

闭塞不通之地化身立体交通新枢纽

67岁的盐津县豆沙镇银厂村村民邵光前坐半小时摩托，来到豆沙关前的山脚下，沿着五尺道往上步行10来分钟便进入古镇赶集。前行中，五尺道、关河水道、内昆铁路、G247公路、G85渝昆高速5条不同时期的交通线路以几乎并行的姿态呈现在眼前。

“以前村子不通公路，到豆沙关赶集要步行4小时。现在路通到家门口，摩托半个多小时就能到。”邵光前目睹了古道旁铁路、国道和高速公路几十年间陆续建成。他的孩子坐过火车，还沿高速公路坐汽车外出务工。

交通不通，制约昭通。昭通“十三五”综合交通规划重点项目已累计完成投资近1400亿元，得到了国家扶贫资金的支持，当地政府也筹措了配套投资。

规划新建的12条高速公路全部落地，基本实现县县通高速；去年年底成贵高铁建成通车和渝昆高铁开工建设，叙毕铁路将于2022年建成；直飞北京、上海等地的9条航线已经开通；“万里长江第一港”水富港扩能工程稳步推进，建成后将成为云南最大内陆港口和多式联运的枢纽……“极不通畅”正逐渐变为“四通八达”。

“难度超乎想象，在平原修一公里高速公路需5000万元左右，在乌蒙山区至少要7000万元。”主管交通的盐津县副县长邓驹说，但为了改善百姓生活，再难也要建。

昭通市有305万农村劳动力，其中有240万人外出务工。通达的公路铁路极大便利了劳动力外出，这成了攻克贫困堡垒的巨大优势。

新冠疫情发生后，昭通自1月31日起即在全市开展核酸检测，并最早于2月22日开通务工专列专车，由政府组织把劳动力输送出去。镇雄县碗厂镇党委书记申时国说：“今年送人打工，我们派干部用面包车到农户家接，到镇上新建的客运中心换车，再到县城坐大巴和高铁。”

交通的发展，不仅方便务工人员挣起了外地钱，还让村民更加舒心地吃上了“本地饭”。2016年，昭通市昭阳区迤那村通了高速公路。村民李顺才借机兴办“农家乐”，建活动室、鱼塘和花园，如今月收入数万元，还带动村里八名贫困户就业。60岁的弓河村村民周邦志是苹果种植大户，他种的苹果也通过四通八达的道路行销中外。

以前，从昭阳区开车到镇雄县要6个小时，今年年底高速修通后，车程将少于2小时。以前各地到镇雄县缓慢难行，现在镇雄县全县公路里程达12800公里，初步形成内连外通的立体综合交通网络。“我们将来的目标，是打造云、贵、川三省接合部的交通枢纽。”镇雄县委书记翟玉龙说。

36 万群众搬出大山城里安家

在镇雄县鲁家院子易地搬迁安置点村史馆的墙上，新旧照片形成鲜明对比：一边是一位农妇站在大山中歪斜的茅草房前，另一边是她搬入宽敞明亮的新楼房。

照片中的老人是 71 岁的刘世珍，去年 8 月，她一家三口从大山搬入鲁家院子，成为社区居民。她的变化是当地群众挪出穷窝、斩断穷根的写照。

2018 年，在对 129 万户居民的贫困状况进行核定的基础上，昭通全面启动新一轮易地扶贫搬迁，探索中心城区安置、中心集镇安置、跨县安置等模式，因地制宜建设 23 个安置区，其中万人以上的有 9 个。目前，全市 36 万多贫困群众全部搬入新居，实现从深山到城镇的“跨越”。

进城容易，扎根难。“最难的还是就业。”昭通市委书记杨亚林表示，要通过创业、务工和发展产业，来改善搬迁民众的生活。

位于昭通市昭阳区的靖安新区，是当地的大型易地扶贫搬迁安置区。在安置区广场上，35 岁的搬迁农民王仕坤在卖奶茶，这是他第一次创业，一天最多能赚 700 元。他说，新区住了几万人，有市场。“以前到深圳务工是为别人打工，回到家乡是为自己打工。”他说。

经过规划，昭通将在易地扶贫搬迁安置区周边建设 5318 个蔬菜大棚、3791 个食用菌大棚、60 万平方米扶贫车间和 45 万平方米配套商业设施，提供岗位 4.98 万个，开发公益性岗位 1.18 万个，帮助搬迁群众“稳得住、能致富”。

有了工作，还要有便利的生活。“现在不愁吃穿，但还要帮大家真正变成城里人。”54 岁的搬迁户吴兆康主动申请担任了靖安新区“楼栋长”，兼任保安，在记路、坐电梯、记家门等方面帮助住户。

在各搬迁新区，像吴兆康一样的楼栋长有827名。全市易地扶贫搬迁安置区新增44所学校、33个医疗服务机构。9个临时党工委（管委会）、111个党支部、537名社区干部共同构建起社区综合服务体系。

“群众搬到哪里，党组织就跟进到哪里，便民服务就延伸到哪里。”杨亚林说。

乌蒙大地崛起百亿级产业助脱贫

8月18日，一场特殊的视频会议在昭通国际会展中心举行。远在加拿大的世界马铃薯大会主席罗曼·库尔斯宣布，世界马铃薯大会授予昭通市“世界马铃薯高原种薯之都”的称号。

目前，昭通市完成马铃薯种植260万亩。在昭阳区和永善县交界处海拔2200米的大山上，可以看到5万亩马铃薯高标准示范基地，伸展铺陈，一望无际，盛开着紫色和白色的花朵。

50岁的种植大户罗石富带领村民种了2200亩马铃薯。他说，当地采取“党支部+合作社”模式，党员带头，统一标准，集中种植，并利用了省农科院提供的先进技术和种子。“这样种出的马铃薯口感好，适应性和抗病性强，已卖到四川、重庆和广东，还有东南亚和中东。”

利用日照充足的条件，苹果产业也发展到80万亩。记者在果园里看到，树上的标牌注明由哪个合作社长负责、技术员是谁、果农是谁等。同样是规模化和统一化种植。

竹子种植达到383万亩。这个新产业既能帮助农民增收，又能通过退耕还林保护长江上游生态。镇雄县碗厂镇官房村60岁的竹农王应学说，以前种烤烟和玉米，收入少，2017年响应政府号召，种了近50亩竹子，亩产

600 斤笋，1 斤卖 3 元多。他说："政府关心我们，我们也要努力。老百姓要靠自己劳动致富。"

马铃薯、苹果、竹子、特色养殖、天麻、花椒"6 个百亿元"成了昭通具有高原特色的产业。

截至去年年底，昭通市建档立卡贫困人口从 2014 年末的 185.07 万人降至 15.99 万人，贫困发生率从 34.8% 下降至 3.4%。今年上半年动态监测显示，未脱贫人口全部实现"两不愁、三保障"。

昭通，史称"乌蒙"。当地群众说，以前有人曲解"乌蒙"为黑暗和蒙蔽之意，后改为"昭通"。如今的昭通正在一天天更加明亮、通达起来。

新华社昆明 2020 年 10 月 11 日电

（作者均为新华社记者）

第二编　新区崛起

为了8万贫困大军的顺利迁徙

——市住建局靖安、卯家湾易迁工作大实录

昭通市住建局

划地为界　响应“一城三片区”规划

昭通市昭阳区靖安镇洪家营村靖安集中安置区和鲁甸县文屏镇卯家湾集中安置区（以下简称昭阳靖安安置区和鲁甸卯家湾安置区）的搬迁建设，目前在全国的跨县区安置区中，堪称是数一数二的大安置区。它们的建设，不是偶然，却有着一个个传奇式的背景故事。

自2013年全国开展轰轰烈烈的精准扶贫工作以来，针对易地扶贫搬迁工作，习近平总书记诠释了“一方水土养不起一方人”恶劣环境的扶贫工作对策，明确了易地扶贫搬迁的内涵，多次强调易地扶贫搬迁工作的重要性，并对此作出重要指示。

易地扶贫搬迁政策的特殊性主要在于：一是政策的含金量高。国家将通过政府创新融资机制，投资大规模资金用于易地扶贫搬迁，投入力度创历史之最。是国家把盘子定得最早、资金规模最大、资金来源最充分保障的一项工作。二是推进的难度最大。易地扶贫搬迁工作时间跨度大、空间覆盖广、持续周期长、动态复杂。三是易地扶贫搬迁是一项极为艰巨复杂浩大的系统工程。在中外历史上前所未有，“是难啃下来的硬骨头”。

据了解，针对昭通市的易地扶贫搬迁工作，早在2017年之前，市委、市政府就考虑过要把昭通城、鲁甸县城和靖安乡集镇片区建设成“一城两区”的规划思路，其中也包括要把大关县城搬到靖安集镇片区的设想。

据市住建局总工程师鲁韬介绍，2017年年底，云南省委书记陈豪就邀请了“新加坡规划之父”、云南省政府规划顾问刘太格到昭通，希望他能为昭通城的规划把把脉。

80多岁的刘老到昭通后，在陈豪书记和昭通市委、市政府等领导班子的陪同下，审阅了昭通城市规划思路的相关资料。对“一城两区”的思路予以了赞赏和肯定。

随后，刘老麾下的设计机构受昭通市政府的委托，编制完成了昭通“概念性空间规划”，提出了“一城三片区”的发展思路，确定了今后的昭通市，将会是现在的昭通城、鲁甸县城（昭鲁逐步一体化连接）与靖安片区三个城市片区构成一个现代化大都市。这和市委、市政府之前提出的“一城两区”可谓“英雄所见略同”。

随着脱贫攻坚战的推进和逐步深入，来自基层各县区扶贫干部的意见：由于昭通特殊的地理环境：11个县（市、区）都存在山高、坡陡、高海拔、交通不便；生存环境恶劣，生活成本和建设成本极高，发展难，贫困人口多数居住在“一方水土养不活一方人”的地方；贫困群众居住零散，不集中，有的地方为了解决一两户人的出行方便，要投入二三十万元来解决交通问题，扶贫成本极高，如果不采取特殊措施，就昭通目前的建档立卡贫困人口来说，仅仅解决住房问题的扶贫成本就是一个惊人的数字；即便解决了群众的住房问题，交通和“两不愁、三保障”中的其他保障问题也难以解决，群众的后续发展问题更是一个无底洞……脱贫攻坚战到了最关键、需要马上冲刺的时候，扶贫工作面临严峻形势。

对此，昭通市委、市政府按照党中央、国务院的方针政策和省委、省政府的工作部署，多次召开相关会议。市委、市政府派出数万名干部到一线，再次开展精准扶贫摸底调查工作。在彻底、准确地摸清了全市建档立卡户基本情况的基础上，确定了全市新增 18.7 万人的搬迁规模。对搬迁群众挪穷窝、断穷根、能致富的问题，根据其搬迁意愿，因地制宜，在全市新增建设 9 个万人以上的易地扶贫安置区。

这些安置区分别是：昭阳北闸红路、昭阳靖安、鲁甸卯家湾、镇雄大地、镇雄鲁家院子、镇雄呢噜坪、彝良发界、盐津水田新区和永善红光新区。其中，规模最大的就是昭阳靖安和鲁甸卯家湾安置区，都是初步预计安置 4 万人左右，在全国跨县区安置点中分别位居第一和第二，靖安安置区主要安置昭阳、镇雄、彝良、盐津、大关、永善 6 个县（区），而卯家湾安置区则安置鲁甸、巧家、彝良、盐津和永善 5 个县。

特事特办　审批程序开绿色通道

据市住建局驻靖安工作组负责人表示，靖安安置区和卯家湾安置区项目工程建设确定下来后，第一步要解决的就是初步设计审查的问题，而这一步起初并没有那么顺利。

初步设计审查要经历政策性审查和技术性审查这两方面的程序。对此，市政府、市住建局积极主动联系云南省住建厅，为昭通市易地扶贫搬迁项目的初步设计审查开通了绿色通道，不再要求进行政策性审查，可由专家组直接进行技术性审查，对项目的技术和投资把关。绿色通道的开通，对易迁项目整体进度的快速推进起到了非常积极的作用。

在初设审查前期，市住建局带领建设单位、设计单位、勘察单位参加初设审查会。因报审文件不全或者设计深度不够等原因，前期多个项目未通过专家组的审查。然而，上级要求所有安置区务必在 2019 年年底实现贫困群众全部搬迁入住。倒排工期，时间一天天逼近，而审查却迟迟不能通过。

市住建局易迁领导组干部心急如焚，多次主动联系省住建厅相关领导，省设计院集团领导及各专业专家。取得业内各级各领域领导和专家的认同和支持。心往一处想，力往一处使，根据专家组修改意见，设计方和审查专家建立沟通机制，同心协力，完成初设的修改完善，并在第一时间获得通过。之后，初设审查做到了随报随审，及时完善，及时修改，快速通过。

与此同时，市住建局还多次会同市发展改革委和市搬迁安置局等部门，不仅从政策上进行把关，还专门邀请了云南省设计院集团作为咨询机构，对两个安置区的建设形成技术支撑，从结构安全、进度提升、材料运用、投资控制等方面给予了科学合理的指导性意见和建议。

实践证明，在后续的施工中，专家组提出的建议和意见得到了很好的应用。如若按照原设计思路，在框架建设完成后进行二次结构施工，即须完成砌墙、造柱、抹灰等工序后才能进入装修工序。这样，施工操作面和各工种人员组织效率不高，精细度不够，尚有潜力可挖。修改后的设计改用装配式，用内墙板装配材料进行同步施工，施工工艺得到优化。这样不仅工程质量易于控制，还有效加快了施工进度。

选派精英　一线蹲守巡察

据市住建局驻守卯家湾工程项目的高级工程师唐毅回忆，2019 年 3 月，自工程项目开始大面积铺开后，市住建局就及时召开专题会议，对 9 个万人以上的安置区都派出专人工程师，负责监管和巡察质量安全问题。

靖安、卯家湾两个跨县区安置点，各派一位副局长配备两名工程技术人员驻点，负责跟踪设计审查及现场工作，其中，靖安安置区长期驻点组员是罗中天、李穗两名工程师；卯家湾安置区长期驻点组员是唐毅和杨勇两名工程师。

市住建局质量巡察组下沉一线的工作任务极为繁重，主要包括：在质量安全监管方面做一些提供技术层面的咨询服务，包括向专家和省上的咨询，并找出解决问题的办法；理顺各个责任单位的质量监管行为；对责任单位的参与人员的资格、人员到岗履职情况进行全面的排查，旨在从工程开工建设，就要让专业的人来做专业的事情；与县上的相关工作人员进行日常的质量巡察和检查，协调市、县之间基本程序的完善，参与市级的专项检查，配合国家、省级相关部门对工程的检查；协助完善工程验收相关事务。对专业水平和工作经验要求极高。

从 2019 年 3 月开始，到 2020 年 5 月工程项目及搬迁工作全部结束，市住建局派出的昭阳靖安驻点组和鲁甸卯家湾驻点组的 6 名干部和组员，一直坚守在施工现场，驻守一线，定时和不定时地进行质量安全巡察，其中兵分两路的罗中天、李穗，唐毅、杨勇 4 名组员更是舍小家、顾大家，每天早出晚归。由于单位上没有为他们配备专车，也找不出合适的政策为他们支付油费，他们只得私车公用，不仅每天来回要支付 40 多元的高速公路过路费，还要自垫油费。这样，单位每天补助给他们 50 元的生活补助根本就入不敷出。特别是罗中天和李穗二人，每天都要来回经历路况和天气变化复杂的靖安片区，让家人为他们的生命安全提心吊胆。但为了做好工程项目质量监督巡察，为了让 8 万贫困人员能够顺利搬迁，他们无怨无悔。

安置点工程建设的实践证明：市住建局工程技术人员是一支专业素养过硬，工作作风优良，敢打硬仗、善打硬仗的队伍。

紧盯一线　杜绝踩质量“红线”

昭阳靖安安置区和鲁甸卯家湾安置区的建设，都是由中建集团一手承建的，中建集团是我国的头号建筑集团企业，承建了国内外大量的知名项目工程。然而，老虎总有打盹的时候，任何项目工程的建设，只要质量监管不到位，施工方都难以避免为赶工期而忽略了质量的现象。市住建局派出的两个质量监督驻守组的入驻，则是在技术咨询、协调工作和质量监督方面起到举足轻重的作用。

在鲁甸卯家湾施工现场，开挖工作刚推进不久，就发现了两个问题，一个问题是在装机组的过程中，就发现场地地质条件非常复杂；另一个问题就是地下溶洞的发现。溶洞的发育情况及走向如何？影响程度有多大？需要快速拿出切实有效的处理方案。

发现溶洞问题后，市住建局及时将溶洞情况以专报形式上报市政府。同时向鲁甸县政府发函通报情况，并要求“务必高度重视，确保工程质量安全”。与此同时，卯家湾驻守组就召集了设计、地勘、施工监理等单位和县上的相关负责人员进行研究。

接下来的四五天内，各方技术人员日日夜夜分析和研究，大家一致认为，溶洞的出现，对 4 号地块和 5 号地块的部分房屋有影响。随后，大家又根据以往的案例和相关技术规范，研究制定了有效的技术方案，排除了安全隐患。

排查的过程用了几天的时间倒可以赶得上，关键是施工的难度增加了。溶洞的出现，初步预计是要影响施工进度 3 个月左右的，但由于后来处理方法得当，最终只耽误了 1 个月的时间，这让大家无比欣慰。

“我们两个在那里一年多以来的工作，感受最深的是各级各部门对工程建设、质量安全等方面的重视。压力最大的是进度问题。如果按正常施工进度，至少需要两年半的时间，但实际施工下来，从正式开工到搬迁入住，只用了不到一年半的时间。而且，中间还夹杂了疫情的影响和处理溶洞的过程。”唐毅说，在赶工期方面，昭阳区委、区政府，鲁甸县委、县政府及相关部门做出了巨大的努力。

2019 年 10 月之前，卯家湾主体工程就基本完成了，10 月之后，他们主要是进行装修的安全保障工作监管，由于工期紧，指挥部采取了挂图作战的办法，把每天的任务细化，小到每天要安装的门窗、厨卫洁具都进行了细化和量化，大到每部电梯的安装天数和进度。那段时间，相关县、区委书记，县（区）长直接到一线指挥作战，凌晨一两点开会是再正常不过的事了。

工程后期，工程项目的高边坡和高支护隔断及房屋外架的安全，都需要请专家来做技术支撑论证，几个小山头，有的要挖掉高的部分，有的要填充低洼部分，高的地方开挖以后要解决好永久性支护问题，低洼回填之前要规划好永久支护、市政设施的铺设、密实度和压实度等问题，打桩的时候又要解决好满足设计要求的问题，驻点巡察组质量巡察成员总是时时盯着。

2019 年 7 月 26 日和 8 月 5 日，市委副书记、市长郭大进率市政府办、市住建局、市应急管理局、市搬迁安置局和昭阳区、鲁甸县的相关负责人员，对鲁甸卯家湾和昭阳靖安安置区进行了两次突击性暗访，发现，卯家湾安置区项目工程和靖安安置区项目工程都存在一定的安全隐患，卯家湾安置区存在的问题较少，但靖安安置区则提出了 112 个需要整改的问题。

郭大进市长的这两次暗访，提出 100 多条整改意见，并要求其他安置区项目工程要以点带面、举一反三强化安全监管力度，使陪同暗访的相关部门再度敲响了“安全监管”警钟，不敢再有丝毫松懈。

马克思主义哲学说，事物总是在矛盾中发展起来的，如果没有矛盾，就不可能有发展。工程施工也是同样的道理，关键是看你站在哪一边，哪一个角度。这不，在工程建设中，施工方负责人和市住建局派驻点质量巡察组成员相互争吵得面红耳赤也是常有的事情。

由于工期短，加上疫情的影响，原计划，春节期间都不停工，要继续施工的，但由于受疫情影响，好多施工方的负责人甚至工人都是福建武汉人，而武汉当时又是疫情高发区，回去过年就回不来了。后来总算回来了，就只有采取一边施工，一边管控的办法进行管理。每个月都要把存在的问题、是否处理了等情况汇总报告给市委、市政府，较大的问题，还要上报给省住建厅。

据质量巡察组成员罗中天工程师回忆，在建设靖安新区洪家营小学教学楼时，当他发现，该教学楼外墙砌体并未规范的设置抗震措施时，碍于情面，他当时并未发火，而是告知施工方负责人要及时整改。然而，当隔了3天后，罗中天发现，施工方不仅未按前次他提出的整改要求进行整改，还连续按原来的方式施工了三天三夜。

罗中天火冒三丈“骂了娘”，并拿起钢管就开始把砌好的墙一堵堵地剁垮，施工方负责人发现他动“真格”了，才要求工人们立即参加拆墙，并按罗中天的整改要求进行整改。

“昭阳、鲁甸、大关都处在地震带上，地震在所难免。你们是北方人，也许你们很少经历大地震，但我相信当年的汶川大地震你们应该是耳濡目染了吧。地震到来的时候，一旦我们修建的房屋，特别是学校不能抗8级以上地震，将会对广大师生造成非常严重的生命危险。”事后，罗中天感到那天他的态度有些过激，就主动找施工方负责人谈心，做他们的思想工作，希望大家理解和支持。

听了罗中天的解释，施工方也开始愧疚起来，他们也逐步明确了罗中天等工程师的理念：工期要赶，但不能踩安全和质量这根红线和底线。

在工程建设的整个过程中，市委书记杨亚林，市委副书记、市长郭大进，市委、市政府的分管领导也随时都有可能巡察和暗访，大家对质量安全问题从来不敢懈怠。

施工过程中，施工方有时会为了抓进度而淡泊了质量，市住建局工程师们则是一边要求他们整改，一边帮助他们想办法加快进度。比如，靖安安置区天气非常恶劣，冬天不能浇灌混凝土，为了加快进度，质量巡察组和专家们又为他们想办法，采取了在混凝土中添加防冻剂，这样工程就得以正常进行了。

不到一年的时间，整个新城崛地而起。市住建局和其他相关县区、部门一样，从选址、规划、建设、装修都一直参与到其中来，大家都不计节假日，做到了重大安全“零事故”的发生，群众搬进去以后，满意度也很高，一些原本要搬来但由于顾虑太多的村民，跟着搬迁户来到现场看到新房子后，都后悔当初没有选择搬迁上来。

如今，9个万人以上贫困人口搬迁安置区均已先后建成投用，昭阳靖安和鲁甸卯家湾两个安置区更是以“不是建安置区，而是建一座新城”的理念高标准建成投用，解决了建档立卡户群众“搬得进来”的问题，胜利打赢了党中央和国务院交给的这场脱贫攻坚战。

激战靖安新区

周　祥

2015年1月19日，习近平总书记带着党和国家的温暖，来到了鲁甸，来到了龙头山，指出要“以更加明确的目标、更加有力的举措、更加有效的行动抓好脱贫攻坚，确保扶到点上、根上，让贫困群众真正得到实惠”。2015年11月27日至28日，中央扶贫开发工作会议在北京召开，习近平总书记强调“贫困人口很难实现就地脱贫的要实施易地搬迁，按规划、分年度、有计划组织实施，确保搬得出、稳得住、能致富”。

昭通市委、市政府深入贯彻落实习近平新时代中国特色社会主义思想，特别是视察昭通时提出的“三个更加”“扶到点上、根上”重要指示精神，充分考虑全市“山高、坡陡、谷深”“大山、大水、大峡谷”的区域特点和深度贫困地区群众彻底走出大山、斩断穷根、摆脱贫困的现实需要，以“搬不动山就搬人”的愚公精神，本着对历史负责、对未来负责、对群众负责的态度，在昭阳区靖安镇选址建设用地2177亩、计划总投资42.85亿元、住房9256套，同步配套建设学校、医院等基本公共服务和水、电、路等基础设施市委全国最大的跨县易地扶贫搬迁安置区，承接跨县安置大关、永善、彝良、镇雄、盐津、昭阳5县1区搬迁群众9256户40549人（建档立卡6976户31160人，同步搬迁2280户9389人）。2018年5月，组织调整我任中共昭阳区委副书记，同年组织明确由我担任靖安易地扶贫搬迁安置区点长，2019 年 5 月组织又明确由我任靖安易地扶贫搬迁安置区临时党工委书记。自此，我与靖安新区结下了不解之缘，我为自己能够亲身参与、指挥、推动、见证这场人类历史上最伟大的“战役”而无比自豪、无比骄傲。

“云南脱贫看昭通，昭通脱贫看靖安。靖安易地扶贫搬迁安置区直接关乎全市 5 县 1 区的脱贫大任、直接关系跨县易地扶贫搬迁安置的是非成败。”我清楚地记得，我第一次说这句话，是在 2018 年 12 月 20 日的清晨，新区建设施工单位第一天进场的时候。那一天，沉寂在寒风中的靖安坝子格外荒凉，农村的庄稼已经基本收完，平整的坝子中间只剩下些许杂草和游走于杂草间的牛羊。看着这一派景象，想着市委市政府交给的任务，我百感交集，身上和心里都是沉甸甸的担子。从那天以后，这是我经常挂在嘴边的一句话，我用它时刻提醒新区广大干部职工、参建单位，也用它时刻提醒自己，一刻不能放松、一刻不能懈怠。为坚决完成组织交办的任务、为不负 4 万余群众的期盼，我团结和带领全体新区人，始终坚持以习近平新时代中国特色社会主义思想为指导，不忘初心、牢记使命，严格按照中央、省、市决策部署，以“拼命干”的精神和劲头，抓实“九个组织化”，兑现了“九份承诺书”，激战靖安新区，跑出了“靖安速度”、体现了“靖安效率”、展现了“靖安作风”、锻造了“靖安铁军”，从零开始，用不到一年的时间，建成了一座相当于中等县城规模的“新靖安”。

抓实“三级作战体系”，坚决兑现“高效率”承诺

习近平总书记指出“办好中国的事情，关键在党，关键在人”。我深知，强大的组织保障，是我们决战决胜脱贫攻坚的关键所在，更是我们激战靖安新区的命门所在。

2018 年 10 月 24 日，省委常委、组织部李小三部长深入新区调研，指

出“新区建设必须始终坚持党的领导，构筑强大的指挥体系，保障新区建设在党的领导下高效、快速推进”。市委杨书记现场作出安排部署，要求“新区提出意见，从市级层面统筹考虑，形成一套完整的组织指挥体系”。作为执行者，我随即牵头研究，提出了市委坐镇、县区委作战、各党（工）委做事的“三级作战体系”，高位推进、高效运转，稳步推进新区建设，并得到市委市政府高度认可，并在全市 2 个安置区建设中固化推广。

市级，成立以市委杨亚林书记、市政府郭大进市长任双组长的指挥部，半周一调研、一月一调度，制度化、常态化督促推动工作落实；下设分指挥部，由市委副书记任指挥长，市委常委、昭阳区委江先奎书记任常务副指挥长的指挥部，一周一研究、半月一调度。

县区，在严格落实县区主体责任的同时，从 5 县 1 区和市直相关部门抽调处级领导 22 人担任副书记、副主任和委员，抽调科级及一般工作人员 78 人组建临时党工委、管委会，形成 1 办 6 站 30 个小组，制度上墙、责任上肩、督查上阵，集中办公。

其他，各涉及搬迁的乡镇和参建单位，实行党（工）委书记负责制，精准抓好各项工作。

规划设计“三结合”，坚决兑现“精而优”承诺

习近平总书记指出“规划科学是最大的效益，规划失误是最大的浪费，规划折腾是最大的忌讳”。安置区规划设计工作，省委书记陈豪、省政府阮成发省长亲自调研指导，市委杨亚林书记、市政府郭大进市长专题审核定稿。

2018 年 7 月 10 日誓师大会到 2019 年 3 月 11 日开始房屋建设，新区规划充分考虑各方意见、各方实际，数易其稿。在 2018 年末的 1 次会议上，我向分指挥部汇报，“新区建设已经平迫在眉睫，规划涉及上的事情，如

果不采取超常规手段，我们将很难如期启动建设。我建议将规划设计工作组、设计单位、第三方优化单位统一联动办公。”我的建议得到了分指挥部采纳，新区“三结合”落实规划设计。

结合政策要求。聚焦省委、省政府“50 个工作目标”，严守搬迁对象精准“界线”、住房建设面积“标线”、搬迁不举债“底线”、项目和资金规范管理“红线”，既不降低标准，也不吊高胃口，做优规划。

结合群众诉求。根据搬迁人口机构，细化到每一个地块、每一个片区、每一栋楼房间距，每一个房间、每一个厨房、每一个厕所尺寸，图纸交给群众审、选材送给群众定、样板做给群众看，做精设计。

结合时间需求。业主、设计单位和第三方，把规划设计场地搬到工地上，分歧在工地上消融、问题在工地上解决、工作在工地上推进，实现了同步推进规划和建设的无缝对接、高度统一。

抓实征地拆迁“四级开锁体系”，坚决兑现“零上访”承诺

习近平总书记强调“做好群众工作，要面对面、心贴心、实打实”。市委杨亚林书记在 2018 年 7 月 10 日的誓师大会上指出“新区建设，第一个难题是土地，如果土地交不出，一切工作都是空中楼阁、纸上谈兵”。

2018 年 11 月 19 日，距离进场的时间已经只有 1 个月，而土地的征迁仅完成三分之一。我看在眼里、急在心里，果断向区委江先奎书记报告“面对安置区建设征地拆迁的‘老大难’，我准备构建一个区、镇、村、组组成的‘四级开锁体系’，利用 1 个月的时间，专人专办、一线攻坚，把剩余的土地全部交出来”。在区委的支持下，“四级开锁体系”全面建立，如期兑现了目标。

领导在一线坐镇。区委主要领导亲自抓，每天听取一次汇报；临时党工委、管委会和靖安镇党政主要负责同志共同干，干部职工、党员群众齐

上阵，形成了“党委带支部、支部带党员、党员带群众、群众带群众”的乘法效应。

矛盾在一线解决。对群众关注的人口认定、面积认定、后续安置等问题，邀请群众代表全程参与、全程监督，敞开大门，让群众共同参与。彻底打消群众怀疑、观望念头，将矛盾化解在萌芽状态。

工作在一线推动。充分发扬“一天不耽误、一刻不放松”的钉钉子精神，“5+2”“白加黑”“一把尺子量到底”“一把钥匙开一把锁”，创下2月征地拆迁3317亩、20天流转土地2000亩，而没有发生一人阻工、一人上访的“靖安纪录”。

抓住“三个关键”，坚决兑现了“建好房”承诺

习近平总书记强调“一定要把易地移民搬迁工程建设好”。在向市、区领导汇报时，我反复强调“质量就是生命，靖安新区的建设面临着时间、进度、质量、安全的四重考验，如果采取常规的建设方式，我和临时党工委管委会恐将有负组织厚望！”

后经市、区两级充分考虑、充分研判，为抢时间、保进度、保质量、保安全，决定引入国内最强建筑集团——中国建筑集体，探索采取EPC工程总承包、一体化运作模式，承接新区建设。工作中，我搭建起了指挥部与建设单位、勘察单位、设计单位、审图单位、监理单位、施工单位、检测单位“八方攻坚体系”，抓住“三个关键”，创造了3天半建一层的建筑奇迹，6月28日首栋房屋封顶、11月12日房屋全部封顶。

抓住“关键的人”。实行指挥部处级领导包片区、科级干部包楼栋、一般干部包楼层的“包保责任制”，盯住每一个参建单位、每一张图纸、每一块板、每一棵桩，形成“天天有成果，周周有进度，月月有成效”的工作格局。

抓住“关键的事”。实行一日一小结一研讨、一月一总结一调度的“议事责任制度”。以组为单位，对工作中遇到的问题，能解决的现场解决，不能解决的反馈指挥部研究，做到了案无积卷、事不过夜、跟进落实。

抓住“关键的时”。实行天检查、周考核、旬兑现的“奖惩责任制”，列出任务清单，把时间卡死到每一天、每一刻，工程进度一天一小变、两天一大变。

抓实“六个万”，坚决兑现“意愿稳”承诺

习近平总书记强调“易地搬迁要坚持群众自愿、积极稳妥，尊重群众意愿，加强思想引导，不搞强迫命令”。搬迁搬的是人，安置区建好只是开始，搬得出来才是重点。

2019 年 5 月 25 日，临时党工委（管委会）召开了一次特殊的会议，会议的主题是易地扶贫搬迁“五清”工作，会议的背景是安置区建设已经如火如荼，而群众的搬迁意愿却开始动摇。会上，我反复强调“安置区建好了，搬不进人来，那就是一个笑话。搬迁对象意愿稳定不仅是县区的事，我们必须直接参与”。当日，临时党工委（管委会）就主动与各县区对接联系，构建起了临时党工委、管委会处级领导挂县区、科级干部包乡镇、一般干部帮村进组入户的“三级融入体系”，“六个万”确保搬迁群众意愿稳定。

历尽千辛万苦、踏遍千山万水。把每月 20 日至 25 日作为入户走访工作日，由各县区在临时党工委、管委会处级领导牵头，分批次对搬迁群众进行回访，无论路有多远、多险，户户走到。

走进千家万户、道尽千言万语。坚持人人见面，在行动上关心搬迁群众、思想上开导搬迁群众、生活上帮扶搬迁群众、感情上贴近搬迁群众，用干部的真心、耐心、爱心换取搬迁群众的思想认同、工作认同、情感认同。

不惧千难万阻、想尽千方百计。面对少数搬迁群众期望过高、故意刁难、煽动闹事等困难，通过有序组织 284 批 5563 名易迁群众到新区参观样板房、不厌其烦宣传政策等，用初心破解局面、用真情融化坚冰，变“不愿搬”为“主动搬”。

抓实摇号分房“三个节点”，坚决兑现了“户见面”承诺

习近平总书记指出“要让人民群众有更多获得感”。让群众户户见面，直接现场参与摇号分房，不仅能够让群众直接看得到、摸得着自己未来的“新家”，稳定群众意愿，而且能够提前让群众在心理上有所准备，对即将开启的新生活有更加直观的了解掌握。但现场摇号分房是一个庞大和系统的工程，需要大量的人力、物力和财力，紧靠分指挥部或临时党工委（管委会）根本无法完成。经过充分研判考虑，我主动向市委杨亚林书记和区委江先奎书记汇报工作思路，得到首肯和支持。

得到认可后，我随即召开会议，成立分房现场指挥部，构建起了现场布置、安全检查、交通保障、现场引导、现场分房摇号、后勤保障、宣传报道、医疗救护“八组联动体系”，牢牢把握“三个节点”，和各县区反复对接、反复研判。5 县 1 区、9256 户搬迁群众如愿抽到了心仪的房子。

在前期准备工作中，临时党工委（管委会）和各县区共同商议，拟订分房方案，将责任定点定人、反复演练，做到了对接零漏隙、配合零差错。

在中间分房过程中，在县区把搬迁群众送至新区后，精心把好安检入口、身份识别、摇号分房三道关口，真正做到了阳光、公平、公正、公开。

在后续补漏工作中，主动对接、精心核对、全面排查，经过大量的比对、核实、完善，新区分房真正做到了搬迁群众一户不漏、一人不少。

抓实搬家体系，坚决兑现“搬得出”承诺

习近平总书记指出“一定要保质保量让村民们搬入新居”。2019 年 12 月 18 日是确定首批搬家的日子，为这一天的到来，我在新区工地顶着凛冽寒风、不分昼夜，连续待了 5 天。查看水、电、路、绿化、亮化、马桶、卫生间、开关、电梯、楼道，我走遍了每一个小区、每一栋楼房、每一个楼道、每一个房间，保证每一间交出的房屋都是质量安全、要素齐全的“小康房”。

在搬家前夕，经过与各搬迁县区反复商议，我们构建起了临时党工委、管委会与搬迁县区的“双责任搬家体系”，成立搬家指挥部，精心展开搬迁工作。

明确“一个政策”，即搬迁奖励政策。以县区为主体，由各县区组织实施，对积极配合工作，按时间节点完成搬迁入住的群众给予不高于 3000 元 / 户的家居购置补贴。这既考虑到了各县区财政状态的差距，也考虑对搬迁群众的激励，同时又不至于差距太大，引发群众间攀比，给搬迁工作造成压力。

出台“两项预案”，即现场突发事件应急预案、搬迁群众意愿反复应急预案。我深知，群众利益无小事，任何一个细节都有可能对搬迁工作造成重大影响，两项预案的出台，对群众搬家过程中出现的问题及时化解、快速处理。

拟定“三张清单”，即搬迁目标任务清单、责任到人清单、落实情况清单。实现定人、定时、定责制，不漏一人、不落一户，确保每一个环节、每一个细节都有人抓、有人管，帮助搬迁群众顺利搬入新居。

抓实“三重保障体系”，坚决兑现“稳得住”承诺

习近平总书记强调“生活安顿下来后，各项脱贫措施要跟上”。对搬迁群众来说，“搬得出”只是开始，“稳得住”才是根本，也是我从一开始就细心谋划思考的重要内容之一。

2019年10月21日，进入秋天的靖安新区，阳光变得异常透明，薄薄的风轻抚着这个可爱的“小城”，我和临时党工委（管委会）的同志已经在狭小的会议室里讨论了一天关于搬迁后群众的稳定问题。大家都很明白，稳不住还搬了做什么呢？经过充分讨论研究，我们提前谋划，构建起了基本公共服务、社区服务、基层组织“三重保障体系”，帮助搬迁群众适应新环境、开启新生活。

公共服务方面。在市委市政府组建新区临时党工委、管委会的基础上，由昭阳区成立服务管理中心、县区工作站和6个社区党总支、居委会，实行“处级领导挂社包片、科级领导挂片包栋、中心同志挂栋包层、社区同志挂层包户”，实现一对一、保姆式服务。

社区服务方面。在围绕维修维护、操家理屋、安全引导、邻里互助等8个方面组织55支服务小分队的同时，设置“妇女儿童之家、4点半课堂、爱心超市”等志愿服务队，做到“搬迁群众有需求，服务管理就有回应”。

基层组织方面。根据人口规模、街道分布情况，组建6个社区党总支和社区居民委员会，每个社区分5个至9个片区并设党支部，党支部下设149个楼栋党小组和楼栋长（居民小组长），形成横向到边、纵向到底的“社区—片区—楼栋—党员—群众”五级联动网格管理。

抓实“产业就业支撑体系”，坚决兑现“能致富”承诺

习近平总书记指出“搬迁安置要同发展产业、安排就业紧密结合”。我和临时党工委（管委会）的同志反复强调，“贫穷表面上是人的问题，但本质上却是发展的问题，是经济社会发展、人的发展问题”。为从根本上解决搬迁群众的“贫困问题”，我始终把产业就业作为搬迁群众脱贫致富的根本举措，在积极配合迁出县区盘活“三块地”的同时，因地制宜，构建起了“三个搬迁＋”的“产业就业支撑体系”，确保搬迁群众“可就业、可发展”。

搬迁＋产业基地。按照“大产业＋新主体＋新平台”的思路，采取“龙头企业＋基地＋支部＋合作社＋搬迁群众”的模式，引进海升、吉之汇、粤旺等龙头企业、利用恒大集团援建项目，规划建设蔬菜食用菌大棚1万个，建成胡萝卜基地2000亩、马铃薯良种扩繁基地1.5万亩，提供就业岗位2.1万余个。

搬迁＋扶贫车间。配建扶贫车间8.4万平方米，引进立时、讯尔、韩升元等劳动密集型企业，吸纳就业务工5000人，让搬迁群众实现稳定就业和资产回报。

搬迁＋劳务输出。建立大数据平台，对所有搬迁劳动力就业实行动态服务，特别是瞄准22861个搬迁劳动力中未转移就业的2299人和“零就业”家庭，通过扶贫车间就近解决一批、食用菌大棚保障解决一批、利用商铺自主创业解决一批、蔬菜基地就地解决一批、组织对外输出解决一批、公益性岗位兜底解决一批“六个一批”方式，不让一个有劳动能力搬迁群众游离于务工就业之外。

“看似寻常最奇崛，成如容易却艰辛。”身为新区建设、搬迁、服务、管理的执行者、指导者、落实者、推动者，靖安易地扶贫搬迁跨县安置区在以习近平同志为核心的党中央的亲切关怀下，在省委省政府省人大和省

直有关部门的大力关爱下，在市委市政府和市直有关部门的倾力关心下，克服了太多的“不容易”、创造了太多的“不可能”、形成了太多的“不简单”。我深切体会到，必须坚决维护习总书记这个“核心”，以新思想定向领航；必须始终坚持党的领导这个“根本”，以新机制攻坚克难；必须紧紧围绕搬迁群众这个“主体”，以新身份逐渐融入；必须科学做好选址规划这个“前提”，以新理念超前谋划；必须同步推进产业就业这个“关键”，以新模式创新发展；必须抓实落细服务管理这个“基础”，以新思维精密组织。面向未来，搬迁群众幸福洋溢的笑容，就是我们向历史交出的唯一答卷。

（作者时任靖安新区党工委书记）

党建引领，决胜易迁主战场

秦万军

一、靖安新区社区基本情况

靖安新区安置点位于靖安坝子，集中安置大关、彝良、永善、盐津、镇雄、昭阳区6县（区）群众9256户40549人（建档立卡对象6976户31160万人，同步搬迁对象2280户9389万人）搬迁对象。搬迁群众涉及19个民族，包括汉族36218人、苗族2186人、彝族1073人、回族997人、土家族14人、壮族12人、哈尼族10人、白族8人、布依族7人、拉祜族5人、傈僳族4人、瑶族4人、傣族3人、佤族2人、仡佬族2人、侗族1人、满族1人、蒙古族1人、水族1人。经与迁出县（区）对接梳理，靖安新区搬迁群众中有特殊困难群体7188人，其中享受低保7119人、特困供养人员45人、孤儿24人；重点管控人群754人，包括现役军人11人、退役军人258人，刑释解教人员161人、社区矫正人员16人、信访在册人员43人、吸毒在册人员48人、艾滋病患者在册人员32人、精神病患者人员185人。为扎实做好靖安新区基层社会治理工作，根据中央、省、市有关易地扶贫搬迁的指示精神，2019年11月，靖安新区临时党工委新组建滨江、惠民、合顺、思源、康庄、福兴6个社区党总支，6个社区工作站。目前新区有23个党支部，51个党小组，社区工作人员78名，党员467名。

二、靖安新区基层社区治理面临的困难和问题

（一）组织基础薄弱，引领作用发挥难

一是组织关系转接慢。虽然新区目前已完成了社区的区划和搬迁群众中的党员前期排查、台账建立，但党员组织关系的接转和基层组织建设工作受各种因素影响进展迟缓，新区社区党员和组织难以真正形成基层社会治理合力。二是组织架构未完善。靖安新区社区以下网格化管理的区域划分、管理人员的落实并非一蹴而就，离构建“社区党总支—片区党支部—楼栋党小组—党员—群众”五级联动防控目标还有一定差距，党的组织覆盖和工作覆盖急需完整全面的组织架构推动落实。

（二）队伍建设仓促，治理能力提高难

一是磨合不足。新区的社区班子刚刚组建不到 1 个月，第 1 批群众搬迁入住工作便已经启动，社区班子成员成分来源复杂，大多来自不同地域，缺乏社区工作经历，更缺乏社区治理、公共管理等方面专业人才。加之相互间不认识、不了解，班子成员间工作方式、个人能力存在较大差距，缺乏磨合时间便投入任务量巨大的搬家入住、社区治理、基层组织建设等工作中，队伍战斗力提升困难。二是能力欠缺。由于社区管理者大多为搬迁对象（迁出地村组干部或能人），既要克服自身因搬迁出现的各种问题，又要面对新的管理对象，其能力、工作方法储备，解决新问题、新难题的能力急需提高。在组织学习、提升时间极为不充裕的前提下，由村组干部转为社区干部的能力问题、适应问题、方式方法问题成为社区治理硬伤。三是力量薄弱。靖安新区 40549 名搬迁群众中，仅有党员 467 名，还有极大部分年轻党员因外出务工等原因流动性强，基层党组织、党员引领作用难以凸显。同时整个靖安新区维稳工作人员只有 10 名，其中仅有 3 名正式民警，社会维稳力量严重不足，难以与基层党组织相结合，构建群防群控工

作体系。四是人才硬伤。靖安新区的社区不同于一般社区，完全由易迁群众组成的社区带来基层工作强度大，矛盾问题多，但现行社区治理人员工资薪酬标准普遍偏低，缺乏岗位吸引力，导致社区很难建立起一支稳定、高素质管理队伍，为社区治理增加了难度。

（三）易迁群体特殊，融入适应环境难

一是地域差距。靖安新区所安置的群众来自昭阳、镇雄、彝良、盐津、大关、永善6个不同的县区，既有来自海拔2000—3000米的高寒冷凉山区，也有来自海拔1000—2000米的二半山区，更有来自海拔几百米的河谷地区，绝大部分都是“一方水土养不活一方人”的深度贫困对象，对新环境适应能力差。二是民族杂居。新区迁入群众共有汉族、苗族、彝族、回族等19个民族，民族成分复杂，各民族之间生活习惯不同、民族风俗不同、宗教信仰不同，在极短时间内多民族搬迁群众聚集杂居于靖安新区，融入适应过程中阻力较大。三是诉求多元化。易迁群体中既有建档立卡贫困户，也有同步搬迁户，还有政策兜底户。受原居住地影响，易迁群众整体素质偏低、内生动力缺乏、生产生活诉求多元化等，为新区基层治理增加了难度。

（四）产业培育散弱，持续充分就业难

一是产业基础薄弱。靖安新区各项产业发展缺乏厚实的基础支撑，涉农产业季节性、粗加工现象明显、扶贫车间受地域因素影响对优质企业缺乏吸引力、商贸物流业处在新兴阶段，各产业尚未形成完整产业链且产业链单一，企业发展上、中、下游市场难以有序对接，带来企业生产成本、岗位数量及岗位薪酬等突出问题。二是群众就业艰难。思想上，易迁群众原居住地往往是交通不便、信息闭塞，长期以来与外界联系少，小农意识根深蒂固，部分贫困户“等、靠、要”思想、懒惰习惯、惰性思维严重。技能上，大多数易迁群众除掌握传统种养业技术外，普遍缺乏一技之长、缺乏有针对性的职业技能培训，自身发展能力严重不足，即使外出务工也

仅从事重体力劳动，难以找到收入高且稳定的工作。社会关系上，易地扶贫搬迁使群众从山区到坝区、由农村到城市、从独居小院到群居高层，社会关系发生巨大变化，比较容易形成关门生活，不与邻里交流接触，信息渠道不畅通，就业信息获知度不高，充分就业实现艰难。

（五）主体整合不力，共建共治共享难

一是职能不明。由于靖安新区是易迁移民型新区，社区服务治理体系化制度性设计还需健全，部门、社会、市场资源整合不力，联动主体职能职责界定不明晰、关系未理顺，参与治理积极性主动性不足。二是对接不足。基层党建活动与社会治理需求对接不够、契合度不高，多元主体参与社会治理的活动方式有待创新。三是参与不够。新区群众、干部初来乍到，对社区的认同感较弱，参与社区公共事务的意识比较淡薄，多元主体参与社会治理的共治合力有待发掘。社区干部和易迁群众既是社区治理的主体，也是社区治理的受益者。而对易迁群众来说，要对社区从“陌生”到熟悉，再到“社区是我家，建设靠大家”的认识是不小的挑战。

三、靖安新区基层社区治理探索和做法

（一）建强组织堡垒，夯实新区治理根基

一是建强一个组织。以增强党建引领力和组织力为工作核心，以每一户易地搬迁户后面都有一个坚强的党组织和一名坚定的共产党员提供管理和服务为工作目标，提前谋划思考靖安新区党建工作与社区管理工作。按照“规模适当、相近相邻、易于管理、便于服务”的原则，依据党员分布情况，结合安置区安置房屋规划布局，把安置区建设的 12 个地块 110 幢房屋 149 个楼幢单元科学划分为 6 个社区，科学设置 6 个社区党总支，23 个

片区党支部、51个楼栋党小组。切实加强党组织在社区治理工作中的领导核心作用，形成党领导下的社会调节、居民自治和多元参与治理格局。同时，狠抓社区工会、共青团、妇联等群团基层组织建设，不断壮大扩大基层党组织工作覆盖面，实现社区有党员就有党组织、有群众就有党组织统领、就有群团组织参与、就有自治组织管理、就有党员服务的组织体系。二是健全一个班子。在成立6个社区党总支的基础上，2019年12月中旬组建了社区居民委员会过渡期服务机构—社区党总支（社区临时工作站）筹备委员会，负责新区过渡期基层治理和管理服务工作。按照党性强、口碑好、重品行、作表率、作风优、干实事、群众认可度高的要求，从迁入地党委政府机关优秀党员干部及易地对象中逐级推荐建立了159人的社区干部、片区长、楼幢长人选后备库。从中择优遴选优秀村组干部、致富带头人、村级后备干部、有威望的党员作为社区党总支（社区临时工作站）筹备委员会、片区长、楼幢长建议人选，根据人选素质能力、工作经历、性格气质等情况，科学选配筹备委员会班子人选，组建成立筹备委员会，及时到岗工作，负责参与群众搬迁前准备及搬迁工作，并解决易迁群众反映的“急难盼愁”问题，提升易迁群众归属感。三是建好一个阵地。超前谋划，提前思考，将社区业务用户和功能用户建设同易迁安置房一道纳入规划建设，确保12月份同步建成。以有温度、有爱心、有色彩、有特点的现代化党群服务中心为建设方向，按照“布局合理，功能齐备”原则，整合社区公共服务资源和各种服务功能，延伸服务触角、拓展办事内容，合理设置建设“党群服务中心、综治维稳中心、新时代文明实践中心、就业创业服务中心、爱心服务中心”5中心，整合警务室、矛盾纠纷调解室、妇女儿童之家、4点半课堂、志愿服务工作站、职工之家、爱心超市等社区业务功能用房，结合社区实际建设6个规范化、特色化、差异化的社区党群服务中心，确保办公有阵地、服务有窗口、活动有场所、办事有专人，为群众提供“一站式”“一条龙”“全天候”服务，有效打通联系服务易迁群众的“最后一公里”。

（二）锻造过硬队伍，提升新区治理能力

一是实战锤炼干部“铁军”。靖安新区各项工作是一场意义深刻、影响深远的大决战、大会战。新区的全体党员干部没有时间深入学习，为此，靖安新区紧扣脱贫攻坚、乡村振兴、乡风文明等要求，以群众需求为导向的基层服务型党组织建设为目标，全体干部主动投身实战，在实战中不断提升自己能力水平，锤炼服务群众和新型社区治理的业务能力，以战养战，锻造出了一支政治素质过硬、业务能力精湛的党员干部队伍。二是感恩培育群众“真情”。以新区政策宣传专栏、新区“两微一端”、社区文化活动站等阵地为平台每月或每季度常态化组织开展以“自强、诚信、感恩”为主题的系列教育实践活动和“感恩共产党、感恩新时代、感恩好政策”为主题的“三感恩”活动，突出易地扶贫搬迁前后生活环境、条件对比这个主题，创新载体，开展感恩专题教育和社会宣传教育，通过龙门阵、故事会、巡讲团、座谈会、文艺晚会、游园互动节目等多种形式宣讲党和国家的政策，让群众讲自身的变化，用群众自身的事例，分享易地搬迁前后的生活巨变，引导群众树立自强不息、诚实守信、脱贫光荣的思想观念和感恩之心，把对美好生活的向往、对党的感恩之心，转化为自力更生、艰苦奋斗的自觉行动。三是服务践行党员“初心”。组织引导广大党员在社区、小区和楼栋里亮身份、搞服务，积极协助社区党总支全面开展搬迁户搬迁后的心理关怀疏导、生活环境习惯引导、操家理屋常识学习、日常生活困难解决、就医就学答疑、就业技能培训等相关工作。广泛组建党员志愿服务队，常态化开展走家串户、民情恳谈，及时发现并帮助群众解决生活中实际困难和问题，使每个党员成为易迁群众的“联络员”“领路人”“主心骨”。

（三）重塑生活方式，激发群众内生动力

授之以鱼不如授之以渔，扶贫最重要的是扶志和扶智。要扶志，就是要让搬迁群众通过自己的努力来解决贫困；要扶智，就是要提升搬迁群众的生产技能，不断激发群众树立起自力更生、艰难奋斗、积极向上的精神。一是

抓思想转变。通过开展入户宣传、专题讲座、主题巡回宣讲、发放宣传册等形式，宣传脱贫致富的经验，让易迁群众改变“懒等靠要”思想，深刻体会奋斗改变命运的重要性，引导易迁群众通过充分发挥主观能动性，用自己的勤劳双手和辛勤劳动改变贫困面貌，摆脱贫困。二是抓技能培训。通过建立人才实训基地、扶贫车间技能培训园等平台，着力培养提高农村实用人才的实践能力和技术水平，确保每一个有培训意愿的易迁群众都能得到有针对性的培训，掌握1—2项实用致富技能，实现易迁劳动力充分就业。三是抓典型示范。利用网络、媒体、报刊、公示栏等方式对群众身边的致富能手、致富带头人典型开展专题宣传报道，树立正确的导向，使脱贫攻坚典型示范户的新观念、新思路，好经验、好做法得到传播，营造学习先进、宣传先进、争当先进的浓厚氛围。四是抓正面引导。建立健全正面引导机制，通过操家理屋评比颁奖、爱心常识积分奖励、卫生文明家庭颁奖等正面引导方式，教育引导群众主动转变旧观念、积极融入新生活、奋力开创新局面。

（四）健全服务网格，延伸新区治理触角

一是服务管理网格化。在6个社区以片区、楼栋单元为单位，成立23个片区党支部、51个楼栋党小组，划分社区一级网格6个、片区二级网格32个、楼栋三级网格149个，467名党员遍布各楼栋网格。构建“社区党总支—片区党支部—楼栋党小组”的党员群众管理服务网格，由社区党总支统筹协调，原则上由片区党支部书记担任网格长（片区长）、党小组成员担任楼栋长，楼栋长负责联系所在楼栋全体群众，从而形成横向到边、纵向到底的“社区—片区—楼栋—党员—群众”五级联动的网格化管理模式，整合党建、综治、城管、就业等各类网格力量和资源，探索调整优化网格设置，形成“多网合一、一网到底”，有效提升社区管理水平。二是治安防控网格化。由社区警务站牵头，组织物业管理、社区协管员、楼栋长、社区“两委”干部、居民代表成立治安防控队实行分组、定人、定片、定职

管理，不间断无缝隙地在辖区开展治安防控管理、隐患排查整改、巡逻防控、调处矛盾纠纷、查办案件，严格日常管理措施，加强日常清查打击，确保流动人口不漏管，重点人员不失控，形成严密的网络化治安防控管理体系。依托网格，防范风险，确保稳定，防控排查，化解矛盾，提升安置区群众安全感和满意度。三是便民服务网络化。依托新区“两微一端”（微信公众号、微博、今日头条客户端），借助“智慧党建”服务载体。同时以社区为单位，利用网络即时通信软件和新媒体介质，为全体社区居民建立社区民生服务和沟通平台——“靖安新区便民服务平台”，对群众服务需求实行订单式管理，为社区居民提供意见诉求、业务咨询办理、政策质询、岗位招聘信息、技能培训等服务，让社区居民足不出户或在外务工也能了解到社区各项工作情况、政策信息，查询社保、医保、低保、户籍、就业和务工证明等业务办理流程及所需材料。充分运用网络的时效与便捷的特点为群众提供便民服务，同时也在另一层面加强邻里间、居民与社区工作人员间的沟通交流。

（五）培育特色产业，夯实持续发展基础

一是持续转移就业稳脱贫。联系东西部协作地区，以群众的就业意愿为目标，围绕企业岗位需求，开展有针对性的技能培训，向中山、东莞、广州等劳动力需求量大的地区有序、有计划、有组织地输出劳动力，实现劳动力转移就业，实现就业务工增收。在实现就业后，采取电话联系、公司反馈的方式，及时对就业群众进行回访，听取招聘企业的反馈意见，了解其就业状况，搞好后续服务工作，提高就业稳定性。二是做大高原产业增收入。引进江夏吉之汇、恒大农业建设蔬菜大棚3000个，建设海升胡萝卜2000亩、粤旺食用菌200亩，发展西魁马铃薯良种扩繁基地3万亩，不断衍生农特产品产业链，把产品深加工、细加工作为下步农业战略规划，在提供岗位2000个就业岗位的基础上，力争将靖安安置区高原特色农产品产业示范基地，确保新区无法外出部分大龄劳动力可实现农业基地就业，

增加家庭收入。三是引进优质企业固基础。依托新区新建8.1万平方米标准化厂房，将靖安安置区易迁群众闲置劳动力转化为招商资源，引进优质劳动密集型企业落地，打牢安置区加工工业产业基础，在提供岗位4000个的基础上实现群众家门口上班，就近就地就业。四是发展商贸物流活市场。依托新区新建6万平方米底层商铺及新区农贸市场，开展招商引资，吸引优质商家入驻，鼓励自主创业，培育商贸物流、餐饮百货、休闲娱乐等第三产业，在提供600余个岗位的同时，盘活新区市场，促进区域经济发展。五是开发公益岗位强兜底。结合新区城市功能需求，开发开发新区管理服务物业管理、片区长、楼幢长、绿化、保洁、河道管理员、看护员、就业信息员等公益性岗位1200个，确保新区劳动力实现充分就业。

（六）整合资源力量，提升新区治理效能

一是建好服务阵地，搭建治理平台。以社区党群服务中心、文化活动场地、“两微一端”为基础，完善新区各类联动阵地，避免阵地平台“空壳化”“形式化”，使其不仅能为辖区联动主体召开会议、开展活动、信息公开提供平台，而且能为进一步激励群众主体积极参与，培养群众社会责任感提供有效媒介，不断提高易迁群众对社会治理事务的了解度、认知度和参与度。二是整合力量资源，提供治理支撑。共建共治共享多元主体的治理行为离不开资源的支撑，靖安新区通过整合力量，不仅确保社会治理资源配置方式由“封闭型资源分配结构”向“共享型资源分配结构”转变，还确保治理资源配置结构的流动性、开放性和包容性。具体而言就是要搭建社区群众利益协商和集体行动平台，通过多元治理主体的协同化解利益矛盾纠纷，实现共商共享。三是强化人财物供给，提供治理保障。基层党建引领社会治理既需要法治保障，更需要资源保障。新区全力推动公共治理资源、公共服务向基层社区下沉解决财权事权不匹配问题；为社区提供经费、人才、物资和智力支持；健全基层工作人员的晋升机制和完善薪酬体系，尽力克服基层队伍不稳定、保障不确定、能力不适应等难题；使基

层党建引领社会治理实践活动得以常态、持久、有效开展。四是丰富载体内容，增强治理后劲。不断强化基层党组织的组织力和引领力，充分发挥群众主体作用，坚持“共建共治共享”原则，进一步完善教育医疗、便民服务、综合治理等基础设施，及时制定社区、片区楼幢居民公约，整合辖区资源，充分运用新兴媒体作用，拓宽治理范围和途径，丰富治理内容和形式，着力构建党组织引领、社区自治、共驻共建单位广泛参与的“一核多元共治”社区治理体系，确保基层治理充满活力，真正把党的政治优势、组织优势和密切联系群众优势转化为提升新区社会治理效能的强大动力。五是健全各项制度，规范居民自治。健全社区议事决策机制、落实重大事项公决、社区“两委”联席会议、议事监事等制度，确保“四议两公开”落地落细。将社会公德、家庭美德、移风易俗、邻里关系、公共秩序等内容纳入居民公约。六是高举守法旗帜，加强社区法治。加大协调力度，大力开展法律进社区活动，定期开展法律宣传、咨询等服务。配合司法部门做好困难群众法律援助服务，做好矛盾纠纷调处，引导易迁群众自觉守法、遇事找法、解决问题靠法，依法表达诉求，最大限度地将问题消除在萌芽状态，实现纠纷楼栋内解决、小事社区内化解。七是弘扬时代新风，推进社区德治。以新时代文明实践分中心为阵地，加强易迁群众思想道德建设，培育弘扬社会主义核心价值观，健全道德激励约束机制，开展“好媳妇、好儿女、好公婆、文明家庭”等评选表彰活动，评选、宣传“好家训、好家规、好家风”先进典型，引导易迁群众形成忠厚传家、诚信立家、勤俭持家、读书兴家的良好风尚，培育新时代文明乡风、良好家风、淳朴民风。

（作者系靖安新区党工委办公室工作人员）

建一座城，安万千百姓

——卯家湾安置区建设纪实

阙云华　虎贵茨

朱提银都，乌蒙江南，鲁甸这个历史厚重、人文荟萃的人生福地，曾几何时，因交通限制，山高谷深、气候恶劣、水冷地贫、基础设施落后、坝区山区发展不均衡，造成部分区域“一方水土养不活一方人”的无奈现实。

2015 年 10 月 16 日，国家主席习近平在减贫与发展高层论坛上首次提出“五个一批”的精准脱贫措施，为打通脱贫“最后一公里”开出了破题药方。其中，“易地搬迁脱贫一批”切中鲁甸贫困要害，同样也是鲁甸脱贫攻坚战中最难啃的“硬骨头”，是鲁甸挪穷窝、换穷业、断穷根的治本之策。

有了治贫良方，昭通市鲁甸县吃透政策，高瞻远瞩做好顶层设计，认真贯彻落实“双统领”“双保障”“双推进”及市委“133”工作思路，以壮士断腕的气魄勇下“搬不动山就搬房，搬不动江河就搬人”的决心，实施大规模易地扶贫搬迁，着力破解“一方水土养不活一方人”的难题，带领贫困群众脱贫致富奔小康。

重规划启帷幕　掀易迁建设大潮

面对现实，手握良方，鲁甸干群深知，幸福都从劳动来，等不是办法，干才有希望。

2016 年，鲁甸县成立了易地扶贫搬迁领导小组，下设办公室、项目规划和技术指导、资金管理、监督检查 4 个职能组。制订了易地扶贫搬迁“领导挂乡、部门包村、干部帮户”机制，明确了县级领导挂钩责任、乡镇主体实施责任、部门协同责任和干部包保责任。

在充分调研和尊重群众意愿的基础上，鲁甸县将易地扶贫搬迁规划与美丽宜居乡村建设和新型城镇化建设相结合；与“十三五”规划和灾后恢复重建相结合；与产业发展和生态建设相结合，依托城镇、村集镇、产业园区和交通方便区域进行安置点选址布局。编制了《鲁甸县易地扶贫搬迁三年行动计划》《鲁甸县 2016 年易地扶贫搬迁实施方案》《鲁甸县易地扶贫搬迁工程基础设施项目管理办法（试行）》等方案办法，明确了搬迁任务、计划、措施、责任等，拉开了全县易地扶贫搬迁工作的帷幕，掀起了易地扶贫搬迁建设的热潮。

规划是骨架，具体操作是血肉。在确定哪些是易迁安置对象时，鲁甸干部职工聚焦“六类区域”居住群众，按照“户申请、组评议、村审核、乡复核、县审定”的程序，精准锁定卡户与同步搬迁户两类易迁对象。针对意愿摇摆群体，鲁甸县采取召开一轮群众座谈会讲政策、组织一次户代表到安置区实地看房换思想、邀请一帮搬迁群众现身说法谈感想、自荐一批干部入户动员话真情等方法措施，打消群众顾虑。以踏破群众门槛、磨破干部嘴皮的韧劲做通做实群众工作，实现群众思想由“要我搬”向“我要搬”转变。

由于规划合理措施得当，2016年，鲁甸实施建档立卡贫困人口搬迁 1599 户 5691 人，建设分散安置点 7 个，集中安置点 13 个，各安置点民房及基础配套设施建设于 2018 年 9 月全部完成，并搬迁入住。2018 年，鲁甸又实施建档立卡贫困人口搬迁 776 户 3511 人，建设集中安置点 1 个，该安置点即卯家湾保障房安置点，安置点民房及基础配套设施建设于 2018 年 12 月全部完成，并搬迁入住。

从“一片玉米地”到“一座新城区”

时间来到2019年，鲁甸县在昭通市的脱贫攻坚大战中，在昭通市委市政府的运筹帷幄下，着眼“不是建一个安置区，而是建一座新城市”的定位，在县城东部，高起点、大手笔、一次性规划 3.31 平方公里，率先建设占地 3700 亩的卯家湾集中安置区，搬迁安置鲁甸 2532 户 10884 人（建档立卡贫困户 2495 户 10725 人，同步搬迁户 37 户 159 人）。承接搬迁安置巧家、永善、彝良、盐津 4 个县 5790 户 24701 人（其中巧家卡户 3351 户 13716 人，同迁户 223 户 878 人；彝良卡户 393 户 1909 人，同迁户 85 户 375 人；永善卡户 1331 户 5997 人，同迁户 395 户 1766 人；盐津同迁户 12 户 60 人）。

根据山形地貌，卯家湾集中安置区分层次布局 6 个居住片区，人均住房面积 24 平方米左右，建设安置房 66 栋，总建筑面积 122.7 万平方米。地上建筑面积 108.9 万平方米。（其中住宅建筑 87.9 万平方米、公建配套 21 万平方米。新建安置区道路 9 条 10.1 公里；新建 4 所幼儿园、1 所小学、1 所九年一贯制学校；新建 1 所卫生院、6 个社区卫生室；拟新设一个镇级行政机构，新建 6 个社区服务中心、1 个派出所、6 个文化活动室和物业管理用房等。）

卯家湾集中安置区于 2018 年 10 月启动建设，成立县委书记和县长任双指挥长，下设 1 个办公室和规划设计、项目工作、征地拆迁、工程推进、资金筹备管理、产业发展、施工环境保障、效能监察 8 个职能组，常驻工区开展施工保障协调。干部职工用推动发展“等不起”“坐不住”“慢不得”的责任担当，实行“每天一巡查、每周一例会、每旬一约谈、每月一调度”“日报”“周报”的工作机制。20 天完成 3000 亩土地征迁，445 座坟墓搬迁，1.2 万平方米房屋拆迁，1 年完成安置区建设，实现安置区从“一片玉米地”到“一座新城区”的蜕变。

努力就会有回报，众人拾柴火焰高。2019 年 11 月 20 日，在鲁甸县体育馆设主会场，在迁出县设县、乡、村三级 71 个分会场，通过视频直播方式，采用电脑随机匹配摇号，零差错完成摇号分房。同年 12 月 20 日，该集中安置区启动卡户首批搬家，在克服疫情影响、路途遥远、集中搬家等困难下，7570 户 32347 人卡户于 2020 年 3 月 31 日前全部搬迁入住。752 户 3238 人同步搬迁户于 2020 年 8 月 16 日启动搬迁，8 月底全部搬迁入住。

住上新房子过上好日子

搬迁不是终点，致富奔小康才是目标。

既要建起新房子，还要鼓起钱袋子、过上好日子。鲁甸县坚持按照市委、市政府卡户与随迁户同步、住房建设与各类综合配套同步、人员安置与产业就业支撑同步、硬件建设与建立完善社区管理机制同步的“四同步”原则，将产业、就业、创业与住房、配套设施等同步规划实施、同步建成使用，让群众有事干、有钱挣、有盼头。

盘活“三块地”，让搬迁群众搬得放心。鲁甸县通过逐户动员，集中有序组织拆除搬迁户旧房子 4847 户 497.08 亩（其中 2016 年拆除旧房 1599 户占地面积 163.87 亩，2018 年拆除旧房 716 户占地面积 86.21 亩，2019 年拆除旧房 2532 户占地面积 247 亩），复垦复绿 627.3 亩（其中 2016 年 190.72 亩，2018 年 97.58 亩，2019 年 339 亩），涉及耕地 33957.52 亩，林地 40980.78

亩。采用以退耕还林还草政策覆盖为主、以规模化流转经营为辅、以代耕代管为补充的方式，实现易迁“三块地”不闲置、资源不浪费、群众稳增收、生态环境得改善。

抓好产业配套，让搬迁群众稳操新业。鲁甸县立足实际，因地制宜，长短结合为搬迁群众谋划新业。在水磨镇滴水村包包上、黑鲁村石头地两个安置点，种植雪椒 2000 余亩；在铁厂社区老店站安置点，流转土地 500 余亩，成立合作社种植党参；在龙树镇古寨社区石灰窑安置点，发展烤烟种植 150 亩；在金塘社区小山包安置点，发展烤烟种植 200 亩；在龙翔社区上大地安置点，发展冷凉蔬菜 160 亩；在龙翔社区长地安置点，发展冷凉蔬菜 160 亩；在塘房村郑家营安置点，发展烤烟 280 亩。

新街镇 3 个安置点搬迁户入股就近的鲁甸兴斯种养有限公司和鲁甸县广信种植专业合作社，实现户均年增收 1000 元。卯家湾安置区配套建设 2200 亩绿色食品加工园、3000 亩现代物流园和 1 万亩蔬菜基地、1 万亩苹果基地的“两园两基地”产业园；建设扶贫车间标准化厂房 10 万平方米，引进箱包、皮具、藤编、电子加工等 10 户劳动密集型企业入驻；建设高投装配式建筑产业园、马铃薯种薯组培中心、4.9 万平方米食用菌加工厂房。

在配套了工业产业的同时，鲁甸县在卯家湾安置区还配套建设有 1 万亩苹果基地、1 万亩蔬菜基地、1000 个食用菌大棚、1000 个蔬菜大棚、5000 亩香葱基地、1000 亩万寿菊基地，让不适应厂房工作、想继续从事农业种植的群众有地可种，确保了搬迁户户户有产业、人人就业有支撑。

搞好就业培训，让搬迁群众人岗相适。鲁甸县有针对性、实效性地开展订单、定向、定岗活动，采取长短结合等方式，对有就业意愿的群体全覆盖技能培训。

该县坚持以人找岗、送岗上门，对组织化外出务工劳动力给予免交通费、免体检费、免防护费，发放生活补贴的“三免一补”政策，使群众实现了出家门就上车门、下车门就进厂门的“直推式”就业。组织到扶贫车间、粤旺食用菌大棚开展“以人找岗”就业匹配现场观摩推荐，在安置点现场开展藤编、手工艺培训，现场报名就业，提高50岁以上、无法外出务工人员就业率。确保有劳动力的家庭至少有一人就业，实现充分就业。

党建引领做实服务管理

安居解决了，乐业落实了，服务的温度就决定了发展的高度。鲁甸县转变服务方式，做实服务管理，以党建为引领，让搬迁群众快融入，提高获得感、幸福感和满意度，实现“思想、工作、情感”三个认同。

鲁甸把龙树、水磨、新街镇的13个集中安置点，纳入相应的村（社区），由各乡镇集中统一管理，确保各项惠民政策无缝衔接。

昭通市委在卯家湾安置区设立了卯家湾安置区临时党工委（管委会），组建1个办公室，鲁甸、巧家、彝良、永善、盐津5个县工作组，为民服务、产业就业、警务、教育卫生、党群5个工作站的“一办五组五站”的工作机构。

鲁甸县委设立了砚池党工委，下设6个社区党总支、19个党支部，分为36个网格、76栋楼栋，50个楼栋党小组，抽调30人配齐配强社区党总支和工作站干部，推举选出居民楼栋长76名。

随后鲁甸全面铺开“133454”党建引领社区治理模式，每栋楼设置党工委干部职工、居民群众各1名的双楼栋长，建立“红黄绿”分类分级分策管理服务体系，对特殊困难群众实行日随访，对信息台账实行周动态，落实好“五保障”。形成了党工委、社区、楼栋的网格化管理，确保安置区管理有机构、队伍有人带、工作有人抓。同时，鲁甸县把“自强、诚信、感恩”教育贯穿易迁工作全过程，每周开展文明大讲堂活动，常态化长期性组织分类培训教育活动，为搬迁群众讲脱贫政策、致富技能，讲法律常识、家风家训、安全卫生，让搬迁群众快融入。

桃李欲放花千树，东风吹来满眼春。五年来，鲁甸建设易地扶贫搬迁分散安置点7个，集中安置区15个，搬迁安置除火德红、龙头山2个镇外的10个乡镇建档立卡贫困人口4810户19688人（其中文屏镇190户271人，桃源乡97户149人，茨院乡79户139人，江底镇78户119人，小寨镇76户159人，乐红镇729户3144人，龙树镇733户3025人，新街镇944户4309人，水磨镇1006户4391人，梭山镇878户3982人）、同步搬迁户37户159人（其中，乐红镇22户103人，新街镇15户56人）。承接搬迁安置巧家、永善、彝良、盐津4个县5790户24701人。通过易地扶贫搬迁政策的实施，不仅解决了贫困群众的住房安全、出行安全、饮水安全、就近就医就学及公共基础设施配套等，还解决了贫困群众的稳定增收，进一步促进了特色产业的发展，迁出区环境保护和生态建设取得明显成效。贫困群众完成了从“昔日村民”到“今日市民”的华丽转变，住上了新房子、过上了好日子。

（作者阙云华时任砚池党工委副书记，虎贵茨系砚池党工委办公室工作人员）

幸福家园卯家湾

徐应涛　许祥龙　黄诗隆

易地搬迁工作是一项社会系统重建工程，是脱贫攻坚的重要民生工程，是贫困户“搬得出，稳得住，持续能发展”的长久性扶贫措施，不能只解决住房和收入问题，还需要基础设施和城市公共服务管理能够衔接配套。卯家湾新城区的建设和崛起充满了艰辛，承载着5县搬迁群众“搬离大山，入住新居”的脱贫致富梦想，是崭新生活的开始。

工程建设篇

“一直希望搬到卯家湾安置区，这里天气好，地势也很平坦。安置区修建得很好，干净卫生，交通方便，孙子马上读初一，在这里读书很近很方便啊。”这是盐津老人杨际友刚搬入安置区新居，由衷透露出的喜悦。

卯家湾易地搬迁安置区作为全国重要的跨县搬迁安置点，按照省委、省政府把昭通建设成为“引领滇川黔区域发展省际中心城市”的战略定位，根据“不是建一个安置区，而是建一座新城”的定位，一次性规划新城区3.31平方公里，率先实施卯家湾安置区占地3700亩，总投资46.9亿元。承接搬迁安置鲁甸、巧家、彝良、永善、盐津5县8322户35585人。

同时安置区新建4所幼儿园、1所小学、1所九年一贯制学校，解决搬迁户子女幼儿园、小学、初中的上学问题。新建1所卫生院、6个社区卫生室，满足搬迁群众医疗服务需求。新建6个社区服务中心、物业管理用房、派出所、公共厕所和文化活动室的综合服务用房，全面服务好安置区搬迁群众，努力打造现代化居住服务小区。

为提升全市易地扶贫搬迁组织化程度，确保如期、顺利、安全、有序、完成易地搬迁安置任务，经市委常委会研究同意，成立卯家湾易地扶贫搬迁安置区临时党工委（管委会）。临时党工委（管委会）设书记、主任、常务副书记、常务副主任、副书记、副主任和委员。鲁甸县委副书记吴君尧为卯家湾易地扶贫搬迁安置区党工委书记；鲁甸县人大常委会主任马武荣为管委会主任；市科协副主席巫运松为常务副书记、常务副主任；市搬迁安置局副局长刘德美为副书记、副主任；其余副书记、副主任由各迁出县处级领导担任。临时党工委（管委会）下设党政办公室，为民服务站、产业就业工作站、警务工作站、教育卫生工作站、党群工作站5个工作站等机构，机构成员由5个迁出县抽调工作人员组成。卯家湾临时党工委（管委会）全面负责安置区易地搬迁工作，全力推动8322户3.6万名搬迁群众顺利搬迁。

为确保卯家湾易地扶贫搬迁安置区建设稳步推进，鲁甸县提前谋划、统筹规划，始终坚持高位推动，抢工期，抓进度，把好质量关，全力推进安置区建设各项工作。自2018年10月启动以来，鲁甸县成立卯家湾易地扶贫搬迁安置区建设项目指挥部，由县委书记和县长任指挥长，相关县级领导任副指挥长，指挥部下设1个办公室和规划设计、项目工作、征地拆迁、工程推进、资金筹备管理、产业发展、施工环境保障、效能监察8个职能组。实行“每天一巡查、每周一例会、每旬一约谈、每月一调度”“日报”“周报”的工作机制，高位推动工程建设。

2020年1月30日全国新冠肺炎疫情严重，为确保卯家湾易地搬迁安置区工程建设按时完工。卯家湾党委紧急制定《卯家湾易迁安置区复工防疫保障工作方案》，坚持一手抓防疫、一手抓复工，于2月5日组织安置区建设项目陆续有序复工。由物业管理负责对办公场所、公共区域进行每日定时消毒，中建施工单位负责对建筑工地、施工器材等相关场所和设备进行消毒处理，做到不留盲区、不留死角。把好工人关。施工人员基本使用本地身体健康人员，对管理人员、技术人员可从市外选聘。把好管理关，所有工人集中住宿，以地块、楼栋为单元，按照20人至30人为一个班组，缩小管理单元，全部佩戴口罩，实行封闭管理。把好入口关，由城市规划中心牵头，在安置区设置6个卡点，凭身份证检查正常，贴上“已检查”标签后进入，不漏一车，不漏一人。把好体检关，所有复工人员进行登记，填写健康申报表、承诺书，发放告知书，开具健康证明。

摇号分房搬迁入住篇

2019年11月20日，鲁甸卯家湾易地扶贫搬迁安置区摇号分房仪式在鲁甸县体育馆内举行，来自鲁甸、巧家、永善、彝良、盐津5个县的600多名搬迁群众代表和社会各界人士，在鲁甸主会场见证了整个分房过程，其他搬迁群众在各个县、乡、村分别设立的71个分会场收看摇号分房视频直播，各县搬迁群众喜气洋洋，满怀期待，盐津县搬迁群众胡强作为一名随迁户代表，他说：“自己现在心情很激动，希望能抽心仪的房子，赶紧搬迁入住。”经过工作组人员询问，胡强高兴地说：“能搬到卯家湾可以更好解决孩子读书问题，自己目前已经带家人在鲁甸开了间盐津面馆，生意很不错，现在搬到卯家湾能离家更近了，不仅照顾了家庭，还兼顾了孩子读书，更有利发展自己的事业，给家庭带来收入。”这是许多搬迁户的心声，也是他们脱离大山，走向致富的关键一步。在市县领导及各县搬迁群众和司法机关的见证下，通过公开公正的摇号程序，当摇号结果展示在大屏幕上时，群众看着自己的房屋信息，对未来充满了期望和憧憬。

2019 年 12 月 20 日，卯家湾易地扶贫搬迁安置区迎来第一批搬迁群众，这标志安置区建设取得阶段决定性胜利。卯家湾党工委在此之前，已多次召开安置区搬迁相关会议，通过精密部署，和周密安排，卯家湾党工委各办各中心，各县工作组，交警、派出所、卫生院、物业管理等多方力量共同协助，全面保障首批住户顺利搬迁入住。整个搬迁过程，党工委城市规划管理中心对接保洁公司全面维护安置区环境卫生，合理规划搬迁临时停车区域，做好搬迁服务工作。整个搬迁过程井然有序，各个环节紧密衔接。首先各县区统一接送群众至卯家湾，党工委各社区派专人，分别在各地块举牌等候，待群众提交相关手续证明，领取钥匙后，由社区带领各自社区搬迁群众至相应楼栋，每栋由挂钩党工委楼栋长及志愿者负责带领群众搬迁入住，同时为及时解决安置区房屋维护问题，物业管理公司，做好房屋查验工作，涉及群众当日搬迁房屋问题，必须当日整改解决，确保群众顺利入住。

城市规划管理建设篇

卯家湾易地搬迁安置区作为全国大型跨县搬迁安置区，如何管理好安置区城市规划建设，是实现群众“稳得住”的关键环节。为便于卯家湾安置区后续城市管理发展，卯家湾临时党工委成立了砚池临时办事处，下设城市规划管理中心。作为城市管理中心一名工作人员，为有效提升安置区城市管理水平，提高管理效率，切实改善搬迁群众生活质量和居住水平，将安置区建设成布局合理，宜居干净的现代化城市，我们制订了以下管理措施。

一是加强环境卫生整治，合理摆放垃圾箱。“每天都有清洗车在小区里清扫路面，路面好干净。垃圾箱也多，每栋楼下都有两个垃圾箱，我们下楼就可以丢垃圾，垃圾桶一般第二天就清理干净，比在老家方便干净多了。”这是4号地块一名搬迁群众对城市管理中心的我们说的话。群众也许不知道，为了保障安置区的环境卫生，县里特别招了家保洁公司，城市管理中心负责对接协调保洁公司和物业管理，保洁公司负责主干道和公共区域的环境打扫，并且保持常态化，每天至少保持两次道路清扫。每个社区里，由物业管理公司负责保洁工作，每2栋楼安排专人清理果皮箱的垃圾。

二是合理规划休闲健身器材，提升群众生活品质。通过利用东莞捐助的专项资金，配齐安置区休闲座椅和健身器材设施，党工委安排城市管理中心结合现有捐助资金合理规划健身器材和休闲座椅布局。在综合考虑安置区内每个地块、楼栋、居住人数、空闲区域的实际情况、充分询问社区和安装商的意见后，科学规划安装户外休闲座椅104个，配套健身器材场地10余处，保证这些配套设施辐射到每个地块社区，兼顾每个楼栋，确保安置区城市规划建设的科学性和合理性，积极推进新型城镇化建设。

三是合理规划建设商业街和地摊经济点，推动搬迁群众自主就业创业。为繁荣卯家湾安置区夜间经济发展，提高安置区群众生活品质，打造卯家湾安置区自己独具特色的夜市文化，加快与鲁甸“美丽县城”建设相适应的“生活品质之城”步伐，安置区统一规划建设3个商业街，其中“春熙商业街”全长332米，均宽11.6米，设置商铺72个，地摊车位60个。幸福广场及9号地块商业街设置地摊车位500个，可带动就业岗位1000余个。

卯家湾安置区作为全国著名的跨县区易地搬迁安置区，事关全市脱贫摘帽工作，目前安置区管理工作从“搬得出”转向“稳得住、持续能发展”倾斜，做好城市规划建设和城市管理工作，是保障搬迁群众快速适应新环境，融入新生活的重要环节，城市管理中心下一步，将继续学习借鉴其他安置区城市建设管理经验，创新工作方式，更好地服务卯家湾安置区搬迁群众，努力创建一个干净卫生、合理科学、宜居宜住的城市环境。

（作者均为砚池党工委城市规划管理中心工作人员）

靖安新区的大管家

李安林

易地扶贫搬迁是脱贫攻坚“五个一批”工程中最难啃的“硬骨头”，在这场没有硝烟的战场上，无数干部废寝忘食、夜以继日挥洒血汗，带领村民脱贫致富奔小康。按照云南省委、省政府易地扶贫搬迁的总体部署，昭通市精心谋划“一城三区、若干小镇、产城融合、城乡一体”空间布局，着力处理好当前脱贫和长远发展关系，围绕“山水田园城市”总体目标，在昭阳区靖安镇选址建设跨县安置区，吹响了“挪穷窝，断穷根”的冲锋号角。对于全国最大易地扶贫搬迁跨区县安置区建设的统筹协调落实者、4万余名易迁群众服务管理者之一的周廷昆来说，看见乡亲们幼有所育、学有所教、劳有所得、病有所医、老有所养、住有所居、弱有所扶，他觉得这些付出都是值得的。

主动请缨担使命

全国脱贫攻坚看云南，云南脱贫攻坚看昭通。2017年，正值昭通脱贫攻坚战进入攻城拔寨之际，时任昭通市人民政府驻北京联络处主任、招商联络处主任的周廷昆，多次主动向组织请缨回到家乡，到最艰苦边远的地方参加脱贫攻坚战。

2018 年 6 月，周廷昆被任命为昭通市靖安安置区分指挥部办公室主任。接到通知后，他马不停蹄奔赴新工作岗位，带着工作任务和仅有的 8 名工作人员，在靖安镇洪家营村的 2177 亩荒芜草地上安营扎寨，承担起全市 5 县 1 区 40956 名搬迁群众“挪穷窝，断穷根”的跨区县安置使命。

确保安置房拔地而起

“用一年时间建成全国最大的易迁跨县安置区，确保 4 万搬迁群众按时搬迁入住、如期脱贫出列，全国没有版本可以复制，也没有经验可以汲取，更没有时间可以等待。”对于周廷昆而言，唯有刻苦学习、融会贯通以及实践创新方能兑现向组织和群众立下的“军令状”。为此，他深入学习领会易地扶贫搬迁的政策文件规定，结合积累和掌握的专业知识，在安置区工程建设的前期报件、征地拆迁、“三通一平”工作中，研究探索推出“343”等工作法，“前期各项工作高速推进并完成，为后期工程施工建设赢得了较多时间。”2019 年 2 月 11 日，靖安安置区第一个工程桩浇筑，3 月 14 日第一块筏板浇筑，按照这样的速度计算，要完成 149 栋平均 15 层的安置房建设装修至少需要两年的工期，加之受长期阴雨和低温天气的影响，要在 12 月底完成建设并陆续实现组织搬迁的任务十分艰巨。

通过周廷昆的科学指挥调度，工程建设达到一周浇筑 126 层标准层，装修 493 套的“加速度”。短短 307 天的时间，149 栋安置房拔地而起，配套设施同步完善，开创了日新月异的“靖安速度”，展现出敢打善拼的“靖安精神”。

谋求群众安居乐业

2019年11月，随着安置区住房建设接近尾声，为将9000多套住房公开、公正、精准地分配给每一户搬迁群众，周廷昆带领工作人员从抽签系统的开发、分房流程的确定、分房场地的布置、人员身份的验证、分房确认书的设计都进行深入研究和反复演练，确保万无一失。11月14日，首批来自4个县区的1339户易迁群众现场按下电脑摇号器，喜获与各自搬迁人口相匹配的新房，5天的时间里，全程无一户分房群众对分房工作提出异议。12月18日，伴随着响彻云霄的鞭炮声，靖安安置区迎来首批搬家群众。“接下来，4万人的大搬迁，给新区的工程建设后期维护工作带来了巨大的挑战。”周廷昆说，细化目标、分配任务、靠前指挥、现场调度，每一步都不能缺位。

“搬得出”还要“稳得住、能融入、有就业、能致富”。2020年新冠肺炎疫情在全球蔓延，在做好疫情防控的基础上，周廷昆带领安置区工作人员与市区人社部门沟通协调，“点对点、一站式”输出稳定就业15002人，因各种原因不能外出的1397名搬迁群众通过扶贫车间和蔬菜大棚实现就近就地就业。“对盈利较好且带动就业较多的创业个体给予奖励，对连续3个月处于亏本状态的商家进行清理并全额退还租金。”在此基础上，周廷昆以安置区现有的农贸市场、临时广场和底层商铺为载体，让2000多名有创业意愿的搬迁群众实现“零”风险创业，带动更多搬迁群众就业。

工作之余，周廷昆走进新区地摊市场，了解搬迁群众存在的困难和问题，虚心收集他们的意见和建议。看见大家在广场上载歌载舞，他告诉同事，“群众在这里扎下根，奏响‘安居、乐业、幸福’三部曲，我们的工作才算做到位。”

（作者系靖安新区宣传中心工作人员）

第三编　我要搬家

把答卷写在乌蒙大地上

——从易地搬迁看昭通脱贫攻坚促进城乡融合发展

徐体义　谭晶纯　蔡侯友　乐志伟　沈迅　谢毅

大山深处，村民们扶老携幼，背包挎囊，向自家破旧的祖屋和贫瘠的山地告别。眼神里虽然有不舍，但更多的是兴奋和期待。为斩断穷根，他们毅然转身，搬离深山，拥抱新生活。

这是昭通有史以来最大规模的“人口大迁徙”。2017 年，全市精准锁定易地扶贫搬迁对象 36.24 万人、占全市贫困人口的 32%，其中新增搬迁人口 21.41 万人、占全省的 54.5%。

今年，在全市已有 13.11 万人彻底搬出大山的基础上，还要搬迁安置 23.13 万人。

进城入镇、集中安置、一步到位，实现人口分布重构、产业结构重组、生态环境重塑。自 2018 年以来，全市规划建设集中安置点 28 个，其中万人以上 8 个、4 万人左右 2 个，跨县安置人数达 7.69 万人，相当于一年时间新建了 8 个集镇、2 座中等县城。

大搬迁、大突围，此乃充分彰显敢打必胜的决心、敢啃“硬骨头”勇气的决胜一战。

精准锁定、应搬尽搬，全力破解“一方水土养不活一方人”困局

滔滔金江水，磅礴乌蒙山。一间间挂在大山褶皱上的土坯房低矮破旧，一个个嵌在深山浓雾里的小村落零星分布，一户户世代与贫困抗争的山里人致富无门。他们有一个共同的“标签”：深度贫困村和贫困群众。

“走的羊肠道，住的土坯房，喝的望天水，吃的苦荞饭。”回想起以前的日子，搬迁入住昭阳区北部新区幸福馨居安置点的崔万银十分感慨。

崔万银家原来住在昭阳区田坝乡凉山村大箐村民小组，那是海拔2700多米的高寒山区，贫瘠的土地只种得出苦荞、燕麦。一家人辛辛苦苦几十年，依旧是“贫困赶不走，小康进不来”。崔万银至今记得，邻居崔龙金在建房时从高处坠落受重伤，他和乡亲们用简易担架抬着病人，在崎岖的山道上深一脚浅一脚往集镇赶，20多公里山路走了5个多小时，到乡卫生院时已是晚上11点。

大山大水大峡谷。昭通全市山区、半山区占土地面积的97%，交通不便看病难、道路崎岖上学难、山高坡陡产业起步难、生态脆弱改善生存环境难，“一方水土养不活一方人、一方水土承载不了一方人”。唯有搬迁，才是破难解困的根本出路！

搬迁第一步，精准摸清搬迁群众底数，精准锁定易地搬迁人口数。2017年，全市派出3447支工作队2.36万名工作队队员，走访核查农户129.73万户529.06万人，精准锁定未脱贫对象27.5万户113.37万人。在此基础上，聚焦“六类区域”，按照“能搬则搬、应搬尽搬、整村搬迁”要求，精准识别易地扶贫搬迁对象8.44万户36.24万人，其中新增搬迁人口21.41万人。

实施易地搬迁，需面对和解决思想统一、资金筹措、组织实施、配套支撑4大难题。围绕着搬与不搬、搬多搬少、搬到哪里诸多实际问题，昭通市组织广大党员干部群众开展思想大讨论。

昭通市委副书记王忠告诉记者，昭通各级各部门和广大党员干部本着对历史负责、对未来负责、对群众负责的态度，下大决心把易地搬迁作为推动山区贫困群众从根本上实现斩断穷根、推动昭通高质量跨越发展的有力支撑和最大机遇。

干部群众痛下决心，叫响“搬不动山就搬人”的新时代愚公精神，创新工作思路，坚持全市一盘棋布局，立足空间潜力，打破县、乡、村行政区划，按照“进城、入镇、进厂、上楼”的思路，在安置上着力探索中心区、县城、保障房、中心集镇“四种模式”。

在磅礴乌蒙的崇山峻岭间，如此大规模、大力度的易地扶贫搬迁壮举，令人惊叹不已。

进城入镇，进厂上楼，
彻底斩断贫困发生的生产生活联系

“建好靖安幸福城，跨县安置4万人”。

位于昭通城北20公里处的靖安易地扶贫搬迁安置区，是全省精准扶贫重点工程，也是昭通最大的易地扶贫搬迁项目。到今年底，这里将成为来自5个县4.06万贫困群众的崭新家园。

走进靖安安置区，放眼望去，塔吊林立、机器轰鸣，数百辆工程车辆来回穿梭，上千人的队伍正在繁忙施工。

“在2700多亩土地上，10个月内建成118栋高楼，平均4天左右必须建起一层。”现场指挥作业的中建集团项目团队负责人张强介绍，他们发挥大型国有企业兵团作战优势，采用24小时大流水作业方式，确保安置区项目今年8月底封顶断水，11月底搬迁入住。

围绕“一配套两支撑”要求，靖安安置区将新建9所学校、6个卫生院

及卫生室，“四纵四横”的便捷交通网连接学校、医院、老集镇、马铃薯交易中心和冷链物流基地，初显成效的1万亩蔬菜基地、1.5万亩马铃薯种薯基地有力夯实产业支撑，提供就业平台。

和靖安安置区一样，昭通城南28公里处的鲁甸县卯家湾跨县安置区同样热火朝天。安置区项目指挥部工作人员虎贵茨介绍，卯家湾安置区按照城市新区标准规划，分层次布局6个安置小区，将承接巧家、彝良、永善、盐津、鲁甸5个县的搬迁群众3.63万人。

作为县城新区的重要组团，卯家湾安置区完善水电路网市政公共设施，成立1个街道办事处、6个居民社区，新建6所学校、7个卫生服务机构、8个就业扶贫车间，配套建设2200亩农特产品加工园、3000亩现代物流园、1万亩蔬菜基地、1万亩苹果基地，将为搬迁群众提供1万个就业岗位。

安置区党工委常务副书记、管委会常务副主任巫运松介绍说，管委会将盯住“搬得出、稳得住、能持续发展、群众较满意”目标，坚持建档立卡贫困户与随迁户、住房建设与各类综合配套、坐吃山空安置与产业就业支撑、硬件建设与完善社区管理机制“四同步”原则，全程做到“保姆式”贴心服务。

这不仅是建一个安置点，而是要建设一座新城。按照昭通中心城市“一城三区、若干小镇、产城融合、城乡一体”的规划布局，昭通市把卯家湾、靖安两个安置区作为一城三区的两翼支撑，相当于用一年时间分别在中心城区南北两侧新建两座中等县城。

进城入镇，进厂上楼。昭通市规划建设集中安置区28个，其中万人以上安置区8个、跨县安置区2个、跨县安置人数达7.69万人。

昭阳红路安置区2万余群众摇号选房，永善桐堡安置区2200多群众入住新居，绥江兆佳坝安置区7100多群众喜气洋洋……一批又一批世居深山的贫困群众梦想成真。

截至目前（2019年8月15日），全市集中安置区已有16个整体完工，其余12个正加快推进，今年11月底前将实现5.24万户23.06万人全部搬迁入住。

产城融合，城乡一体，推动山里人向城里人“直过跨越”

去年年底，绥江县偏远山区的7144名贫困群众搬进县城兆佳坝易地扶贫搬迁安置区。

夏日阳光下，“搬出大山天地宽，进城入镇奔小康”红色大字鲜亮夺目。小区公共活动场地，逐渐相识的邻居组建起老年文艺队，正在自编自演《欢迎你到社区来》节目。年前还生活在大山深处的大爷、大妈们，已经过上“和城里人一样的日子。”

“山区搬城区，是从糠箩里跳进米箩里，苦熬了大半辈子，做梦都没想到能搬进城来生活”。67岁的新滩镇银厂村搬迁群众何平方高兴地说，搬进县城，学校、医院、超市都在家门口，住房条件、生活环境，样样都比老屋好几百倍，“连做梦都想不到的事，党和政府做到了”。

为让搬迁群众尽快融入城镇生活，兆佳坝福兴社区推行“3237”社区党建治理模式，小到操家理务，大到务工就业，党员干部把最贴心的服务送到群众心坎上。此外，还把迁出地的1.1万亩耕地、适合种竹的2.8万亩林地、1386亩复垦宅基地全部种上方竹，户均竹产业达20亩。5年后，绿满山坡的竹产业可实现亩产值上千元。

“建好扶贫车间，实现就近就业。”鲁甸卯家湾易地搬迁安置区就业扶贫车间门口的标语十分醒目，车间里百余名搬迁群众正忙着组装耳机配件，画线、贴布、定音、贴膜片……一个个耳机半成品出现在眼前。正在组装耳机配件的搬迁群众王开松说：“以前在老家只会种苞谷，辛辛苦苦一年只够温饱，现在工厂就在家门口，每个月除了2000多元的工资，还有1000元的稳岗补贴。”

王开松很开心。搬迁之前，镇村干部就给大家吃了“定心丸”，搬进城来住楼房，政府帮忙找工作，村里的耕地、林地、宅基地仍归村民所有，现在全部实现了。

地处2920米海拔的道角村委会却浓雾弥漫、细雨霏霏。看到群众为搬新家兴高采烈的样子，最后一任村支书蒋瑞动情地说："全村群众搬走了，到城里过上幸福生活，作为一个基层党员干部，我的初心和使命也实现了！"

像道角村这样整体搬迁的行政村昭通全市就有3个、自然村494个，搬迁人口占村民小组成员80%以上的有725个。

人口搬出来，产业兴起来，山坡绿起来。从绥江县城兆佳坝安置区到昭阳城区幸福馨居安置区，永善县城桐堡安置区，鲁甸县卯家湾易地搬迁安置区，昭阳区靖安安置区、北闸镇红路安置区……在乌蒙山深度贫困地区、脱贫攻坚主战场，记者看到了一个个鲜活生动的易地扶贫搬迁样本，条条彻底改变贫困命运的成功之路。

"进城入镇，集中安置，产城融合，城乡一体。"书写在乌蒙大地上、规模空前的易地扶贫大搬迁，斩断了贫困群众与恶劣生存环境的直接联系，加速了山里人向城市人、传统农民向产业工人的一步直过跨越，实现了城乡人口分布重构、产业结构重组、山区生态环境重塑"三位一体"整体推进。

（作者均为《昭通日报》社记者）

“搬”走贫困 “迁”向小康

——绥江县兆佳坝安置区搬迁纪事

马 晶

绥江县是云南省第一移民大县，也是一个国家级贫困县，经历了移民迁建涅槃重生之后，实现了由山里人向城里人的历史跨越。

拔地而起的小高楼

2015 年年底，大学毕业后，我来到绥江县旅游局工作。2017 年单位分配我挂钩中城镇田坝村 22 组的 6 户贫困户，和我一同包保挂钩村组的还有同单位的张姐和赵姐。

挂钩小组位于县城北部的一个山湾里，距离县城 4 公里，当地人也称之为“三大湾”。2018 年县里制定了“5682”走访入住制度，即处级领导、科级领导、一般干部每月分别走访 5 天、6 天、8 天，入住 2 晚。我们三人在由县城步行去往“三大湾”走访的过程中见证了高楼的拔地而起。

聚焦易地扶贫搬迁的“六类区域”，绥江精准锁定易地扶贫搬迁对象 1767 户 6718 人，在“三大湾”对面的小山坡上，规划建设县内最大的易地扶贫搬迁安置区。当得知要在一年内完成建设和搬迁任务，我心里产生些许质疑，一年不到的时间，建成近7000人的安置住房，这任务能完成吗？

事实是，2018年3月，绥江启动征地拆迁工作，通过40天的不懈努力，完成64户2.2万平方米房屋600亩土地的征地拆迁；4月启动建设，由云南建投集团承建，工程作业“三班倒”；县里抽派3名处级领导、17名工程技术人员组成现场督导组；不管是晴天还是雨天，现场总呈现一片热火朝天的繁忙景象，大型机械设备轰鸣运转、施工人员挥汗奋战；经过7个月的奋战，33栋小高楼拔地而起；一个功能完善、环境优美、宜商宜居的美丽新家园在荒山坡上奇迹般崛起。

一把钥匙圆了安居梦

“张同志，谢谢你们帮忙领取新家钥匙，刚刚去兆佳坝看了新房子，不仅有电梯，屋里面也都是装修好的，安逸得很，这两天我们就回去打包好‘东西’（生活物资），等看个好日子就搬家了，到时候请你到新家吃饭……”2018年11月，搬迁群众吴祥云在领取钥匙看新房的第一时间打电话给张姐分享喜悦。

回忆起第一次走访吴祥云家，印象深刻。我们沿着泥泞的土路走了20多分钟，接着爬上一段100余米的陡坡，踏上石坎，右手边是一间已明显开裂的砖墙平房和一间乌黑的串架结构瓦房。来到他家门口，还未走进屋内，便听到呻吟声。原来是一位80多岁的老人躺在屋内破旧的沙发上，由于常年疾病缠身，耳朵和腿脚都不太好使了。拨通门前贴着的明白卡上的联系电话，联系上家里女主人陈本明。在门口坐了几分钟后，她便从地里回来了。谈及一家人的生活，陈本明不禁湿了眼眶。她说，家里五口人，一儿一女都在县里念高中，年龄很大的老母亲，长期需要有人在家里照看，生活的重担全压在煤场挖煤的丈夫吴祥云身上。虽深知煤场挖煤风险高，但为了可观的收入，丈夫也不愿找其他活干。老人看病、孩子读书都要钱，仅靠一个人的收入支撑一家人的生活，“有个新家”成了他们遥不可及的梦想。

当入户走访问他家搬迁意愿时，陈本明坐在长板凳上激动地说道：“三位同志，搬！我们申请搬迁。之前听到有人说能搬迁到兆佳坝，我还和我屋里人（老公）说要是我们能搬就好了。现在能有这种机会，真是太好了，还请你们多帮忙，我们愿意搬……”就这样，经主动提出申请、逐级审核评定后，吴祥云一家成为兆佳坝安置点的易地扶贫搬迁户。

2018 年 12 月底，吴祥云搬新家，我们一大早来到 E3—1 栋 1 单元门口帮忙搬运生活物资。收拾好新家后，吴祥云和妻子从卧室、客厅、厨房，挨着看了好多遍，激动得眼泪都流出来了。他两口子说，以前以为把孩子们的书供着读完了，一辈子也就在老家过了，没想到还赶着党的好政策，圆了“安居梦”。

吃水不忘挖井人

“你看见了没，那幢高楼上悬挂着的吃水不忘挖井人的条幅是安置区建档立卡户自发弄的，现在国家政策好，又是扶贫又是盖房子，啥事都想着群众，老百姓心里暖和，也想着表示自己的感恩之情……”我们去兆佳坝走访时，安置区门口的群众正议论着一幅条幅的事。走进安置区一看，小高楼上挂着一幅条幅，上面写着“吃水不忘挖井人，望子孙后代不忘党对我们的关心和帮助！祝我们伟大的祖国繁荣昌盛，感谢党和政府给我一个温暖的家，感谢一线的扶贫兄弟姐妹们，你们辛苦了”。正当我们仨议论的时候，单位工作群里发来消息，兆佳坝安置区悬挂的条幅是我们单位成静同志挂钩的卡户弄的。

走访完回到单位，成静告诉我们，12 月 21 日凌晨 5：56，徐帮前就发了信息给他。徐帮前说：“成静，我在这里马上搬进新家，在这里我感谢党和政府对我们老百姓的关心和爱，感谢你们工作在一线的工作人员，说一声你们辛苦了，你们好比是我们的衣食父母一样。我是一个普通的老百姓，我希望所有搬进兆佳坝的父老乡亲和我的心一样，感谢党和政府给了我们一个温暖的家，再也不怕风吹雨打，实实在在为老百姓做了一件好事，以后我们的子孙后代要懂得报效祖国，这些是心里话。最后再说一句，所有工作在一线的兄弟姐妹们，你们为了我们老百姓，你们辛苦了，祝你们一家幸福，万事如意，谢谢！徐帮前。”

12 月 23 日，得知徐帮前搬新家，成静便去帮忙了。到新家后，徐帮前悄悄地对成静说：“你给我摆哈儿哈，看我这个想法要的不？昨天我一晚上都在想，瞌睡都没睡着，焦心，咋个整嘛？得到政府那么多帮助，看病住院基本上都给我报了。一直想给政府说的瓜心儿（掏心窝）的话，可又不知道咋个说。昨晚我想了一晚上，终于想出来了。我没得啥子文化，你看要得不？”他想出来的就是条幅上的内容。成静感慨地说：“曾经对精准扶贫、易地搬迁有太多的不解，扶贫路上也遇到很多委屈、埋怨、挫折，这一幅横幅，仿佛一切都释然了，也理解了国家扶贫政策的真正意义。”

社区小小志愿者

2020 年 4 月 9 日，借调到市搬迁安置局工作后，因工作安排，再次回到兆佳坝安置区。

当天和挂牌督战工作组一同来到了福兴社区党群服务中心。福兴社区于 2018 年 12 月成立，“福兴”既是寓意在党的关怀下易迁群众从“山里人”一步变“城里人”的幸福兴旺，也寓意着共产党人践行“为人民谋幸福、为民族谋复兴”的初心使命的责任担当。社区党总支书记向我们介绍绥江探索创新的“3237”社区党建治理模式，即机关联系支部、支部联系党员、党员联系群众“三联系”；为民服务中心、志愿服务队“两服务”；党总支+片区长+楼栋长+警务长“三长制”；盘活土地资源、推进捆绑入企、开展培训就业、建设扶贫车间、实施资产收益、开发公益性岗位、落实政策兜底“七步走”持续增收。

听完党总支书记的介绍后，我们便开始入户走访群众。途中，一名年仅七八岁、身戴红袖标的小女孩吸引了我。她手里拿着火钳，正四处寻找垃圾，找到一丁点纸屑垃圾，就夹起来跑向垃圾桶。社区工作人员告诉我们，这是我们安置区的小小志愿者。通过小手拉大手活动，促进搬迁群众快速融入新生活，提升文明素质，传递正能量，让新家园更美丽、生活更美好！

（作者系昭通市搬迁安置局政策宣传科工作人员）

扶贫路上的那些人那些事

周忠恒

自2017年5月到转山包村驻村以来，我从一名驻村工作队队员到第一书记，和其他工作队队员一起见证了转山包村变化的点点滴滴。

一支队伍

2018年11月2日中午，我和队员丁世鼎、周啟帆三人一行开车入户走访，对照收入、住房、教育、医疗、饮水等内容，逐户对转山包村2018年计划脱贫户达标情况进行核实。在核实路仔德户时，他不在家，我们便对他媳妇陈洪英讲解户脱贫标准，核实她家今年是否能达到脱贫标准。陈洪英说道："现在国家政策好了，政府样样都帮助我们，脱贫肯定达到了。车路帮我们修到村子里面，小车都可以开下来了，跟以前人背马驮相比，真的是好得太多。只是我有一件事情，不知道能不能反映一下。"我说："我们来入户走访，就是来收集问题，看看你们有什么困难，我们好及时争取解决，你尽管说。"于是她说："我和路仔德在大海子道路硬化过程中，参与道路伸缩缝工作，现在路修完了，还有1400元的工钱没有拿到，也认不得联系哪个，看你们是否能够帮助我家反映一下。"我把她说的情况详细记录在日记本上，及时与新街镇分管大海子项目的镇长助理以及项目施工负责人联系。经过核实，由于施工老板和陈洪英户均无相互联系方式，信息沟通不畅，导致工钱不能及时进行兑付。经过协调处理，陈洪英顺利拿到了全部工钱，过了一个踏踏实实的春节。

这就是我们的驻村工作队。正是这支队伍，克服条件简陋、道路泥泞、天寒地冻等恶劣条件，在脱贫攻坚最艰难时，一直坚守在一线，想群众之所想，急群众之所急，为群众排忧解难，为转山包村脱贫出列做实了工作。

一个榜样

“我不是做得好的，但最起码我要带头让你们看到，我是努力的、用心的、自信的。我可以，你们也可以。”这是他经常对我们说的话。

“刚才我去王家海子了，那里群众普遍反映缺水问题，希望政府帮助解决。你们要重视，做好项目申报工作。我也去大海子看了，那里的人居环境有所下滑，你们要跟村上对接好，统筹做好各项工作。因为县里要开会，时间紧，就不来村上了。”他打电话对我说。这个“他”就是我们的主任王文杰。

转山包的村村寨寨留下了他调研、找发展思路、挖贫穷根源、做思想工作的身影。由于群众白天忙，很多工作都是晚上到村社召开院坝会、火塘会、村民代表大会开展的。

在挂钩帮扶的两年里，他牵头多方筹措协调项目资金，共争取资金691.7万元，大力发展基础设施、道路硬化、串户路等项目建设，实现了社社通硬化路；建设人畜饮水工程项目，解决了缺水较严重的7个村民小组的饮水问题，受益群众346户1349人；大力发展产业，有组织、有规模的养殖生猪共956头，培训养殖技术人员239人，受益建档立卡贫困户239户1102人。他是我们的榜样，他的足迹，村庄记得、村民记得。

一条村路

2018年5月10日，天空万里无云，通往石板沟的道路却异常难走，我们只能驾车缓慢前行。周承兴副主任再次带领我们到石板沟召开院坝会，倾听群众现阶段最希望我们做的事情；与群众交心谈心，找到推动工作落实的好方法。

我们来到陶发明家门口，大家围坐在一起。周副主任说明我们这次来的目的后，大家你一言我一语说着自己家近年来的变化及存在的困难。

陶发高微笑着说道："周副主任，已经见过你好多次了，看你人也比较好沟通，我就大胆地讲一条。同是一个村，转山包其他社的路差不多全部硬化了，只有石板沟的不修，是不是不管我们？难道扶贫政策还有差异？你知道的，石板沟之所以穷，是因为道路不通，我们没有出路，外面的东西拉不进来，村里的猪儿、洋芋也卖不到好价钱。要想修建平房，人背马驮难上加难，真的希望你帮我们修条路。"听到这里，周副主任动情地说："陶大哥，我于2017年5月到转山包村驻村后，就逐社去了解情况，寻找转山包村贫困的原因。经过近一个月的走访调查，的确是要致富先修路，所以我是千方百计地想办法筹集资金，为群众修建脱贫路、致富路。现在，全村除石板沟、梨柴林外，其他自然村都已经通硬化路了。你们这里我们也在积极争取，相信在不远的将来，你们这里也会是宽敞的水泥路。"陶发高微微点了点头，看着泥泞的道路回答："希望你不要骗我们，我们不想再走烂路了。"

周副主任对我们说，要做好记录，对群众提出的问题，要逐个解决。于是他白天带领我们入户走访收集问题，晚上进行分析研判。经过日复一日的努力，石板沟自然村也于2019年实现了道路硬化到村到户，家家户户门口宽敞明亮，出门也不用穿水鞋，鞋子变干净了。再次见到我们时，陶发高连忙喊道："到家里坐，你们看，我家门口现在都是水泥路了，太感谢你们了。”看着群众脸上露出满意的笑容，大家因过度劳累而疲惫的身体瞬间充满了活力。

一个家

为了让贫困群众既“挪穷窝”又“断穷根”，转山包村帮扶干部想方设法让贫困群众“搬不动大山就搬房，搬不动江河就搬人”。

2018年12月，转山包村双胞岩洞被大雾笼罩着，天空中飘着冰冷的毛毛雨，寒风刺骨，能见度不足10米，人们都在屋里蜷着烤火。身材瘦弱的徐春华又再次到杨福登家走访。不知道这是她多少次入户了。

杨福登这几个月外出务工，只有母亲邓婷婷和二女儿杨贵仙在家。每次看到徐春华，杨贵仙都期待着小徐姐姐跟她讲讲外面的世界。看到杨贵仙的生活条件及对外面世界期待的眼神，一次次触动着徐春华，让她下定决心一定要动员杨福登家搬迁。

杨福登作为家里的顶梁柱，最后能否搬迁还得由他决定。徐春华又使用免提拨通了杨福登的电话。“杨大哥，我又打电话给你了，还是同样一件事，就是劝你家搬家呀。你想啊，你家搬迁后，可以住宽敞明亮的房屋，不用再住茅草房了。杨贵仙读书也不用跑那么远，出门就是干干净净的柏油路。你还是可以出去务工，那样你们家就能脱贫致富啦，怎么算都划算。”杨福登想了想，说：“小徐，我开始是根本不愿意搬迁的，担心搬出去没有吃的，不习惯城里的生活，但是你也太有耐心了，到家里跟我母亲女儿做工作，又经常打电话跟我拉家常，讲搬迁的好处，无怨无悔为我家做这么多工作，我明白你是为了我家好，我现在想通了，决定还是搬了。”听到这些话后，杨贵仙瞬间开心起来，恨不得马上就搬到城里。徐春华也高兴极了，压在她心里许久的大石头终于落下来了，可以回家睡个好觉了。

杨福登在搬迁之前是村里出了名的“懒汉”，酗酒成性，带着两个女儿住在土墙房里，生活有时还需要年迈的老母亲救济。2018 年搬迁到卯家湾后，思想发生了很大的变化。为了抚养两个女儿，已经外出上班，并打电话向徐春华说上班的情况。

杨福登的大女儿杨贵巧，2017 年因厌学而辍学外出到浙江省务工。搬迁后，在徐春华苦口婆心的劝导下，又重返了校园，并于 2020 年 9 月被昆明新兴职业技术学校录取，开始了大学生活；二女儿杨贵仙搬迁后在文屏镇中学读高一，一改走几个小时才能到学校的状况。

真的是挪动一个家，挪活一代人啊。

一份答卷

转山包村位于新街镇西部，村委会驻地距县城 72 公里，是全县 40 个深度贫困村之一。全村土地面积 23.1 平方公里，最高海拔 2976 米，最低海拔 2190 米，自然条件恶劣，粮食作物以马铃薯为主，燕麦、苦荞为辅。全村 11 个自然村 18 个村民小组 510 户 2282 人，其中卡户 274 户 1318 人。

扶贫干部职工始终以“白加黑”“5+2”的工作劲头，为自己挂包贫困户想脱贫之法、致富之路。经过持续帮扶，转山包村发生了翻天覆地的变化：从原来道路坑洼不平到入社入户路全部硬化，从住茅草房到住敞亮房屋，从排队挑水吃到自来水入户，从经常停电到家家户户可以自由使用大功率电器，从无网络宽带到村委会，学校和卫生室移动网络全覆盖，从每天起早贪黑赶路上学到住校读书，从看病到处跑到小病不出乡、大病不出县……

这是一份答卷。

（作者时任鲁甸县扶贫办驻新街镇转山包村第一书记）

坚决不当“拖油瓶”

——彝良县扎实推进易地扶贫搬迁旧房拆除纪实

马　谷

彝良县属国家级深度贫困县、云南省5个革命老区县和27个深度贫困县之一，也是乌蒙山片区集中连片扶贫开发的重点区域。

2020年3月，彝良县县内易地扶贫搬迁安置房建设、群众搬家均已全部完成。但易地扶贫搬迁旧房拆除工作却还未实质性攻坚开展，锁定的应拆旧房9376户，已拆除的仅3156户，拆旧率仅33.66%，远远低于全市拆旧平均水平。每次市级组织的易地扶贫搬迁方面的大会小会，但凡有旧房拆除方面的通报，彝良县的拆旧进度排名总是最后一名。每次反馈易地扶贫搬迁存在的问题，旧房拆除进度滞后必然也是问题之一，彝良县易地扶贫搬迁旧房拆除工作已经滞后到成为全市易迁拆旧工作的“拖油瓶”。

开展易地扶贫搬迁户拆旧复垦是政策要求，不仅能有效改善村容村貌，助力脱贫攻坚，推进美丽乡村建设，还对缓解人地矛盾、促进生态修复具有十分重要的意义。为了完成好这个工作，彝良县奋起直追，想尽一切办法，坚决不当“拖油瓶”。

拆旧速度跑起来

通过多方调研，发现搬迁户之所以不想拆、不愿拆，一是故土难离、旧房难舍；二是担心将来适应不了城里生活，没了房子就没了退路；三是害怕丧失老家耕地、山林的权益。还有个别搬迁群众长期在外务工，缺少对迁出地与迁入地的直观对比，不会自行主动拆旧房，而是倾向于等待观望。为此，彝良县统筹谋划，四大举措来助推旧房拆除速度跑起来。

强化组织领导。为推进拆旧工作，彝良县委、县政府高度重视，印发了《彝良县人民政府关于加快推进易地扶贫搬迁旧房拆除及复垦复绿工作的通知》，细化了无房户、“四类可不拆”的审批备案程序，明确旧房拆除的时间节点和工作要求，为全县有序开展易地扶贫搬迁旧房拆除工作提供了有力遵循。县委书记、县长及时了解每日拆除情况，抓好工作落实。

压实工作责任。彝良县人民政府与15个乡镇签订《彝良县易地扶贫搬迁旧房拆除及复垦复绿工作目标责任书》，明确分工任务，强化工作机制，压实工作责任。由县搬迁安置局牵头，将责任细化分解到乡镇；各乡镇组建工作专班，明确专职人员，将工作责任压实到人，实行旧房拆除包保责任制，建立健全旧房拆除台账，对未拆旧房已倒排工期到户到天，集中突击，对标对表，拆除一户销号一户，实行乡镇“日报告”和县级“日通报”制，做到日日有拆除，户户能销号。

加强政策宣传。逐级召开会议进行动员部署，开展业务培训。组织县、乡、村、组各级帮扶力量，采取群众会、院坝会、入户走访等方式，向搬迁群众宣传旧房拆除政策和“一户一宅”政策，切实提高搬迁群众政策知晓率；有针对性地帮助他们算好“政策账”“经济账”，让搬迁群众更加理解旧房拆除给自己带来的实惠，从而打消群众思想深处的顾虑，充分调动搬迁群众主动拆迁的主动性和积极性。

采取精准施策。因地制宜、因户施策，针对不同搬迁户的房屋结构、地质情况等条件具体分析，为搬迁户旧房顺利拆除提供技术支撑；针对外出务工、部分搬迁农户无法自身拆除旧房的实际情况，各乡镇租赁挖掘机、组建帮拆服务队帮助搬迁农户拆除旧房，确保易地扶贫搬迁旧房拆除6月底取得阶段性成效。

通过不断追赶，5月30日至6月30日一个月的时间里，彝良县共拆除易地扶贫搬迁旧房的3263户，拆旧率提高了34.48个百分点。但是拆旧进度整体排名仍居全市倒数第一。

群众拆旧意愿强起来

2020年5月挂牌督战中，其中一项工作重点就是入户问卷了解搬迁户的拆旧情况并进行实地核查。5月15日，彝良县搬迁安置局工作人员带着我来到发界安置区进行入户问卷调查。走访刘有伟家时，我问他乡村干部是否给讲过旧房子拆除、他是否愿意拆房？刘大哥笑着说："愿意拆的，老家房子4月份就全部拆了。之前我们对政策不了解，心里面还是不愿意拆的。后来通过干部来给我们宣传讲解后知道搬迁户老房子必须要拆。既然都是国家的政策，都有新房子了，而且老房子也旧得很，是危房了，住起来也不安心，就主动拆了。"

我们走访张光友家时，他大声说道："以前旧房没有拆除，我们总是还想着两头住，我们对旧房还抱有幻想。通过干部的耐心解释才知道这是不可以的。既然都清楚了这是政策规定，那么老房子当然可以拆除了。后来把老房子自己拆除，彻底断了幻想，真的走出大山了，现在我就在安置点周边打点临工，比在老家种几亩庄稼、养几头猪挣得可多多了。日子比以前好，买东西、进城更方便了。"

拆旧效果干出来

2020 年 6 月 9 日，根据易迁拆旧复垦复绿工作要求，彝良县角奎镇拖脚村小寨组集中依法拆除易地扶贫搬迁户的危房旧房。在实施过程中，搬迁群众七嘴八舌地向现场工作人员反映："旧房拆除后无地点加工晾晒存放花椒，大型牲口无处圈养，旧房室内大件家具、粮食较多，安置点房屋不能容纳，短期内无法有效处置"等问题。镇、村两级工作人员积极协调处理，想方设法帮助群众解决了后顾之忧，大部分旧房得以顺利拆除。

但小寨组建档立卡户杨昌明家不配合拆迁工作。据了解，该户于 2020 年 1 月 7 日搬入发界安置点 7 栋 1706 号房，对象锁定时受益人数为 5 人，安置住房有 4 个卧室，除去公摊，面积约 115 平方米，安置住房完全能满足住房需求，迁出地有砖混二层旧房一栋。根据相关政策需对其旧房进行拆除，在前期宣传工作中，该户不配合拆除工作，家中旧房迟迟未能拆除。角奎镇党委书记左永生和副镇长潘怀伦亲自来到他家做思想工作，主要从政策要求、拆旧形势、搬迁前后对比 3 个方面与该户做了交谈。首先，左书记对该户强调，易地扶贫搬迁旧房拆除是政策硬要求，对象识别时你们也是签订了"搬新拆旧协议"的，必须严格按照政策要求来执行，旧房拆除是必须执行的，是不可能也拖不过去的；其次，左书记谈到，今年以来省、市、县对易地扶贫搬迁旧房拆除工作非常重视，市、县两级主要领导对工作亲自做了安排部署，要求 6 月底前必须 100% 完成旧房拆除工作，你们要认清这个形势，不要做与政策不符的事情，否则公安部门介入对你们自身也不好，该配合时必须要配合；最后，左书记还与该户谈了迁出地与迁入地生产生活的前后对比。通过讲政策、讲形势，最终经该户同意，在挖掘机的铁臂下旧房得以顺利拆除。

（作者系昭通市搬迁安置局项目管理科工作人员）

从大山深处搬出来

臧　懿

洒渔镇联合村余家大冲自然村位于乌蒙山连片特困地区昭通市昭阳区，该村山高坡陡、沟壑纵横，土地贫瘠，自然条件恶劣。群众生产生活条件极差，住房基本为土筑瓦房，收入来源主要依靠玉米、马铃薯等传统种植和生猪、蛋鸡等传统养殖。截至2016年年底，该村有99户398人，其中建档立卡贫困群众75户315人，年人均可支配收入仅为2685元，大部分群众处于深度贫困，条件性贫困与素质性贫困交织并存。

2017年1月23日，中共中央政治局常委、国务院李克强总理在云南省委书记陈豪、省政府阮成发省长的陪同下，到昭通市昭阳区洒渔镇联合村余家大冲自然村，穿过羊肠小道、涉足尘土浅溪，先后走进两户阴冷昏暗的土坯房查看，并与群众交谈。之后，他动情地说："这房子确实不能住了，一定让你们尽快从大山深处搬出来！"随后，总理与村民围坐在村头坝子上共话脱贫路径，作出了"对于农村易地扶贫搬迁和城市棚户区改造，要因地制宜、创新机制，个人、社会和政府共同努力，加快脱贫步伐"的重要指示。2017年2月，洒渔镇联合村外公鸡冲自然村通过土地调整选定搬迁地址并启动建设，拟对2个村民小组99户398人实施整体搬迁。截至2017年12月31日，群众已全部搬迁入住洒渔镇联合村外公鸡冲集中安置点。

搬出大山，靠着政策扶持和自身的努力，搬迁群众的生活大不一样。

走进集中安置点小区——思源馨居，一排排白墙青瓦的砖混结构房屋依山而建、错落有致，户间道和活动广场干净整洁。卫生室、活动中心、便民小超市、新时代讲习所等一应俱全。家家户户门前都挂着红灯笼，绿色蔬菜与花卉苗木在房前屋后的篱笆里和谐共生。

“总理帮我们搬出大山，住上了新房子，交通也便利了，我们不能再‘等靠要’。”今年57岁的余安和说道。余安和一家7口人，有3个劳动力。自从搬进思源馨居安置小区后，在平坦宽敞的院子里他学会了骑摩托车。学着周围的村民在老家种了300棵苹果树并带动家庭成员积极劳作。他说：“如果管理得好，等进入丰产期预计一年能收入四五万元。”平时，他在附近做些诸如搬砖、挑担、采摘苹果的零工，每月能挣1500多元。妻子娄学巧则在村委会的安排下，定期清扫镇、村周边道路，一个月下来也能挣500多元。余安和说起过去的生活：“原来居住的房子是土坯房，低矮、潮湿、破旧，甚至还很危险。从没想过自己有一天能从低矮、开裂的土坯房搬进现在的小楼房。”原来住的地方野猪出没，种的玉米被糟蹋得不成样子，附近有村民被咬，嗓子被吓哑了一个星期说不出话。他感激地说：“感谢共产党、感谢政府，如果没有国家的好政策，自己是修不起这个房子的。”

余家大冲13组的丁贵琼一家3口，家里就只有她一个劳动力，搬入新居后，率先开起了惠民小超市。她做梦都没有想到会搬出大山，过上城里人的生活。“以前住的是土瓦房，不及时翻瓦，雨天就会漏水；不关窗户，晴天灰尘就很大。现在搬到小区，房屋宽敞了、明亮了。学生读书条件也好了。以前娃娃5点起来都很赶不及上课，现在早上8点去也赶得上。小区就有卫生室，生病马上就能去医。现在各项条件真是起了翻天覆地的变化，感谢共产党、感谢各级领导干部帮我们条件整好了。”丁贵琼这样说道。

搬迁只是手段，脱贫才是目的。为了让搬迁户彻底“挪穷窝、斩穷根”，通过政府扶持，把75户建档立卡户吸纳起来，组建了养猪、养鸡、养蜂三个专业合作社，每年按入股资金总数的10%分配给农户。如果农户不具备养殖条件，则按当年的市场价折合现金分给农户，目标是让搬迁户一步住上好房子，快步过上好日子。

思源馨居管委会还通过搭建好村民议事平台，发挥好妇女组织、青年组织、儿童组织、老年组织、志愿者队伍等作用，从身边事做起，从身边事管起，带动广大群众自我教育、自我管理、自我服务。同时，每年开展评选一批最美村民、和谐家庭、好公婆、好儿媳等活动，以良好的家风带动社会风气的进一步好转，扎实推进脱贫攻坚工作。

（作者系昭通市搬迁安置局工作人员）

搬出大山　筑梦小康

马　晶

盐津县辖 6 镇 4 乡，总面积 2091.5 平方公里，总人口 39.8 万人，山地面积占土地总面积的 99.92%，属国家级贫困县。除了自然灾害多、安全隐患大，还“卡”住贫困山区不少人的交通出行路和脱贫致富路，成为当地人“一方水土养不好一方人”的短板。2016 年以来，盐津县精准锁定搬迁人口 3.12 万人，规划建设 30 个易地扶贫搬迁安置点。其中，水田新区是县内最大的安置点，也是全市 9 个万人以上安置点之一，共建设住房 26 栋，安置群众 3097 户 14106 人。2018 年 7 月，水田新区全面开工建设，2019 年 1 月 18 日最后一栋主体封顶，同年 8 月启动分房、组织搬迁，9 月底全面完成搬迁任务，群众开始了新区的新生活。

摁下搬迁的红手印

为精准锁定搬迁人口，盐津县聚焦“一方水土养不起一方人”6 类区域的人口，细化 10 条标准，组织县、乡、村三级 1000 余名干部，深入全县 94 个村（社区）、120 个自然村、1042 个村民小组，逐户宣传政策，动员和鼓励贫困群众自愿搬迁、主动搬迁。通过干部“一竿子插到底”，问题“一娄子带出来”，工作“一揽子向前推”，让干部沉下去，把群众带起来。让“要我搬”变为“我要搬”，让贫困群众主动摁下搬迁的“红手印”，安心搬家。

巧手编织出幸福生活

刘青明是土生土长的普洱镇柏杨村人，也是一名建档立卡贫困户，因患股骨头坏死症，导致下肢残疾，多年来只能靠轮椅代步。身体残疾并未让他丧失对生活的信心，而是更加自信、坚强、上进。2019 年 9 月他们一家 5 口搬到水田新区后，他就在安置区粤滇竹文化编织扶贫车间里做起了竹编工作。对于新工作刘青明倍感珍惜。他说，党的政策好，把我们从农村搬迁到水田来，还给我们安排了学手艺的地方，请师傅来教我们。能坐着轮椅上下班，有份稳定收入，感到十分满足。虽然腿脚不方便，但是对新生活我很有信心，靠自己的一双手，以后养活自己没问题。刘青明踏实肯干，竹编技艺越来越娴熟，编织出来的各种竹器精致、美观、实用，如今成了车间里的老师傅。刘青明竹编入门师傅王银春说：“刘青明好学、肯学、乐学，一副轮椅，一双巧手，靠自己勤劳的双手增收致富，他的韧劲和品格深深感动着周围的人，是大家学习的好榜样。”

正在“凤竹制衣厂”精心指导和用心管理几十个“兄弟姐妹”学制衣、做好衣的刘克会也是扶贫车间里的老师傅，她说：“之前住在普洱镇正沟村，老家房子很破烂，地里不出货，一下雨到处都是稀泥，做什么都不方便，搬到这里不知道好到哪里去了！楼上生活，楼下上班，既能照顾读书的小孩，也能让丈夫在外安心打工。”刘克会老公在昆明务工，每月工资 5000 元左右。搬来以后，她就去家楼下扶贫车间的“凤竹制衣厂”上班，由于心灵手巧、先学先会和能干有为，现在已经是“凤竹制衣厂”的师傅和管理者了。

“大数据”成为“居民服务员”

2019年10月16日一大早，水田新区管委会副主任范泽斌打开“团结社区”管理系统，登录账号后第一时间查看群众反映的问题诉求，看到了一件急需处理的事情：一名7岁多的小朋友陶友富，父母都在外地务工，家里还有一个8岁多的姐姐。早上上学路上，陶友富不小摔了一跤，楼栋长和片区长带到社区医务室检查后，需要送往上一级的医院进行治疗。范泽斌及时通知社区相关人员把陶友富小朋友送往上一级医院进行治疗。安置点的“五清”社区管理系统安排专人24小时值班管理，极大地推进了管理的智能化，不仅有效提高社区工作效率，也方便了群众。

积分兑换强素质

每天上午8时，水田新区搬迁户自晓艳就开始了忙碌的一天。搬进安置点后，她被选为安置点中的一名“片区长”，负责管理服务社区中7—10栋300多户搬迁户。同时，她也是社区中“自强、诚信感恩超市”（下称“感恩超市”）的负责人。设在水田安置点C区的“感恩超市”，是一个不使用钞票进行交易的超市，居民在这里购买物品，用的是积分。一件上衣标价150个积分、一支牙膏13个积分、一瓶洗发水58个积分……超市中，商品均以积分定价，不少商品都是由中山市企业捐赠。自晓艳说，1个积分兑换1元的等值物资，一律不兑换现金，积分兑换物资的周期为一月一次。

积分从哪里来？按照社区的规定，居民只要在卫生习惯、政策知晓、弘扬传统美德、家庭美德、学生学习、就业创业六方面表现良好，都能获得相应积分。

翻开积分评分表，可以看到，评分的项目十分精细。“个人衣着干净整洁，有良好个人卫生习惯”2分/次，“主动参与社区各类公益活动”每次5—50分，“见义勇为、好人好事、互帮互助、促进邻里团结等”每次5—50分……

在超市“结账台”，自晓艳展示了社区的兑换记录表。格子之间清晰地记录着搬迁户姓名、家庭人口、家庭住址、身份证号码、兑换物品、领取数量等信息，还有领取人在签名处摁下的红手印。

一个个红指印，记录的是搬迁户融入城市社区新生活的历程。积分兑换商品的制度创新，投射出搬迁群众生活习惯和思想观念的转变。自晓艳对此深有感触，她说：“与刚搬进社区时相比，楼道里和路面上的垃圾明显减少了，邻里间充满温情的互助场景也越来越多”。

自立自强断“穷根”

唐美朋家有7口人，原住在盐津县庙坝乡茨竹村桐子社。搬迁前为了维持生计，他与妻子只能外出务工，家里年过六旬的老父亲、老母亲带着两个孩子。二哥唐美鱼在老家做点小买卖。搬迁到水田新区后，开了一家名叫“水田艺家人美发店”，生意不错。

“来，快请里面坐，你是要剪成啥子样的头型，是剪成平头呢还是碎发？”“剪成啥子样的头型都行，相信你的技术。”见到唐美朋时，他正在满脸笑容地忙碌着招呼顾客。

“当时我做美发学徒的时候，每个月也赚不到什么钱，但是我就是想多学点技术后，等回来有机会自己开个美发店，这是我的一个梦想。”谈到为什么要从事美发行业，唐美朋这样说。

得益于国家的精准脱贫好政策，如今分到了一套140多平方米的安置房。唐美朋说："来到这里以后，党和政府为我们考虑的很周到，给了我们很多的优惠政策和创业的机会。我以前就是学美发的，刚好这里欠缺这个服务行业，我就和老婆商量，在老农贸市场这里开个美发店，在方便群众的同时，也能稳定自己的收入。要感谢党和政府的好政策，给予我们这么好的创业机会。"

"唐老板人又好，理发技术也很不错，服务热情周到，我们很满意、很高兴，下次我们还要来这里剪头发的。"顾客们对唐美朋竖起大拇指。

现在，唐美朋和妻子满门心思的打理这个店子。收入也越来越好。每月除去成本开支，纯收入也有几千元钱。他自己还兼有楼栋长的职务，工资每月 1350 元。为感党恩，唐美朋免费为 66 岁以上老人和留守儿童剪发。这样的义举，受到大家的好评和点赞。

"小唐人特别的好，对我们这些留守老人很关心。还免费给我们剪头发，真的是太感谢他了。"留守老人们充满感激地说。

"有了党和政府的好政策，才有了今天的幸福生活。这些老人和孩子，特别需要关心和照顾，我为他们免费剪个头，这是举手之劳的事情，我只是尽一点微薄的力量而已。"唐美朋谦虚地说。

自己有了创业门路后，他想到还有很多搬迁到这里贫困户子女暂时还没有找到合适的工作，他就招聘了几个有意向热爱从事美发行业的贫困户子女来当学徒，希望他们也能掌握一项技能，将来也能创业致富。

唐美朋们用行动传递正能量，树立自强、自立、有为的生活态度，让更多搬迁贫困群众看到了不等不靠拔"穷根"，自立自强甩"穷帽"的斗志和效果。

（作者系昭通市搬迁安置局政策宣传科工作人员）

从茅草屋到“小洋房”的蜕变

——记巧家县洗羊塘村搬迁群众的幸福生活

张国卫

第一次到巧家县药山镇洗羊塘村是在2015年秋，给我印象最深的要数那一间间低矮破旧的小茅屋。走进一家农户，火塘里还烧着柴火，柴火上面煮着猪食，主人家看有客人来到便即刻起身，非常客气地给我们让座，走进屋子看到的只有被柴火熏得漆黑的墙壁、极其简单的家具和炊具（一张小桌子、几个小草墩、几口发黑的锅），给我的感觉就是一贫如洗。这里海拔3000余米，气候寒冷，植被稀少，生态脆弱，交通不便，产业单一，医疗、教育等公共服务资源极其匮乏，属于高寒冷凉特困山区，是典型的“一方水土养不起一方人”的地区。

长久以来，村民们沿袭着祖祖辈辈的生产生活方式，封闭、贫穷、落后如挥之不去的梦魇，一直缠绕着村民，他们住低矮破旧的茅草房，屋顶覆盖着厚厚的青苔。屋内设火塘，供做饭取暖之用。经年累月，烟熏火燎，漆黑一片。几代人就栖身于家什杂物间，更有甚者人畜共处一室。门外是粪塘，牲畜、家禽游走其间，粪便、泥泞混杂，臭气熏天，蚊虫飞舞，而村民则以此方式积肥。他们以海垡作为主要燃料，长期开采，导致湿地生态恶化，栖息其间的红腹蝾螈已濒临灭绝。作物以洋芋为主，苦荞、燕麦产量极低。经济收入主要依靠畜牧业，在高山草甸放羊牧马，由于过度放牧，导致草甸石漠化严重。高寒偏僻，虽有学校，校舍简陋，难有正式教师，仅数名识字不多的当地代课教师，教学质量极差，大病小疼要到很远的乡集镇就医。在这个当地人称“鸟不拉屎的地方”，30 岁至 60 岁的单身汉多达 41 人，有的是条件差一直没法成家。有的是成家后，老婆受不了贫穷往山外跑了。

2015 年年底，国家新一轮易地扶贫搬迁工程启动实施，给这个“鸟不拉屎的地方”带来了希望……

8 月的老店镇尹武海坝，万木葱茏，蓝天白云交相辉映。放眼望去，让人心旷神怡。在绵延的群山之间，一排排整齐的别墅式的楼房分外耀眼，这就是脱贫攻坚最大的民生工程——易地扶贫搬迁在巧家结出的硕果——老店镇尹武安置点（新村社区）。这里居住着从洗羊塘搬迁来的 315 户 1220 人。安置区设施完备，功能齐全，搬迁户们在这里安居乐业，信心十足地规划着未来。

老店尹武安置点（新村社区）位于巧家县老店镇东南，土地面积 2.04 平方公里，辖 10 个村民小组。这里海拔 2180 米，土地肥沃，气候宜人，物产富饶，主产蔬菜、玉米、土豆、荷兰豆、大蒜等农作物，平均亩产值在 4000 元以上。

2017 年安置点顺利建成，2018 年 3 月搬迁户全部搬入新居。目前，交通、电力、广播电视、宽带网络、医疗设施、饮水安全、活动场所等基础设施达标，成为新村社区发展的有力支撑。美好生活的图景在每户、每位村民面前徐徐展开，他们以辛勤的汗水浇灌的花朵已结出幸福的果实。

王天万，51 岁，在洗羊塘生活了半个世纪，就因为贫困，条件差，打了几十年光棍。他也想过发家致富，改变现实处境，但因自己是文盲，斗大的字不识一个，外出打工找不到门路，甚至上厕所都会走错，于是绝了外出打工的念想，就困守在洗羊塘，因袭着祖辈的命运艰难度日。易迁入新村后，他不仅改变了命运，还收获了爱情婚姻。他的妻子王珍珍，44 岁，老店镇三家村人，丈夫死了，经人介绍，带着两个孩子嫁给了他。在他和妻子的呵护下，两个孩子重新获得了幸福。如今，大女儿已出嫁，小女儿初中毕业等着升学。王珍珍为巧家县教育投资有限公司种植大棚蔬菜，王天万得到一个担任护林员的公益性岗位，每月 700 元工资。

唐兴彩和唐光勤夫妇是新村社区出名的致富能手。迁入新村后，他们到距新村不远处的尹武海坝承包了 12 亩土地，用学到的技术种植香菇，每年收获三四季。由于技术熟练，人勤劳，他们种植的香菇卖相好，每年总收入在 24 万元左右。两个孩子，一个念初中，一个上小学，未来可期。

在新村社区易迁安置点的村史馆，陈列着许多古旧的生产生活用品，张贴着往昔村民们生产生活的照片。这些承载着村民们的历史和记忆的实物和照片，与充满现代气息的新村社区交织在一起，不由让人感慨万千，感慨于党和政府脱贫攻坚的决心和力度，感慨于时代的进步和人民生活的变化。

（作者系昭通市搬迁安置局工作人员）

搬离穷窝窝　迁来幸福感

张国卫

当我们走进大关县天星镇沿河村易地扶贫搬迁安置点，映入眼帘的是干净整洁、漂亮宜居的一栋栋联排小楼，这就是易地扶贫搬迁后198户925人建档立卡户的新家。他们以前住在边远高寒的山区，粮食和蔬菜都要到沿河街上采购，物资要靠人背马驮。恶劣的环境导致当地群众上学、就医、办事极不方便。实施易地扶贫搬迁后，村民的生活方便了，收入增加了，搬出大山，走上了脱贫致富之路。

换思想，“我要搬”

天星镇沿河村以山地为主，平均海拔1650米，属典型的山区。“地无三尺平、出门就爬坡”，这是以前沿河村农民生产生活的真实写照。

面对恶劣的自然环境、艰巨的脱贫任务，如何让世居山区的群众摆脱贫困？搬，才有希望；搬，才能发展。但沿河村的深度贫困群众大多数居住在高寒、边远、冷凉地区，“住惯的山坡不嫌陡”的思想根深蒂固，“念家情结”突出，不愿搬、不想搬。对此，扶贫干部们组建党员工作队、驻村帮扶队、苗族工作队走村串户，采取召开火塘会、院坝会等方式逐户动员，讲政策、解疑惑，先后深入高寒群众聚居区开展群众工作，成功实现“要我搬”为“我要搬”，最终锁定198户925人建档立卡搬迁户。

谋规划，求科学

做好科学选址，明确“搬哪里”。县委县政府主要领导对沿河村沿河选址问题进行调研，并要求围绕解决影响贫困户脱贫的出行难、上学难、就业难、发展难等问题，立足沿河村资源条件和产业发展基础，选择交通条件较好、水土资源优势明显、产业开发有潜力的地点作为搬迁安置地点，最终选址于沿河村学校及村委会旁。确定安置地址后，聘请了第三方机构对安置点进行地质勘查、地灾评估、资源承载能力评估、开展环境影响评价，确保工程建设对生态环境没有影响；编制水土保持方案，优化工程建设对环境的影响，避免水土流失；做到规划先行，同时聘请市级行业部门专家对实施方案进行了评审，确保方案的科学性、可行性。

重建设，把质量

在建设上，统一规划、统一建设、统一标准、统一配套基础设施和公共服务，工程质量实行终身责任制。沿河安置点位于河边，受雨季影响较大，为抓好工程建设进度，确保按期完成搬迁任务，实行了“双点长”制，由施工单位领导和县委政府挂钩乡镇的县处级领导共同担任点长，共同推进安置点建设。点长各阶段都进行现场查看，严格监管，保证工程建设的质量。同时要求施工单位做到紧密倒排工期，时刻抢抓进度，尽量吸纳当地百姓就近务工。尤其要让搬迁户参与务工，让群众建设“自己”的房屋。不仅就近就地务工，还增加了收入。

在多方共同努力下，2018年12月沿河安置点198套楼房及配套基础设施全部竣工。为确保群众的搬迁房质量合格，由乡镇人民政府组织村委会、住建所、扶贫办、易迁办、水管所、电力公司合力对住房内的水、电、住房质量等进行验收，验收合格后交付搬迁户使用。

住新家，笑开颜

分新房、拿钥匙、住新家，搬迁群众笑开颜。沿河安置点地理位置优越，功能齐全，毗邻集镇、学校、卫生室、村委会，搬迁群众的生活变得更加方便。

我们走进搬迁户张官彩家，她正在厨房里做饭。她说：“以前买个生活用品，不通公路，一去一回要折腾半天。搬下山后，就算做饭时发现少了盐，临时去集市上买，也花不了几分钟时间。”为了让搬迁群众生活更便利，安置点实现水、电、路、网络、有线电视全通，并实现手机信号全覆盖；落实了安置点医疗、教育等配套民生工程，还新建了农贸市场和警务室，安置点群众全面融入当地生活，享受社区服务。

搬迁户张学良说：“以前生病了，也在家熬着，医院离家太远了。病情严重无法出行时，就算靠家人花几个小时背到医院，也延误了治疗，错过治疗最佳时机。现在搬到安置点后，医院就在家门口，自己就医方便，孩子上学也方便。我还得到了一个公益性岗位，每月有了固定收入。感谢党的政策。”

换穷业，谋富裕

能脱贫、可致富是硬道理。为做好搬迁“后半篇文章”，天星镇因地制宜，多条腿走路、多元化发展，为贫困群众拓展脱贫致富渠道。天星镇是竹子的主产区，产业发展起步早，动员群众种植竹子很有必要。目前，已动员搬迁群众种植竹2731.65亩，户均达到13.8亩左右，丰产后每亩收益可达到3000元以上。同时建立健全产业扶贫利益联结机制，与龙头企业、专业合作社等经营主体与搬迁群众建立契约型、分红型、股权型等合作机制，积极融入全县“一县一业”筇竹产业发展。通过合作“三块地”流转740.2亩，同时搬迁农户按照资产变股金等相关协议获取收益。引导搬迁群众参与产业发展，带动搬迁群众进入产业链，实现24人就近务工，让搬迁群众实现稳定增收。为了拓宽搬迁户增收渠道，目前正在建设竹笋初级加工、竹材加工扶贫车间2410平方米，能吸纳安置点80人劳动力就近务工，解决搬迁群众外出务工难的问题。同时对产业发展前景好，规模大的103户搬迁户提供小额贴息490万元贷款帮助，利用贷款投入生产、扩大经营，激励农户积极发挥各自优势，在实现自身发展的同时带动其他群众创业致富。

强服务，“稳得住”

搬离穷窝窝，迁来幸福感。围绕群众就学、就医、就业等问题，做好搬迁群众的“生活当家人、问题解答人、纠纷调解人、贴心引路人、办事代理人”以解除群众后顾之忧，安心、快速融入新生活。安置点选取了文化程度较高、服务能力强、为人正直、群众认可的搬迁群众组建管委会参与社区管理；建立“楼长”制，制定村规民约，激发搬迁群众内生动力，提升搬迁群众自我管理的主动性和积极性；安排专人负责搬迁群众就业、就学、就医、社保等各项服务工作；发挥工会、共青团、妇联等群团组织以及其他社会组织作用，引导各类社会力量参与社区服务；通过为群众提供“一站式”“一条龙”“全天候”服务，有效打通联系服务易迁群众的“最后一公里”，做群众的贴心人；通过“红黑榜”、小喇叭改变贫困群众的一些不良习俗和落后观念。安置点正呈现出环境优美、邻里和谐、氛围浓厚的景象。

（作者系昭通市搬迁安置局工作人员）

新家园的幸福生活

——记彝良县发界安置区

臧　懿

走进彝良县发界易地扶贫搬迁安置区，53栋崭新的民居楼整齐排列，道路干净整洁。发界安置区共安置15个乡镇5630户25725人（卡户5390户24626人，同步搬迁户240户1099人），2018年11月6日地勘入场，2019年4月30日所有工程桩施工，2019年8月22日安置房主体全面封顶，2019年9月25日安置区成功亮灯，2019年11月6日举行分房仪式，2019年11月25日正式启动搬迁，2020年3月底前圆满搬迁入住。彝良发界安置区同步建设了3所幼儿园、1所小学、1所九年一贯制学校；1所卫生院、4个卫生室；1个派出所、4个警务室；1个自来水厂、1个污水处理厂；便民超市、社区管理中心、物管用房、群众互助服务场所、公厕等配套设施；搭建“群众大舞台，想唱你就来”表演平台，每天下午6点到9点半免费向搬迁群众提供音响、话筒、凳子等表演设备。

搬出去，为了孩子的未来

马洪飞的老家在距离彝良县城35公里的簸以村，海拔高、环境恶劣、灾害频发、基础设施落后，贫穷成了村子的标签。山高坡陡，土地贫瘠，是马洪飞对老家最深刻的记忆，马洪飞有三兄弟，一个弟弟定居玉溪，父母跟着另一个弟弟在老家生活，马洪飞在老家没有房子，2016年识别为建档立卡贫困户，一家人的开支全靠马洪飞在县城附近打零工维持，要在县城买一套房更是想都不敢想的事情。当村镇干部宣传易地扶贫搬迁政策时，马洪飞顾虑很多，担心去了以后工作不稳定，难以支撑城市生活成本。村镇干部多次耐心讲解，打消了他的顾虑，同时为了孩子有一个好的将来，最终选择了按下红手印，决定搬到发界安置区。

住新家，群众渐舒心

2019年12月底，在政府挂包工作人员、志愿服务者的帮助和引导下，马洪飞购买了简单的家具，搬进了两室两厅一厨一卫的新家。在马洪飞家中，没有豪华的装饰，客厅、厨房、卧室干净整洁，马洪飞擦着阳台上的玻璃，脸上洋溢着幸福的笑容。他说："这种生活我以前是想都不敢想的，跟大城市的生活有啥子区别嘛，太安逸了。早晓得是这种么当初我还犹豫啥子嘛，我还担心搬下来吃颗菜都找不到地方买。你看这里哪样没得嘛，社区服务中心、医院、商场、学校、娱乐广场、扶贫车间，啥子都有，以后看病、娃娃读书这些都有保障。社区服务中心的工作人员怕我们过不惯，随时都会来关心我们，以前哪点享受过这种待遇哦！"阳光透过玻璃洒在他的笑脸上，房间里充满了幸福的味道。

发界安置区成立了扬帆、团结、前进、远航4个社区，建立基层党组织4个、群团组织3个，便民服务中心4个，物管公司1个，设置楼栋长53名，警务室3个。四个社区分别建立了阅览室、儿童乐园、老年之家、青年之家、爱心超市等服务区。同时社区还设立了包含劳动保障、综治维稳、党群服务、人口计生、安全生产、社会事务、人居环境、公共服务管理、入驻调解等窗口，极大方便了搬迁群众。社区的孩子们在放学后或放假期间，可以到阅览室、儿童乐园做作业、玩游戏。社区志愿者为他们进行课外辅导，帮助他们解决学习中遇到的问题，搬迁群众逐渐舒心。

改穷业，就业渠道多

刚搬到发界安置区时，找工作成了马洪飞迫在眉睫的事情。安置区社区服务中心了解到马洪飞做过厨师，便介绍他到安置区周边的餐馆工作，每个月能领近 4500 元的工资。妻子目前在家照顾两个不满 3 岁的孩子。

发界安置区通过建设食用菌大棚 1000 个、扶贫车间 3.4 万平方米，商铺 35900.34 平方米招租招商，引进企业入驻，帮助搬迁群众就近就业。社区内各种商场、餐馆、店铺，如雨后春笋般开始营业。不仅让群众生活更加便捷，而且还提供了大量的就业岗位，这些岗位都优先提供给社区内的群众。

安置区通过开展以家政服务、操家理务、电工、焊工为主的特色课程，进一步提升搬迁户劳动力的技能水平，确保搬迁群众每户至少有一人稳定就业。针对年龄偏大或因要照顾老人、小孩，无法外出务工的搬迁群众，采取“社区党委 + 物业公司”的管理模式，由物业公司统一划定了 256 个夜间摊位，每天 17:30 至 24:00 营业，规范经营，不扰民、不占用消防通道，不收取摊位费，经过成本核算收取少量卫生费，用于环境清扫和保洁。目前，156 个摊位经营户是搬迁群众。对身体残疾、特殊困难家庭等 30 余户，实行免交卫生费。

“红袖标”，让人更安心

“团结社区乡亲们，请把摩托车停放在规定区域，阳台禁止堆放杂乱物品，电梯里严禁吸烟。我们是社区巡逻员，请大家配合，乡亲们的安全防范意识要强起来，环境卫生从自家行动起来，文明礼仪自身学起来……”为营造良好的社区治安环境，增强搬迁群众的安全感，组建了这支特别的“红袖标巡逻队”。他们中有社区党员干部、片区网格长、楼栋网格员、公益性岗位人员、志愿者。最开始只有9个人，如今已发展成为108人的大队伍。巡逻队员们佩戴着印有“巡逻员”字样的“红袖标”，围绕社区群众安全防范意识、矛盾纠纷调解、环境卫生、文明礼仪等方面，每天穿梭在社区楼栋、楼道和住户间，认真仔细开展巡查，收集各类信息，掌握社情动态，对出现的安全隐患、维修问题进行登记排查。社区无法解决的维修问题转交物业处理，实行点对点、面对面的服务模式，在保障社区治安环境的同时，不断提升群众满意度。

“看到红袖标的工作人员在，我们很安心，我年纪大了，要不然我也想加入，太有意义了！”家住团结社区28栋的陈女士高兴地说道。

“进城有房住、进城有事做，一家成大家、互帮又互助，进城有书读、进城有医务，国家有帮扶、小康能同步。”从深山老林、峡谷深涧搬进安置区，从土坯房搬进新楼房，搬迁群众已经在这里开启了新生活。

（作者系昭通市搬迁安置局工作人员）

愿生活如一江春水

吴宗友

永善红光新区占地650.62亩，新建安置房94栋3596套30.35万平方米，搬迁群众涉及13个乡镇81个行政村，安置3542户14672人，含建档立卡户3087户12856人、同步搬迁户455户1816人，总投资17.7亿元。2018年7月16日启动征地拆迁，2018年10月26日正式开工建设，2019年7月22日实现安置房全部封顶断水，2019年10月26日完成分房任务，2019年11月25日启动搬家，2019年12月2日完成搬迁入住。同步配套建设2所幼儿园，1所九年一贯制学校，2个卫生室，2个社区服务中心，1个警务室，1个村史馆，15133平方米扶贫车间。

定4点的闹钟　吃6点的“宵夜”

孟富兵，永善红光新区易地扶贫搬迁项目的副经理，一位有着丰富管理经验的现场大管家。自2018年10月26日启动开工建设以来，按照上级2019年7月底封顶断水、9月底完工、10月底具备搬迁入住条件的时间要求，时间满打满算只有371天，其间还可能遇到极端天气影响施工。老孟知道，这既是政治工程，更是民生工程，直接关乎1.3万搬迁群众能否如期脱贫，没有讲价还价的余地，只能一天当着两天用！为了抓住每一分一秒的有效施工时间，确保施工要素得到切实保障，他每天的闹钟设在凌晨4点，为的是去看那两个蓄水池和那条引水沟。由于施工现场经常停水，蓄水池和引水沟作为重要的储备水源，也成了老孟每天最关注的事情。平时早上6点，特殊时期凌晨4点，晚上加班结束后的深夜，老孟都要去检查一下水池的蓄水情况。若遇水量不足就安排人员排查引水沟、协调车辆拉水。老孟说："只有死死守住了这两个水池，才能守住房子。"

在与时间赛跑的日子里，老孟和直管部总经理葛正云带着核心管理人员，每天一大早就在项目门口的早餐铺子请大家吃早餐。一些刚加完一个通宵班的人打趣说："吃完这份'宵夜'，就回去睡觉了。"

8月底至10月中旬，是施工最紧张的日子。在外架拆除期间，为了能将常规每栋一天半的拆除时间压缩到一天左右，项目部将作业时间提前到早上6点开始安全技术交底，6点半准时上外架进行拆除作业。因为项目部生活区与办公区距离较远，步行需要20多分钟才能到达，为了能在工人上班前到现场，准时开展安全交底工作，老孟晚上就直接在办公室睡觉，持续了一个月。老孟时刻叮嘱工人正确佩戴好安全帽、挂好安全带，每天要看到每个工人都从外架上安全下来，才肯下班。他说："最后阶段了，绝对不能出现任何差错。"

让群众吃下"定心丸"

马楠苗族彝族乡坪厂村，海拔最高3020米，最低2800米，是典型"一方水土养不好一方人"的高寒冷凉地区。大板厂、梢子厂村民小组最偏远、最高寒，居住着34户147名苗族同胞，全部是建档立卡贫困户，这两个村民小组被纳入了整组搬迁。

2019年9月，红光新区安置住房已接近扫尾。为进一步消除搬迁群众的思想顾虑，稳定搬迁意愿，抛弃“住贯的坡坡不嫌陡”的“穷自在”思想，确保搬迁群众能如期顺利搬入红光安置点。2019年9月22日早上天还没亮，马楠苗族彝族乡乡长李文全带领乡干部5名、医生2名，组织车辆4辆，到该乡最偏远、最高寒的坪厂村大板厂、梢子厂接易迁进城安置群众代表25人来到了红光安置点参观。

“以前都是听乡村干部给我们讲，还有点不相信这么快就可以搬新家了。我们今天看了新房子，确实跟干部讲的一样，现在虽然没有搬进去，但是看了很高兴、很满意。室内设计也很合理，室外设施样样齐全，不像我们老家上个厕所还跑几十、上百米远。”来自大板厂小组村民代表王富德激动地说。搬迁群众代表们通过听介绍、现场参观，解除了之前存在的搬迁后生活、收入怎么办等顾虑，思想有了转变，搬迁意愿更加强烈，期待早日搬入红光新家园。部分群众已经开始联系牲畜出售事宜，等待分房搬迁入住新居。

悬崖上的搬家

2019年11月25日—12月2日，永善县红光易地扶贫搬迁安置点陆续迎来了马楠、溪洛渡、水竹、团结等乡（镇）3087户12856名建档立卡搬迁群众。由于接近年末岁尾，天寒地冻，途经的村组公路和县、乡道路下至海拔600多米的金沙江畔，上至海拔2000多米的大山深处，临江临崖，弯多路窄。加之涉及乡镇、搬迁人数和人员物资运输车辆众多，交通运输里程较远，给为这次大搬迁保驾护航的永善县公安局增加了重重的难度和考验。对此，永善县公安局积极谋划，专门制定了《易地扶贫搬迁安保维稳工作方案》，派出警力排查道路隐患，规划行车路线，核对搬迁人数，统计运输车辆，帮助搬运看护物资，开展驾驶员现场培训，由警车负责对车队全程护送。永善公安局政委黄方涛率副局长林郁坐镇指挥，组织交警、派出所及交警中队沿途对道路进行踏勘，结合路况实际专门研究对策，采取临时管制、控制车速、保持车距、前后照应等多项措施，达到了安全运输的完满效果。

永善各级各部门分别组建了以党员干部为骨干的搬迁“突击队”，帮助搬迁群众搬运物资。他们为物资做好标记，确保所有物资安全送达。其中一支由永善县城管局108人组成的“蓝色突击队”尤其抢眼。他们身着蓝色制服的身影活跃在崇山峻岭间，蹚泥泞、爬山坡、过沟壑、越丛林，全力帮助贫困群众搬运生活物资，成为大山深处最美的风景线。

团结乡新田村重峦叠嶂、沟壑纵横、土地贫瘠、产业单一，老百姓生产生活十分困难。“出门就是山，抬头一线天”是当地群众对新田村的真实描述。搬迁那天，由于连日阴雨导致路面湿滑，搬迁的难度增加不少。“蓝色突击队”来到了团结乡新田村，为当地137户易迁群众扛桌椅、背衣物、抬家电。

在帮助峰岩村民小组陈尔珍家搬家时，队员马明勇扛着70余斤的物资在坑洼湿滑的山路上艰难前行，险些摔进山沟，大家当即吓出一身冷汗。可脚被扭伤的马明勇，仍然轻伤不下火线为群众搬运物资。家住新田村电站村民小组的郝正树，因丈夫唐于乾下肢残疾，不能从事体力劳动，一家五口的生活物资搬迁成了压在她心上“巨石”，随着“突击队”的到来她才如释重负。

“清晨醒来，居然下雪了，瑞雪兆丰年呀，来年的日子肯定越过越红火。”胡汉银朝自己老家的方向眺望一会儿，高兴地说道。老胡提前几天就把东西收拾打包好，等待着易地扶贫搬迁车队的到来。胡汉银的妻子笑着说：“现在进城生活了，儿子也在外面上班，我和老伴可以在城里找些临工做。城里条件好，环境好，各种（设施）都很齐全，虽然才来可能会不习惯，但日子肯定会越过越好的。”

群众走进安置区，看着一栋栋错落有致的小高楼，边走边讨论着安置点内的房子、学校、医院，高兴地说着自己的新家在几单元几号。老百姓脸上洋溢着幸福喜悦的笑容，现场欢声笑语一片。他们终于告别世代生活的“穷窝窝”，搬进了宽敞明亮的新房屋。愿他们的生活犹如一江春水，奔腾向前。

（作者时任昭通市搬迁安置局项目科科长）

挪穷窝　断穷根

——彝良县拖脚村易地扶贫搬迁纪实

夏　磊

拖脚村地处角奎镇东部，村委会距角奎镇政府所在地16公里，距彝良县城16公里，东邻小草坝镇，南与乔山乡咪耳村接壤，北同龙安镇木坪村毗邻。全村辖25个村民小组，主要居住有汉、彝、苗三个民族。全村最高海拔1820米，最低海拔1260米，相对高差560米，平均海拔1540米。全村年最高气温38℃，最低气温-1℃，年平均气温20℃。道路未硬化前，部分高山村组（主要是苗族群居村寨）交通条件及自然环境十分恶劣，产业结构单一，房屋多数是石木结构的危房，属于标准的“六类区域”。上级政府为彻底解决“一方水土养不活一方人”的困局，将我村的多个村民小组列为整体搬迁区域，想尽办法帮助群众搬出穷窝，拔断穷根，让贫困户实现安居乐业的梦想，过上幸福的生活，在全面小康路上迈出坚实的一步。

拖脚村有易地搬迁户277户1205人，其中建档立卡273户1189人，同步搬迁4户16人。新寨、老寨组属少数民族群居地，拖脚村的搬迁体量及困难程度在全市范围内都排在前列。

搬迁初期，有诸多原因导致易迁群众有顾虑，搬迁意愿不高。一是多数搬迁贫困群众目标模糊、动力不足；二是安于现状，认为只要做好自己的生产，能勉强糊口，维持生活就行；三是已经习惯了乡村传统的生活方式，不愿改变；四是信心缺失，害怕搬迁之后，与原来的土地相分离，务工收入低。尤其是民族村寨的村民，他们在这方面的顾虑更明显。

为让易迁群众真正“搬得出”，打消他们心中的顾虑，村“两委”和驻村工作队想了许多办法。首先实行“网格式工作法”，确保搬迁户有1名干部职工联系帮扶，一对一建立台账，同时加强与易迁群众的沟通联系，针对什么时候搬、先搬哪些人、搬什么家具、牲畜农作物如何处理等问题，进行深入细致的沟通，充分尊重群众意愿，制定相应的方案；其次持续深入地召开群众院坝会，组织收看安置点规划建设视频，让易迁群众直观深入地了解“新家”，调动村组干部、党员群众的积极性，让他们主动搬迁、带头搬迁；再次就是组织威望高、群众信得过的代表到安置点实地参观，零距离感受搬迁带来的好处；最后邀请县民宗局、苗学会、统战部等熟悉少数民族语言善于沟通的部门领导及工作人员多次前往参加宣传工作。

尽管如此，在2019年11月正式启动搬迁时的困难程度依然难以想象。工作人员去做工作时，有的躲进深山老林、闭门不见；有的倒在地上装病装死；有的拿着农药以死相逼；有的虽然已经到了领钥匙现场但借口上厕所跑掉。我们的干部不厌其烦地开导老百姓，吃住就在搬迁村社，白天黑夜地给他们宣讲政策。有时候为了见群众一面，我们凌晨4点就打着电筒、穿着雨靴、拄着拐杖到群众家，目标是做通一户搬一户。

为了尽快打开搬迁的局面，拖脚村脱贫攻坚指挥部决定组织干部、车辆协助群众搬迁，让愿意搬的先搬，让他们感受到搬迁的好处，以后再回来宣传。近2个月的时间里，村干部、驻村工作队一直忙碌在易迁群众的家中，帮助他们选房、买家具、打扫卫生等，用真心换真情。渐渐地，部分意愿动摇的群众也加入搬迁的队伍中，最终全部搬迁入住安置点新家。

“以前老房子在山顶上，出入全是毛路，交通非常不方便，遇着雨天都没办法出门，家里乱麻麻的，现在搬到这易地搬迁点，住上楼房，和城里人一样，非常安逸！”拖脚村新寨社搬迁户李华光高兴地说。该同志是苗族同胞，新寨社的社长，同时又是一名老党员，非常支持搬迁工作。刚刚启动搬迁时，他就第一个搬出苗寨，他认为苗族同胞就该走出大山，接受新鲜的事物，接受更好的教育，这样才能更好地发展他们的民族。我在安置点见到他时，他穿着红色的马褂，提着公文包正准备去协助刚刚搬来的群众。据他说，他现在是一名社区志愿者，负责与那些刚刚搬来还不清楚城市生活的群众对接。他每天穿梭在安置点各栋房子之间，教他们怎么接通水电、怎么锁门、外出怎么坐车、有困难找谁等生活常识，让他们尽快适应新环境。

“夏书记，今天我家搬家，邀请你们来我家做客，一定要来哦。”大清早，我就接到了祝坪组易迁户陈国美的电话。此户是第一个邀请我们去家里做客的易迁户，于是我和督导员、挂村领导一同前往。一进门她就拉着我们介绍她的新房，一套5人户的房子，有4个卧室，1个厨房，1个卫生间。厨房里贴着明亮的瓷砖，干净的灶台上摆放着崭新的厨具，正煮着热气腾腾的饭菜；3个卧室放着干净、整洁的床铺，还有1个卧室准备改造成书房；客厅里摆放着新购的电视、沙发、烤火炉。据她介绍，她在安置点学校里找到一个打扫卫生的工作，儿子、儿媳妇在县城也找到了稳定的工作，早上把孙子送到安置点的学校读书，非常近；楼下有超市、社区有医院，非常方便。以前在家带着孙子种庄稼，放不开手脚找钱，现在政府帮助解决了困难，日子过得更好了。吃饭时，她端着酒杯向我们说道：“感谢你们、感谢共产党，让我住进了这么好的房子。共产党太好了！没有让我花一分钱就住进来，还给钱给我们买家具，从来没有想过能搬进县城。”从我们进门起，她脸上就一直挂着笑容，虽然没有华丽的语言，但我们知道她是真高兴，真感恩。此后，陆陆续续有很多易迁户邀请我们到家里做客。

为确保搬迁群众就业有渠道、产业有支撑、收入有保障，掩脚村掩脚攻坚指挥部打出几套“组合拳”，真正让易迁群众“搬到出、稳得住、能致富”。一是民政救助，帮助他们申请临时困难救助，及时将农村低保转为城市低保，短期内解决他们的生活问题；二是技能培训，主动联系迁入地，围绕迁入地产业基地和扶贫车间建设，有针对性地开展技能培训，让每名劳动力都至少掌握一项技能，保障搬迁群众每户至少一人迁入即能就地就近就业；三是推荐就业，让劳动力信息员将务工岗位及信息推荐给有意愿外出的易迁户，有序组织他们包车、乘车到广东、深圳、东莞等地务工；四是盘活“三块地”，对搬迁户“三块地”进行确权，赋予相应承包经营权，确保搬迁群众按照政策享受的土地、林地等惠利政策不变，通过村集体公司的发展，前期已在部分整体搬迁的村组发展2000余亩方竹，即将产生收益。

安居才能乐业。易地搬迁是最有效、最快捷改变困难群众生产生活现状的途径。我们的扶贫干部大力弘扬新时代愚公精神，坚持以“搬不动山就搬人”的政治担当和“不把扶贫当负担、誓把扶贫当机遇”的历史责任，下定“搬出大山、斩断穷根”的信心和决心，千方百计为易迁群众考虑，使他们过上安居乐业的生活，为我市决胜脱贫攻坚续接乡村振兴奠定了良好基础。

（作者系昭通市动物卫生监督所高级兽医师，时任派驻彝良县角奎镇拖脚村驻村扶贫第一书记）

挪窝出深山

李　壮

俗话说“靠山吃山，靠水吃水”，这是祖祖辈辈认为应该遵循的规矩。然而，由于发展的不平衡和不充分，这一“祖训”却不一定再适用。贫困群众因山而穷，发展无路，无力脱贫。“山穷”现象已经让我们认识到只有出深山，才能持续再发展，于是“易地搬迁”承担起了这一重要任务。

在彝良县角奎镇一个叫马窑村的地方，1800余米海拔的山上，住着一群“因山而穷”的贫困群众，他们生活的地方，交通不畅，晴通雨阻；主要种植洋芋、苞谷，喂一两头猪到年底宰了留着自己吃；外出务工的年轻劳动力少之又少，2018年以前人均纯收不足1000元。地处深山，基础设施建设无力，产业发展无招，群众脱贫无望，群众脱贫如漫漫长夜。“易地搬迁”点亮了黑夜，给脱贫带来了希望。

2018年3月25日，我来到马窑驻村的第16天，我像往常一样开始了入户走访，这一天的工作内容就是到磨刀社走访建档立卡贫困户。驱车行驶了半小时，又走了将近一个多小时的路程，我终于到了马窑村最贫困的高山区域。天上淅淅沥沥飘着小雨，映入眼帘的是一个宁静的村落。此时已接近中午，整个村落笼罩在薄雾中。我从社东北角的小学旧址沿路进社入户，道路泥泞不堪，泥水、牲口的粪便混在一起。在社里看了看，发现大部分都是土墙房，而且很多墙体裂缝多且大，给人一种随时会垮下来的错觉。更想不到的是，有农户甚至搭棚子住。在这些农户中，印象最为深刻的就是王忠祥家。7 个人挤在一间 6 平方米的棚子里，棚子里摆着两张床，衣服、被子在床上随处丢放。而其他大部分农户家的院子里牲口的粪便随处可见，部分人家屋里漆黑，即使开着灯也略显昏暗。走了一圈，给人的整体感觉就是：自然风景很好，基础设施太差，呈现出的景象是穷、脏、乱。

这个社 46 户农户都是建档立卡贫困户，周边的岩脚、潘口、石板社也一样，整个社的农户都是建档立卡贫困户。在接下来驻村的日子里，这一片区域频频留下了我的足迹，而我对这一片区域的情况也愈加熟悉。这里的小学生到要到隔壁村的小寨小学就读，每天凌晨 5 点就得起床，走两个多小时到学校。下午放学后再走两个多小时回来，风雨无阻。而一部分小孩因为路途太远，家长又无法做到每天接送而未入学。王春琴就是这一类小孩的缩影。2008 年出生的她，在我遇到她的时候还有几天就满 10 岁了，活泼可爱，很有礼貌。可就是这样一个天真烂漫的孩子，竟然因为父亲的观念落后，嫌弃上学的路太远，没有送她入学。在她家里，我看到了她用来练字的本子，本子上的一笔一画都是她对学习的追求，每一个字都是她对上学的期盼。

在 2018 年 4 月 12 日，我到高山片区查看魔芋种植情况的时候，看到一家农户正在办丧事。打听之下得知，磨刀社村民李剑友的母亲去世了。去世的原因让人痛心不已：在发病的时候，家里及时把病人送往医院，却因是在夜晚，道路难走，路上颠簸不已，将病人送到医院的时候错过了抢救期，一个 40 多岁的妇女因此失去了生命。在与农户交谈的过程中得知，唯一通往外面的土路还是几十年前老百姓自己集资投工投劳自行修建的，这些年虽有维修，却因为地处高山，时常阴雨，道路损坏严重。

在这里过日子靠的就是种洋芋、种苞谷、喂牛、喂猪、喂羊，温饱问题虽然解决了，但手头却没有了富余的钱，日子过得紧巴巴的。岩脚社的李光才家，一家 5 口人一年的收入不足 6000 元。1982 年出生的李光才和我说，他有体力，干活不含糊，但是在这山上，他只能种种洋芋、苞谷，喂两头牛，一年到头减去开支，手里基本没有钱。看着家里的老母亲，两个小孩，内心的忧愁化作了头上那一根根的白发。

人居环境差、适龄儿童接受义务教育困难、看病路途远、收入低等问题成了压在高山上居住的群众心口的石头，“走出深山、挪出穷窝”成了他们脱贫的途径，易地搬迁政策如及时雨般给他们带来了希望。经过召开群众会征得群众同意，高山区域划入了整社搬迁范围，但是搬迁迎来了必不可少的困难——老年人不愿意搬。在脱贫攻坚这场战役中，困难在所难免，而我们则要迎难而上。

在与荞山乡一山之隔的马窑村石板社，入社道路边上的半山腰上有一间倍显孤独的小土房，那里是一个老人、一个中年人与一条看家犬的家。

老人叫马凤英，70 多岁了，就她与儿子相依为命，儿子时常在外务工，平时就她一个人在家，陪伴她的是家里的那条狗。走进她家，不到 3 平方米的房子里只放得下一张床和一些农具与衣物，而她的“厨房”就是在门前搭的小棚子里，棚子里只有一个简易的灶和锅，甚是简陋。而就是这样的生活环境，老人依然不愿意搬迁。一方面是在这个地方生活了多年，恋土情结深；另一方面怕搬迁了之后土地被收回去，她儿子以后没了生活的依靠。为此，我与村委副书记时常到她家，一是看她是否有什么需要，并交代社长时常到她家看看，帮她处理一些类似于购买灯泡、更换灯泡的小事和看看她的健康情况；二是给她做思想工作。

第一次到她家的时候，老人显得有点孤僻，不愿多说话，不管我们说什么都只给回了一句：“我不搬。”后来，我改变了策略，再到她家的时候不提搬迁的事，只是拉拉家常，问问她平时做点啥、想不想儿子之类的话。通过交谈，我知道她想念儿子，自己身体也不好，希望儿子能在身边照顾她。后来我们逐渐熟络了，老人也愿意有人陪她说话，我便趁机向老人宣传了政策，并告诉老人，政府在发界安置点修了房子分给她家。搬下去之后，生活方便，水电有保障，她儿子还可以就近务工，能够在家照顾她，不用像现在她儿子回家后还要到别人家里借宿。老人没有再说“不搬”之类的话了，而是转问我以后土地会怎么处理？我知道，老人动容了，便趁热打铁，告诉她土地还是她家的，她家可以把土地流转给别人，也可以退耕还林。后来，我又通过与她儿子联系，让他做老人的工作。经过努力，老人最后还是同意搬迁了，而且积极性非常高。

还有很多类似的情况，我们根据每家每户的实际情况从不同角度入手做思想工作。比如便于让儿子回来陪伴；便于小孩接受教育、获得长远发展；家中有病人的便于接受治疗，等等。经过不懈努力，2019 年 11 月，高山区域的贫困群众逐步搬入了彝良县发界安置点，开启了他们新的生活。

搬入安置点后，他们的生活较之从前发生了明显的变化。一家 7 口住在窝棚里的王忠祥有了一间属于自己的不漏风、不漏雨的房子，不再惧怕风雨天气、不再害怕冬天的到来。他在安置点周边找了一份活干，他的女儿王春琴、儿子王春军上学也方便了。王忠祥有些腼腆地和我说："如果不是共产党和政府的好政策，还有书记你们的帮助，我这辈子也住不上像这样的好房子。我家的娃也不可能有书读，以后还是穷。现在不一样了，搬下来了以后，我也想通了，只要自己肯努力，以后的日子会越来越好的。"

再次见到李光才的时候，他愁眉苦脸的模样早已不见，取而代之的是红光满面，恢复了 30 多岁的人应该有的活力。他告诉我，从山上搬下来之后，感觉自己的世界一下子就变得敞亮了起来，自己白天出去干活，晚上吃过晚饭后一家人到夜市里走走，道路干净，路灯亮堂堂的。夜市里有卖吃的、玩的等等，以前在山上，天一黑外面就是黑漆漆的一片，就只有睡觉，生活单调，而如今这种日子以前他从来没有想过。

盼儿回家照顾自己的马凤英老人自从搬入安置点后，家里的地都种上了方竹，儿子就近找了活干，没有再外出务工，每天都能见到儿子的她变得开朗起来了，人也精神多了。每一次我到安置点都会去她家走访，而她都会拉着我说上半天的话，而且她家的厨房里肉、蔬菜也时常备着。较之从前，天地之别。

无论是王忠祥还是马凤英，他们仅仅是马窑村174户763人搬迁对象的一个缩影。搬出大山，挪出了穷窝，告别了夏与蚊虫共眠，冬与寒风共寝的日子。

（作者时任昭通市农机安全监理所派驻彝良县角奎镇马窑村驻村扶贫工作队第一书记）

搬出新生活

曾文钢

易地扶贫搬迁政策是政府为了解决“六类地区”群众的生产生活问题，让不适合居住的群众有一个安稳的生活环境而提出的一项民生政策。而我与半边街易地扶贫搬迁之间因此有了一段故事。

2019 年 3 月，根据组织的安排，我来到了彝良县角奎镇半边街村担任驻村工作队队长、第一书记，而我的易迁扶贫工作也从这开始。

我包保的是半边街村苗寨村民小组，在所有的易迁对象中，留给我印象最深刻的是龙发全家和陈远冲家。龙发全家只有三个人，龙发全是老大，有个弟弟龙发财和患病的母亲罗正会。龙发全 17 岁，弟弟龙发财 15 岁，两个都在发达中学就读。

第一次进到他家的时候，映入我眼帘的是一张破旧的桌子和一张盖着床单的旧沙发，还有几张小板凳，堂屋里有点昏暗，给人一种压抑感。而看到罗正会时，我看着面前这位母亲，风霜在她脸上留下了深刻的印记，比一般农村妇女还要粗糙的手，足以体现出作为单身母亲带着两个孩子读书所吃的苦。在与罗正会交谈时得知，她丈夫去世后，她一个人挑起了养育孩子的重担。家里只有三亩多的耕地，而自己由于身体不好，平时种点地，或者在周边找一些自己能干的活挣点钱补贴家用。我在屋内与罗正会聊天时，龙发全正在院子里扫地，我想和他谈谈，但他有点怕生，一直不敢看我和说话，我问一句他才会回答一句。这与我印象中十几岁的少年的形象完全不符，本该活力四射的年纪，却变得沉默寡言。看着破旧的房子，我内心五味杂陈……罗正会和我说，她家的条件供两个孩子上学已经很勉强了，修房子是不可能修得起的，还好政府给了她家易地扶贫搬迁名额。

陈远冲家也只有三个人，陈远冲 36 岁，自己带着两个孩子，一个 8 岁一个 3 岁，家里的收入靠陈远冲一个人务工。我看着他家，房屋略显破旧，屋内脏乱不堪，大女儿陈顺钥趴在一张堆满衣物的沙发上写作业，小女儿陈顺兰则是抱着一个洋芋在啃着，头发乱糟糟的，脸上还有几道黑乎乎的印子，衣服上的污渍十分显眼。

他和我说，自己带着两个小孩，家里条件也差，地又少，仅仅靠种地难以维持生活，务工也不能去得太远。特别是小女儿才 3 岁，平日里出去干活时请别人帮带，没去干活就自己带。陈远冲说到，这几年的政府政策好了，对他家也很关心，他家也有一个易地搬迁的名额。

2019 年 12 月，发界安置点已经达到了入住的条件，而易地搬迁对象也要在这个月搬入新居。

龙发全家和陈远冲家搬家的时候我带着驻村队员、村委干部去帮了忙。他们的积极性非常高，罗正会很高兴，在搬东西时几乎是笑得嘴都合不上了。她激动地说："感谢党和政府，感谢你们，不然我家还没有条件住上好房子的。"陈远冲也显得有些激动，他说："我家三个人的房子面积虽然不是很大，没有老房子大，但是里头一开灯就亮堂堂的，我家女儿写作业都好写点了。"不过他们还是有些担心，那就是易迁之后老房子要拆掉，土地的处理和种植的花椒的管护问题。我把他们叫到一边，再次向他们重申了易地扶贫搬迁政策，土地承包权还是他们的，土地不会被收回来，他们可以将土地进行流转；至于种的花椒他们可以托亲戚照管，遇到的问题会有很多，但是解决问题的办法也不会少。我的话就像是给他们吃了颗定心丸，明显感觉到他们都松了一口气。

2020 年年初，我到发界安置点入户时，特意到龙发全和陈远冲家看了看。两室一厅一厨一卫，还有生活阳台，罗正会告诉我，自从搬到安置点后，她的身体都感觉比以前好多了，每天吃完饭还可以在楼下散散步，和其他村搬来的人摆摆龙门阵。生活上她的顾虑也被打消了，因为两个小孩享受着低保，义务教育又不用交学费，低保的金额足够他们在学校的开支。她自己还被聘用为保洁员，一个月打扫卫生就有工资收入。家里的土地流转了，种的马铃薯也请亲戚帮照管了，感觉自己从来没有这么轻松过。

在陈远冲的家里，看着新买的桌子、沙发，他笑着说："我搬下来后生活变得好多了，房子是新的、家具也是新的，两个房间，我自己睡一间，两个娃睡一间，够了。"他还说，他搬下来后，将3岁的女儿送到了幼儿园，自己在附近找了一份活干，现在每天下班回家给小孩做了饭，带着小孩在小区里走走转转，比在老家的时候安逸多了。陈顺兰也被收拾得干干净净，梳着两只小辫子，一身淡粉色的裙子，显得愈加活泼可爱。

其实不管是龙发全家还是陈远冲家，他们只是万千易地扶贫搬迁对象中的一员而已，但他们从破旧的房子搬到新房里，从人居环境恶劣的老家搬到干净整洁的安置点，生活都有了很大的变化。他们逐渐接受了这种生活方式，告别过去，迎接新生活，他们是所有易迁对象的一个缩影。

自从担任半边街村的工作队队长、第一书记以来，易地扶贫搬迁工作里有苦有甜，苦的是群众的不理解，甜的是我们的付出最终得到了群众的认可。

苗寨社徐朝书家共有6口人，享受易迁政策对象也是6口人。可是因为徐朝书的弟弟徐超松还未成婚，以后弟弟结婚后房子不够住，而且母亲是分给弟弟赡养的，于是徐朝书认为他家应该可以有两个名额。为此，我们多次上门给他讲解政策，因为他的父母和弟弟是6口人实际居住在一起的，生活上属于共同开支。根据建档立卡户评定标准，他家属于整户进卡，享受的政策只能按一户计算。开始的时候他还是有想法，甚至以此作为不搬迁的理由，后来看到我们对人口比他家多，情况与他家类似的农户也是严格执行政策的时候，他选择了相信。后来，他家分到了150平方米的大房子，五个卧室，他看到新房时，打消了顾虑。五个卧室都挺大的，他家6口人完全可以住得下，即使是弟弟娶了媳妇，也能够完全住得下。在安置点的新房子里，徐朝书显得很不好意思，他说："曾书记，以前你们宣传政策的时候，我不了解政策，总认为你们是在骗我的，对你们的态度不好，现在搬到这么宽敞的新房里，我也想通了，你们是为了我们好，费心费力地帮助我们，我感谢你们！"

徐朝书的一番话让我的内心变得暖洋洋的，是啊，在前期的工作中，我们宣传时只有白纸黑字的政策，却没有让群众看到实物，所谓"耳听为虚，眼见为实"，他们对我们有所怀疑这是正常的。但是，只要我们严格执行政策，总有一天会得到群众的理解，我们付出的汗水也会有所回报，那就是搬到新地点，搬出新生活……

（作者时任昭通市农业综合执法支队彝良县角奎镇半边街村驻村扶贫工作队第一书记）

搬迁后的生活

彭吉垒

拖脚村共有搬迁群众277户，集中在了边、远、穷、难、艰区域。山高坡陡，地理位置偏远，基础设施滞后，缺乏稳定持续的增收产业。通过易地搬迁，极大改善了群众的住房、交通、电力、网络、饮水等基础设施条件和生活条件，学生教育、看病就医、进城务工等都方便了许多，业余生活也丰富了起来。下面我以几个家庭为例，记录这个过程。

第一次走访王顺秀家的时候是2018年的3月。一家五口人挤在不到60平方米的土房里，家里没有一件像样的家具。丈夫李公全双腿残疾，不能外出挣钱，还需要人照顾。儿媳妇不堪家庭的重负，在2014年离家出走，留下了两个还在读小学的孩子。儿子李少武只读过两年小学没什么文化，一直在家里干农活，每天重复着面朝黄土背朝天的生活，由于土地贫瘠、作物单一，一年到头也挣不了几个钱。两个孙子因为太小还不能住校，只能由王顺秀带着每天早上6点半从家里出发走上一个小时的路程去学校，放学后又走上一个小时回家。

2019年12月，王顺秀一家五人搬进了新房，按她的说法，从来没想过有一天会住进这样好的房子里，比老房子宽敞、结实、干净，出门也方便多了，外面下大雨家里也不用下小雨了。从这个学期开始，两个孙子读书也不用走一个小时的路程了，只需要10分钟就走到旁边的小学。经过职业培训，李少武坐着政府组织的专车去了东莞务工，在厂里一个月能挣上 3600 元，收入比在老家高多了。到了晚上，小区广场有跳舞、唱歌等各种活动，这里便成了王顺秀老两口晚饭后的好去处。

同村的陈元晋一家 4 口也开启了自己的新生活。35 岁的他从出生到现在一直住在从父亲那里接过来的老土墙房子里，并在这里面完成了结婚、生娃。虽然也没耽误啥，但住得却很烦心，因为房子太旧，所以每年都要爬到房顶进行翻修，不然遇到天下大雨，满屋子都在漏水，根本睡不了安稳觉。其实他老早就想修新房的，奈何自家门口的土路距离村公路太远，加上路面坑坑洼洼，导致建筑材料运输成本太高，一块砖比村公路边建房多出好几毛的成本，房子修起来要多出好几万元的成本。家里经济条件又不够宽裕，所以迟迟没有修起来。“现在好多了，政府帮我们搬出了大山，自己一分钱也没出，搬进城里住进了楼房，外面下大雨再也不用担心了。”陈元晋这样说着。

另一户张兴科说道：“搬到这边来，现在出门挣钱方便多了。”因为地处高山，坡面陡峭，土层又薄，老家地里根本种不出什么像样点的农作物，一家的生活来源主要靠张兴科进县城打工。上班地点规定 8 点到岗，为了不迟到就要 6 点起床，急急忙忙弄点吃的紧接着就要出发。遇到天上下雨的时候路途就变得不安全了，路面坑坑洼洼、又陡又滑，骑摩托必须小心又小心，不过还是摔倒过好几次并住进了医院。“现在搬到了发界，自己骑摩托上班走的都是水泥路，比老家的土路安全多了，并且 10 多分钟就到上班地点了。”说着他开心地笑了起来，“还有平时买东西，像买米买油什么的，在老家的时候一个月至少买一次，一大堆的生活用品靠自己一辆摩托车从县城拉到家里还是够呛。而现在住的小区楼下就有便民超市，下楼几分钟就可以买回来了。并且在这里看病也很方便，以前两个小孩到了冬天经常感冒，送去村卫生室看病要花一个多小时。现在小区里就有卫生室，走不了几步就到了，而且这里的医疗条件也比村上好。”

搬进新家的王吉刚也说：“在老家的时候，每逢下雨，水就变得很混浊，要沉淀好几个小时才勉强能用。到了冬春雨水少的季节，水源经常枯竭，只有人背马驮去几十公里外借水。搬到这里后，用水就没怎么断过，水质也比较好。另一方面就是手机信号得到了很大的改善。在老家的时候，手机信号特别差，接打电话要跑到屋外找信号，而且电话里老是听不清，现在小区里面的信号要好得多，不仅接打电话很畅通，跟远处的亲朋好友视频聊天也很方便。”

（作者系昭通市土壤肥料工作站派驻彝良县角奎镇拖脚村驻村扶贫工作队队员）

你也能有个安稳的“家”

——记发达村易地扶贫搬迁

刘元剑

2019年12月，随着熙熙攘攘的人群挤入各种类型的车辆，从大山深处缓慢驶向彝良发界安置点，发达村240户1080人正式开启了贫困人口“搬离大山、进城上楼”的易地扶贫搬迁新征程。易迁工作是一件了不起的工作，为的就是给贫困人口一个安稳的家。

易地搬迁，迫不得已

发达村委会隶属于彝良县角奎镇，距角奎镇人民政府所在地14公里，土地面积28.97平方公里，全村辖39个村民小组；现有常住人口2336户8306人，2019年年底全村有建档立卡对象788户3427人，贫困人口占全村常住人口的41.26%。发达村境内最高海拔1950米、最低海拔800米，年平均气温16.2℃，年降水量800毫米；全村有耕地18964.8亩（确权面积），有林地20237.5亩（其中经济林果1055亩），荒山荒坡面积3642.7亩，耕地有效灌溉面积仅为375.6亩，有效灌溉率只有4.3%。村民65%以上的经济收入来源主要依靠外出务工。

沟壑纵横、“五匹梁子一条河”是发达村地形地貌的真实写照。村内沟深坡陡、边远高寒、阴雨寡照、地质灾害频发和水土流失严重等自然缺陷难以满足部分山区群众日常生产生活需要，很多区域都不具备基本的生活和发展条件，也造成了发达村高贫困发出率的原因。全村仅建档立卡户因交通条件落后致贫的就有405户1769人，占比51.62%。易地搬迁可谓“迫不得已”。

潘怀忠，发达村大坪组村民，一个三口之家。住在1800余米海拔的冷凉山区，距离彝海主公路近7公里，可以种植地膜玉米、马铃薯、苦荞，可以散养猪、牛、羊。潘怀忠因患有家族遗传性肝炎而丧失劳动力。从2018年至2019年10月先后到四川华西医院、昆明医科大学第二附属医院治疗了五次。除去统筹支付、大病理赔、医疗救助、兜底保障等，自付费用达3.5万余元。因老家房屋破旧无法居住，就连角奎镇下达的危房重建指标也无力享用，一家人只能依靠妻子左永倩在彝良县城打工维持房租、基本生活和潘怀忠高昂的治疗费及药费。收入单一、收益低下不足以支撑全家人的开销，搬到彝良发界安置点有一个安稳的家成了他们梦寐以求的大事。

刘余林，发达村田坝组村民，家里共五人：老父亲、夫妻俩和两个孩子。父亲年迈、妻子多病、两个孩子都在昆明理工大学上学，家中收入只能依靠他在彝良县城周边打工。2019年3月至5月，父亲和妻子相继去世，原就拮据的家庭雪上加霜。2019年5月，在驻村扶贫队员入户走访中，当问及为什么要选择易地搬迁？刘余林回答道：“现在修房子砂石料拉到我家上面，光成本就要200来块一方，钢筋水泥价格都在上涨，我家到社公路还有280来米未通，二次搬运过来一吨还要50块，再加上修建工钱，靠自家修房子五年之内是办不到的。现在国家有易地扶贫搬迁的政策真的是太好了，不仅可以解决我家的安全住房问题，也方便我在彝良打工挣钱供小孩读书和还账。”

这种边角低收入区域，搬迁成了他们的必然选择。而党和国家的扶贫政策为他们开辟了一条康庄大道，易地扶贫搬迁已然是建档立卡贫困户享受扶贫政策的最大利好。

异地安置，脱贫为要

发达村共有易地搬迁对象240户1080人，占全村常住农业人口的13%、占全村建档立卡贫困户人口的31.5%，是彝良县角奎镇第二大搬迁村。截至2019年12月下旬，搬彝良发界安置点的238户1071人已搬迁入住；截至2020年3月中旬，搬迁鲁甸卯家湾安置点的2户9人已搬迁入住。

搬迁工作得以有效推进，除了得益于发达村脱贫攻坚指挥部成立搬迁工作小组，健全搬迁工作联络机制，落实了网格责任外，还在于落实了工作要点。

一是抓入住暖民心。如何改变贫困户安土重迁的守土思想，让他们自愿搬入、满意住下是第一步。发达村脱贫攻坚指挥部从民心上下功夫，实现搬迁过程零矛盾、贫困户全入住。针对全村240户易地扶贫搬迁户，逐户上门了解情况，进行“一对一”贴心服务，定期进行家庭回访、解决搬迁户的后顾之忧。由角奎镇财政出资每户3000元，对易迁户安置房内床、桌椅、沙发、电器等生活设施进行统一帮扶，搬迁户实现“拎包入住”。

二是稳生活、促就业、保障能致富。搬迁入住仅仅是搬迁工作的第一步，如何解决搬后稳定脱贫和有序融入是工作的重点和难点。发达村脱贫攻坚指挥部抓后续帮扶斩断穷根，从产业、就业、政策保障方面开展后续帮扶。在产业帮扶方面，结合发达村自然地理气候环境，主要发展花椒（青花椒、贡椒）和方竹。截至2020年3月，发达村易地搬迁户种植青花椒620亩、贡椒135亩、方竹965亩。在就业帮扶方面，宣传务工岗位、完善务工渠道。通过彝良县政府组织免费专列和大巴集中向浙江嘉兴、广东东莞等区域输送务工人员，截至2020年4月20日，发达村易地搬迁劳动力外出务工人数达到392人、在彝良发界安置点周边就业人数达157人，发达村易地搬迁劳动力就业率达到85.3%。在政策保障方面，对发达村易地搬迁对象符合享受低保的实行应保尽保，截至2020年5月，发达村易地搬迁人口享受低保人数达284人。

久久为功，发展为旨

发达村脱贫攻坚指挥部带着深厚感情和历史使命，以迁出地“后家人”的责任心，以更加精准务实的态度和认真扎实的作风，确保如期全面完成脱贫攻坚成效巩固，承接乡村振兴战略的实施。一是加强系统谋划。结合“十四五”规划编制，制定后续扶持政策措施，全面推进脱贫与乡村振兴有效衔接。二是加强动态监测。及时准确掌握脱贫举措落实和贫困家庭收入变化等情况，采取针对性措施，巩固脱贫成果。三是加强产业发展。大力发展特色种植养殖和乡村旅游等产业，加大就业促进力度，推行资产收益扶贫。困人口搬迁安置到优越地区，通过优化处置“三块地”、调整经济结构和拓展增收渠道，能快速有效改善安置人群的生产生活条件、帮助搬迁人口逐步脱贫致富。

总之，一切为了能有一个安稳的家，住得更安心、过得更舒心、变得更有信心。

（作者时任昭通市农业科学院彝良县角奎镇发达村驻村扶贫工作队第一书记）

搬出深山才能过上好日子

杨健康

杉林村位于彝良县城（角奎镇）东南方，距县城29.8公里，是角奎镇管辖最远的行政村，辖24个村民小组，土地面积25平方公里，有耕地12033亩，林地7400亩，荒山9800亩，裸岩4200亩。这里基础设施落后，产业基础薄弱，是低纬度高海拔特困山区。在这片贫瘠的土地上居住着汉、彝、苗、水4个民族。2014年末常住户籍人口927户3983人，其中农村人口3983人。有建档立卡贫困户608户2546人，其中，2018年末已脱贫185户867人，未脱贫户423户（含8户返贫户36人）1697人，贫困发生率42.15%。贫困面广、贫困程度深，脱贫压力大，在角奎镇排第4位。

该村地势东南高，西北低。东南边与奎香乡接壤，一条从雨龙山上流淌下来的河流流经整个杉林村，沿着河谷把杉林村分隔成“V”字形的东西两面山。海拔1200米的坡脚至1700多米的山上均有农户居住，大多数苗族群众居住生活在偏远高寒山区。

杉林村属于深度贫困村，贫困原因有：一是种植业以分散经营为主，无产业带动，缺乏增收后劲。耕地大部分是坡地，无灌溉条件，农业生产仍处于靠天吃饭的境地，产业发展严重滞后。二是养殖业以分散养殖为主，各自为政，缺乏企业或大型养殖专业合作社的组织带动。本地黄牛、土鸡有待开发，生猪养殖大部分以自食为主，收入占比低。三是基础设施薄弱，交通、电力、水利等公共服务设施建设和成本高，生活环境恶劣。

杉林村总支书记彭方华在杉林村工作了 30 多年，对该村的基本情况、致贫原因、发展瓶颈了如指掌。在易地扶贫搬迁中与农户签订“一申请三协议”，至 2019 年 3 月底全村锁定易地搬迁户 128 户，其中 3 户为随迁户，共计 582 人。

通过多次、深入细致的政策宣传，131 户易迁群众在 2019 年年底全部搬迁入住，有了自己的新家，开始融入城镇生活，变成了名副其实的城镇居民。伴随着 2020 年春节的来临，部分农户在新家度过了一个有纪念意义的春节。

2020 年 6 月，易迁群众搬迁入住新居已经半年。我在驻村期间下社收集、了解了一部分群众的情况。

寨上组张明华以前外出务工谈了个对象，有了个小孩，因家里穷女朋友弃他而去。搬迁到发界后在小区里干起炸洋芋卖的营生。

瓦厂组穆发英是杉林村瓦厂社社长，其夫黄启元常年外出务工，因有老人要赡养和一双儿女在县城读书，操持家务的重担就落在她的肩上。由于孩子读书每星期都要来回折腾，她家搬迁比较积极。自搬迁至发界后，不但现在孩子上学不用折腾，而且先后租门面开小饭馆、开小卖部。

梭落组彭国武最初他家没锁定为易迁户。去年 6 月在入户遍访中，彭国武的老伴敖德兴与我说他们家想搬迁，来村上申请，答复是搬迁名额已定。后来是通过退一补一获得指标。他家有两个儿子，大儿子是非卡户且已分家。小儿子与老人居住，未成家，是卡户，去年 8 月小儿子外出务工发生事故遇难后，两个老人搬迁至发界生活。

梭落组苟学文也是通过退一补一获得搬迁指标的。苟学文夫妇常年在外务工，长女读大专，儿子在县城读初中，该户家庭成员共 6 人（岳父母一起生活）。去年 6 月份下社遍访时两位老人对我说：“有指标嘛整一个分给我们家，两个外孙想搬得很。”

堡堡组吴付书为了三个孩子能在彝良县城读书，宁愿挖掉老家两层已装修好的房子也要搬迁。他说："房子是身外的，孩子读书才是长久的、值得的。房子可以再修，孩子的前程只有一次，我们就是吃了没文化的亏，再苦也不能苦了孩子，何况现在国家政策那么好。"

在坚守故土和走出大山之间，总有种种牵绊和不舍，但是，能搬出深山，融入城市生活就是为过上好日子迈出了坚实的一步。

（作者时任昭通市农业科学院派驻彝良县角奎镇杉林村督导员）

驻村往事

马殿立

我于2017年2月到昭阳区大寨子乡窝凼村担任驻村第一书记、工作队队长。2017年10月，按照市委的安排，我又转战到彝良县奎香乡松林村继续担任第一书记、工作队队长。2019年5月，我调回市委党校工作。

两年多的驻村工作，有很多心酸，有很多收获，回想起驻村工作的点点滴滴，一个个熟悉的面庞历历在目。老张家的电通了，老朱家的水通了，老刘家今年脱贫了……为了解决这些贫困户的实际困难，我常常夜不能寐，思前想后地找办法、出主意。经过大家团结一致的拼搏，2020年6月，松林村终于实现了脱贫出列。我既高兴又心酸，高兴的是松林村在大家的共同努力下，终于脱贫出列了；心酸的是，从中央到地方甚至到松林村一帮子基层干部“5+2”“白加黑”，没日没夜的奋斗着，换来了老百姓的脱贫出列。我作为一个回族干部，克服了诸多困难，为群众做过的点点小事历历在目。

雨龙山，海拔2200多米，常年小雨淅淅、雾蒙蒙。越野车难有用武之地，摩托车还更实用。如果遇到雨下得稍大一点，则村里面的人出不去，外面的人进不来。遇到急着要去处理的事情，只有把摩托车骑到半山腰的石城湾村民小组，然后换上大水鞋，步行40多分钟才能爬上雨龙山。道路问题严重困扰着雨龙山42户200多人的出行，识别建档立卡户时就有35户，贫困发生率高达83.3%。

居住在雨龙村民小组的张余香，一脸憨厚老实，也谈不出什么道理来，就知道自己很穷。40来岁的人，生活压力压得喘不过气来，当时看上去有说不出来的苦。上有80多岁的老母亲，媳妇多年外出务工未归家，下有4个孩子，其中一个男孩耳朵有一只失聪。

张余香除了媳妇常年外出务工外，一家6口人常年挤在一间破旧的土墙房里，家里没有什么值钱的东西。一张破旧的老木床，上面堆满了很多又脏又烂的行李，锅碗瓢盆满地都是。一口老式的回风炉里面烧的是柴草，火一熄灭，张余香爬下去鼓起劲地吹，脸吹得通红，满屋子又飘起来很多柴灰，张余香不好意思地说道："家里太穷了，连炭都买不起。"

脱贫攻坚好政策惠及包括张余香在内的千家万户贫困户，张余香家享受了4个低保，孩子读书的基本生活费是没有问题了。虽然一家人的生活开支勉强可以维持，可是住房问题难以解决，一遇到下雨天，天上下大雨，屋里下小雨，后墙都有一些被雨淋垮的痕迹。

2018年4月，上海新沪商对口帮扶奎香乡二期项目落户松林村大桥集中安置点，投资1500万元，解决60户无力修建房屋的贫困户住房问题。这么好的社会帮扶措施和办法，村干部和我们工作队感到解决群众住房的好法子来了，大家都松了一口气。按照先前的预案，我们先进行摸底调查，确定好报名的户数、人口等基本情况，再根据人口数来修建房屋的户型。

带着这个好消息和搬迁基本政策，我和包社干部李文昌同志骑上摩托车朝雨龙山赶去，召开群众大会，把这个好消息告诉大家。这时候大伙都议论开了，搬下山后，我们种地怎么办？养猪怎么办？老房子是不是要拆了？以后我们回来种地住在哪里？一系列的问题需要我们一一作答，也需要群众想明白并接受。对于意向性报名搬迁，我以为张余香会积极的。可是听大伙这么一说，他也打退堂鼓了。我叫住张余香，说道："张余香，你还不赶紧报名，这种好机会，你是还想在雨龙山？你看看你的房子，都烂成那个样子了，搬到大桥集中安置点去，你一分钱不出，你们家可以分到一栋125平方米的小别墅，为了娃娃读书方便，你就先报个名吧。"张余香说道："等我考虑几天嘛，看看如果有其他家搬，我就搬，若是其他的不搬，那么我也不搬。"当天召开群众会的时候，没有一户贫困户报名。

这下子我和村干部李文昌可真急了，本来以为一旦我们宣传这个好政策，肯定大伙都很乐意搬迁，可万万没有预料到这么个结果。那我们只有先回村上，另想办法了。

又过了几天，我搭乘李文昌的摩托车再上雨龙山，我们这次采取挨家挨户地做思想工作，重点人群是张余香这种无力建造新房，孩子又还小，急需搬到学校附近的贫困户。我们来到张余香家，采取软磨硬泡的办法，跟他讲述搬到大桥安置点的好处。比如，搬下去后，孩子上学就在村小学旁边；他的老母亲看病离卫生室也近，在附近打点零工也方便；以后他也可以回家种庄稼等诸多好处。可是他还是犹豫不定，想再观望观望，看看其他人家的动静。李文昌说道："余香，你看你，一个人带着几个娃娃，家庭负担也重，你老妈又经常生病。你再看看你这两间老土墙房，还被雨淋了到处破铜烂铁的，要是让你盖新房，你有能力盖得起吗？现在有这么好的机会，搬迁去的话，你们家有 7 口人，能够分到 125 平方米的独栋小洋房，算算也要 10 几万元才能买到。你不为你考虑，也该为你这几个娃娃考虑啊，让他们有个明亮一点的家。你是我包的片的最为贫困的户了，我是关心你，才这种跟你苦口婆心地说，你自己好好想想。"张余香说道："那好吧，我先报个名，但是不准挖我的老房子哦。"

2019 年 4 月 30 日，听着久久不能平静的鞭炮声，张余香随着大部队搬迁到了 A12 号新房，看着他脸上洋溢出的笑容，我问他："张大哥，咋个样，还满意吗？"他说道："满意、满意，非常满意，谢谢马队长。"

如今，张余香的大女儿在奎香中学上初中，另外 3 个孩子也转到了奎香中心校上小学。

（作者时任昭通市委党校办公室副主任，派驻彝良县奎香乡松林村第一书记、工作队队长）

走实群众路线　促进移民发展

凌聪桃

绥江县位于云南省昭通市北端，土地面积761平方公里，辖5个乡镇，总人口17万人。因向家坝水电站的建设需要，全县需整体搬迁县城和4个集镇，19个村民委员会，3个社区居民委员会，129个村民小组，107个居民小组，淹没国土总面积34.6平方公里，占库区淹没总面积95.79平方公里的36.1%。全县移民人口近6万人，占全库区的45.5%，云南岸的90%，占全县总人口的1/3；其中农业移民生产安置人口达28000余人，占全库区的50%以上、云南岸的94%。搬迁需要复建水、电、路、通信、教育、卫生等基础设施。

说到搬家，对于每一个家庭绝对是不易之事，更何况是5万多人的整体搬迁。县委县政府在经过充分调研后，把加快推进集镇建设，围绕顺民意、得民心、解民忧，走实群众路线，作为推进移民工作的基准点。对应困难找准突破口，制定解决措施，划定路线图，排出时间表，科学制订搬迁工作计划和方案，用心、用情、用力抓好各项工作的落实，确保在有限时间内把一项项规划变为现实，把一个个不可能变为可能。

要搬家，有房屋和设施才安心

群众要搬家，首先得有房屋和设施这是一个基本共识。“县城移民安置房建设时期，我们两三天不上工地，就可能因为建设需要改了临时便道而找不到路了。”当绥江县移民局的驾驶员辛顺雄回忆起集中建设非常时期建设推进速度时这样说道。可见，整个建设过程的艰难。在保证施工安全的情况下，建筑工地工作人员三班倒，机械不停歇。为了充分吸收民意、集中民智，全县公推直选了300多名移民代表和64名移民监督员，参与城市规划和户型设计讨论和工程建设、房屋分配和洁具、灯具、门窗采购等全过程。保证了每个工地都有移民驻守，每次会议都有移民参加，每个环节都有移民监督。

要搬迁，完善的移民配套政策最管用

为科学合理地制定移民搬迁配套政策，绥江县成立了相应的移民政策制定工作机构，结合绥江库区实际，多方开展调研，广泛征求群众意见，召开各类讨论会4000多场次。住房和门面的电脑摇号分配方案，分别经过群众110多次、80多次讨论修改才最终定稿。先后编制报批出台了移民安置房统建办法、门面和住房指标流转管理办法、建房困难补助办法、新县城政府统建移民安置房分房办法等40余个移民配套政策。结合各个时段移民工作重点编印分发《移民宣传手册》共12期30余万册，为移民安置工作的顺利实施提供了政策保障。

要搬家，群众认可才会动

“县城建设这么慢，这个家怎么搬哦。”“绥江一中建在哪个地块，不知道能不能完成建设，就怕耽误娃娃上学。”“房子都没建好，道路都怕还是土路。”……我们再次走进王国文位于近林街的家，王国文老人这样讲述搬迁前的心里疑问。

针对群众心中这些的疑问，一是落实“四个挂钩”机制。实行“处级领导联镇挂村包户，科级领导联村挂组包户，干部职工联组包户，党员直接挂钩群众”制度，科级以上干部每周驻村入户不少于 3 天，现场为群众解决实际困难问题，做到任务不完不出村、安置不好不脱钩。

二是强化“六个包保”责任。挂钩干部做到包移民政策宣传解答，保移民理解；包移民合理诉求收集，保问题协调解决；包移民纠纷化解，保社会稳定；包移民补偿补助资金计算到户，保不出差错；包困难户搬迁，保搬得出；包后续产业发展，保稳得住逐步能致富。

三是推行“三个公开”户牌。全县 3000 余名干部职工与 6 万移民群众结成对子、攀上“亲戚”，每户移民家门口都有挂钩帮户牌，挂钩帮户干部姓名、单位、电话“三个公开”，方便群众联系。

四是开展“三个真心”活动。第一，真心认亲朋。全县移民干部走出机关，主动融入群众，认长辈、认兄弟姐妹、认同学、认校友、认“家门”，到移民家中宣传政策、了解困难、收集诉求、解决问题，与移民群众叙亲情、结亲戚。最初移民群众并不领情，有抵触情绪，常常让挂钩干部吃“闭门羹”，甚至威胁和打骂。尽管如此，全县没有一位挂钩干部因此撂挑子，干部职工忍辱负重，不分昼夜登门拜访，到田间地头共同劳动，最终让群众解开了心结、消除了疑虑。第二，真心当参谋。凡事站在移民立场，凡事与移民商量，凡事为移民着想。与移民一起算账、一起选择安置方式、一起确定户型、一起申购住房门面等等，为移民群众出谋划策。第三，真心办实事。在县财政财力有限的情况下，实施“三个 100 万”救助工程，即县财政每年安排特困生活救助、特困生命救助和特困学生救助各 100 万元，用于解决特困群众的就医、就学、就业和生活困难，全县有 2000 余名移民群众得到了及时救助。

五是建立走访制度。全县移民干部经常走访移民群众，做到了逢年过节必访、红白喜事必访、生病住院必访、生活困难必访、预约相邀必访“五必访”，保证群众随时能听到干部的声音、见到干部的身影。

在主动入户做工作的同时，多形式、全方位开展政策宣传，动员群众。为让群众通过所看所听，充分认识搬迁于国于家的重大意义，充分理解各项移民政策，建设部门每月组织群众代表、人大代表、政协委员视察 1 次工程建设，移民群众可随时查看移民工程的进度和质量，让群众看得见城集镇建设的超常规速度和工程质量把控。通过宣传资料、专栏、广播、电视、短信相结合的方式广泛宣传移民政策，编发解读式、问题式、图说式的《移民政策宣传手册》。通过广播电视开办移民政策速递、移民迁建进行时、迁建话题面对面等栏目，由处级干部直播通报工作进展、解答群众疑问。设置巡回宣讲和定点咨询，开展巡回宣讲 280 余场次，设立临时服务点 150 个，覆盖到了每个村民小组。将移民工作搬上文艺舞台和制作专题片，组织文艺演出 60 多场次，《搬家》《奇迹源泉》等移民题材文艺节目和专题片深受群众欢迎。为打消部分群众搬迁存在不公平、不公正的顾虑，各乡镇人民政府以村民小组为单位，把所有移民政策执行结果“一榜公示、二榜复核、三榜确定”，及时公开信息，接受群众监督。在安置房分配工作中，凡是绥江籍的处级干部、移民局长、建设局长、乡镇党委书记、镇长和分管副镇长等领导干部的分房结果在公示中都特别标注，供大家监督对比，增加透明度，彻底打消群众顾虑，赢得群众的支持和信任。

搬迁过程中，绥江县委、县政府还以“硬抽人、抽硬人”的方式在全县范围内抽调精干工作人员，构建了维权服务、现场服务和后续服务三个服务平台，集中收集群众诉求，第一时间化解各类纠纷矛盾，解决群众搬迁前、搬迁中和搬迁后的困难和问题。通过实实在在的帮助，真真切切的关心和关怀，实现了移民群众思想从“要我搬家”到“我要搬家”有效转变。

王恩乾是老县城工农街居民，离异，有 4 个孩子，都是学龄学生，住房面积 50 平方米，日常生活开支靠低保金和王恩乾做环卫工每月 600 元的工资维持。针对困难移民家庭和重度残疾家庭的搬迁问题，绥江县委、县政府在严格执行政策的基础上，主动汇报、大胆研究一系列特殊政策，着力解决群众的实际困难，确保户户能搬迁、人人有房住。首先，保证群众选得到房。在制定原有房屋指标可以自行流转政策的基础上，合理给予选房面积调差指标和无房户选房指标的优惠政策，尽量让移民户都能选房。其次，保证群众购得起房。针对部分移民群众原土木、砖木结构等房屋难以置换砖混结构房屋的困难，出台了低结构住房重置困难补助办法，共帮助 3158 户低结构住房及困难移民户解决购房资金 12800 万元。最后，让群众住得好房。为了确保移民群众能在短时间迁入新居，修改完善《移民安置统建房建设装饰标准》，投入资金 3.4 亿元，实施灯具、洁具、厨具、门窗、地面找平等简单装修，平均为每套移民房节约装修费用 2 万余元。为顺利实施搬迁，保障向家坝水电站建设按计划推进建设赢得了时间，创造了条件。

以项目为依托，以培训为抓手，促进移民稳定就业发展。2016 年到 2020 年，共完成移民技能技术培训 5000 余人，已累计实现 80% 以上移民家庭至少有 1 人就业；兑现移民后期扶持直补资金 7716 余万元，用于移民的生产生活补助。“十三五”期间，积极争取移民后期扶持资金 14500 余万元，实施美丽家园、基础设施、公共事业、产业发展等项目 62 个，为改善项目区移民居住环境，丰富移民文化生活，促进项目区移民经济发展打下了坚实基础。

通过走实群众路线，绥江成功创造了 1 年完成 300 万平方米房建，2 个月完成 6 万移民搬迁、1 个月完成库底清理的“三大奇迹”，实现了移民事业持续稳定发展。

如今的绥江，从老县城的“老破旧”到新县城的“清美秀”。“2016年全国十佳生态文明城市”“2017年中国最美县城50强”“全国百佳深呼吸小城”“2017—2019周期国家卫生县城”“全国文明城市提名城市”以及省级文明、卫生、园林城市等一个个荣誉和金字招牌的背后，是凤凰涅槃般的重生。

（作者系绥江县水电移民服务中心工作人员）

履职尽责担使命　尽心竭力战脱贫

——昭阳区苏家院镇顺山村易地搬迁工作日记

张　琴

2019 年 12 月 19 日，星期四，雨夹雪，最低温度 0℃。寒风凛冽，雨雪纷飞，天气格外寒冷。

时间过得飞快，离 12 月 31 日脱贫攻坚问题清零目标越来越近，但李玉财易地搬迁后又返迁，现住在老家已拆除旧房废墟前临时搭建的窝棚里，既不能遮风，又不能避雨，严重违背国家扶贫政策。镇、村两级对此高度重视，我也把这个问题列入问题清单的第一号问题督办。截至昨天，我和村“两委”、驻村工作队已上门开展解释疏导工作长达 27 次，但依旧一无所获。

李玉财家住昭阳区苏家院镇顺山村马家务基 8 组，受思想观念、文化、性格等因素的影响，与人不易相处，村民公认他是一个“难缠的主”。在易地搬迁工作中，李玉财一会儿要大面积的，一会儿又要小面积的；一会儿要求重新分隔房间，一会儿又说喂不了猪、养不了牛……就是不愿去城里住。只要不突破政策红线，只要能够创造条件办到的，镇、村两级都想方设法满足他的诉求。通过前期的不懈努力，李玉财一户 6 口人搬入了昭阳区幸福馨居安置房，但万万没有想到，搬去不到 10 天就回来了。

今天，注定又是一个难忘而又煎熬的一天。我已记不清去李玉财家的路已来来回回走了多少次了。清晨 8 点，我和苏家院镇党委副书记、挂村领导赵佳媛带着镇派出所、综合执法大队、村“三委”、驻村工作队、挂包干部共计20余人冒着风雪踏着泥泞湿滑的道路赶到李玉财家，再次开展易地搬迁回迁户李玉财家的真搬实住工作。

到李玉财家后，一群人轮番做李玉财的工作，动之以情，晓之以理，看能不能达到效果。可是我们在场的工作人员都已经说道无话可说了，可李玉财就是听不进去，不搬不说，反倒骂起粗话和脏话来。看见拆除窝棚的挖掘机到了，李玉财干脆在窝棚里倒下，更是不理不睬。他老婆立即背上1岁多的孙子直接坐到挂包单位法院的车上去，还破口大骂工作人员。眼看这个事儿不好办了，两个老人，一个睡在窝棚里，一个坐在车里，死活不配合工作。我作为包保人员，看在眼里，急在心上。

时间已过下午3时，我已饥寒交迫、口干舌燥、筋疲力尽，感觉无能为力了，是不是只有同意大多数同志意见“强拆”？但上级反复强调“坚持把脱贫攻坚作为最大的政治任务，认真践行‘133’工作思路，精准扣好‘四粒扣子’”的精神又在我脑海中挥之不去。对，只有思想认同，才能工作认同。我把村支书叫到一边商量，如果按照以往的劝说方式怕是难以达到目的，必须打开僵局，换种方式、换个角度来解决问题。我和村支书把李玉财单独叫在一边，不再像往常一样过多给李玉财家讲那些大家都耳熟能详的政策，而是与他促膝谈心，拉家常、话理短，深入地交心谈心，但李玉财好像铁板一块，就是不松口。

既然反反复复做不通李玉财夫妻的工作，我们只能够从年轻人身上找希望。支书立刻派人找来其女婿和亲朋好友。李玉财女婿来后，通过反复问询才了解到李玉财内心是愿意搬迁的，他是舍不得已经半大不小的3头猪才回来的。听到这一信息反馈后，我喜出望外。大家一起做通李玉财女婿工作，由其代养，若出现什么损失由村上负责赔偿，并承诺李玉财在今后的生活中无论遇到什么困难，顺山村都是他的“后家”，将全力以赴帮助解决。

见担心的问题基本得到解决，李玉财才慢慢走出窝棚，并从车上叫下老婆，准备清理要带走的东西。这时已接近下午4时，在场的所有工作人员午饭都没有吃，个个饥肠辘辘，筋疲力尽。看见李玉财同意搬走，哪里还顾得上吃饭，大家一个劲赶紧帮忙搬出李玉财简易棚里的东西，立即找来车子帮助送到城里……此时此刻，所有人脸上露出了开心的笑容。

连续几天的苦战，超负荷的工作，特别是昨天和今天的恶劣天气和强大的工作压力，我这个柔弱的身体终于给累垮了，病倒了。但是我心里毫无任何的怨气和怨言，因为顺山的易地搬迁终于画上了一个圆满的句号。

驻村工作是无比艰辛和艰难的，其间有很多的委屈、无奈和无助，有很多辛酸和泪水，但我觉得是值得的。作为一名基层扶贫工作人员，我能参与到脱贫攻坚这场战役，能成为那小小的一块砖或螺丝钉，能够为顺山村的脱贫出列贡献自己的一份微薄之力，我心里感到无比的欣慰和自豪。

（作者时任昭通市水电移民办三级主任科员，原驻昭阳区苏家院镇顺山村脱贫摘帽督导员）

勤劳未必脱贫　易迁才有希望

陈文松

驻村扶贫之前，我一直坚信勤劳能致富，同时对易地搬迁能使群众脱贫持保留态度。可是自2018年11月我开始在盐津县滩头乡界牌村担任脱贫攻坚督导员以来，我的认识发生了变化，我对易迁能否实现脱贫不再有疑问。

勤劳未必脱贫

1961年出生的熊大贵，在第一轮土地承包时，还是一个20岁左右的小伙子，尚未成家立业。后来和李朝芬成家后，按照传统习惯弟兄分家，就仅有自己1个人的承包地。妻子李朝芬的承包地并不能带入新家，而是留在了娘家。夫妻俩分得了老人给的3间土墙房子，种着一个人的土地开始了新生活。

随着孩子的出生，全家人口最多时有7人。无论他们一家怎样努力劳作，一年全家人的收入就是3000多斤苞谷和1000多斤谷子，外加举全家之力上山割猪草养大的两头过年猪。现金收入来源于售卖这两头过年猪的猪脚、瘦肉部分。

他们也想外出打工，奈何夫妻二人没有读过书，加之身体还不太好，一人去打工家中就会连地都种不出来，只好作罢。生活艰难的时候，生病了都不敢去看。看到村里条件好的外出务工挣着钱的人家，或搬到街上，或到公路边买地修起了新房，或在村里建起了楼房，夫妻二人心里急呀。人家日子逐渐好，可自己家连安全住房都没有，影响了儿子娶媳妇。于是，2012 年夫妻俩东拼西凑了 1 万多元钱准备先打个地基，然后再慢慢建房。哪知投入 1 万多元刚打好的地基，一场大雨引发山洪就给冲走了。山洪冲走了地基，也冲走了熊大贵一家人的建房梦想。走访时谈起这段经历，李朝芬眼里还满是对被冲走地基的不舍和奋斗无果的不甘心。也许是为了让我相信他们一家的勤劳，李朝芬告诉我，没有条件打工，为了增加收入，他们还用 1200 元租种了其他人家一块地。她计算不了亩数，只告诉我能种 5 斤苞谷种。可是他们一家人没日没夜地劳作，始终只能保证吃穿。

2013 年精准识别时，熊大贵家年人均收入仅 1500 元，而且主要还是种养殖业收入，按照扶贫政策和程序被确定为建档立卡户。走访与熊大贵家条件类似的贫困户让我改变了认识：一方水土确实养不好一方人。在自然条件恶劣、家庭人口众多、缺乏现金收入的家庭，勤劳真的只能吃饱，不能脱贫，更不用说致富了！

易迁才有希望

滩头乡铜鼓寺易地搬迁安置项目占地 60 亩，投入 4200 多万元，对 184 户 742 人进行易迁安置，其中界牌村 20 户 89 人。该项目位于滩头集镇街背后，距离主街仅 1 公里，基本与滩头集镇融为一体，位置十分优越。厨房、卫生间、水、电、煤气完全与城市小区一样配建，距幼儿园、中小学校很近，让大山里的贫困群众一步跨入了城镇。

面对这样一个条件优越的易地搬迁安置点，山区群众一开始却并不积极。在界牌村，当村“两委”和扶贫工作队开始排查给符合易迁条件的贫困户做工作时，愿意搬迁的群众并不多，熊大贵一家是第一批固定搬迁意愿的三家人之一。当时群众议论担心的问题主要有：离开了祖祖辈辈生存的土地到安置点怎么生存？国家把承包地收回今后再无退路，万一在外发展不好咋办？甚至有的亲戚朋友专门劝说准备搬迁的人，反复讲“守着现在的土地无论怎样变化饭总是有吃的，你们迁出去政府将来不管你们了，你们在街上又不会做生意，要做也没有本钱，到时候老家回不了，不是只有饿饭吗？”还有许多上了年纪的人担心适应不了安置点的生活方式。许多人问我到安置点后没有猪圈、鸡圈，不用柴，没有菜地，不会电器，这些问题咋办？面对这些疑虑，部分愿意搬迁的家庭打了退堂鼓。部分家庭甚至通知领房子钥匙都还在犹豫，而熊大贵一家人成为唯一没有反复搬迁意愿的家庭。当我问李朝芬，面对周围这么多议论和其他人家的反复犹豫，为什么你们家的搬迁意愿一直稳定？李朝芬说：“我们觉得，党和政府动员我们搬迁，一定是为了我们贫困户好，其他的大道理我不懂，听党的话没有错。”听完李朝芬的话，作为脱贫攻坚督导员的我，内心被震动了。这就是“听党话，感党恩，跟党走”最朴实自然的流露。

2017 年，熊大贵一家如期在铜鼓寺易地搬迁安置点分得了 1 套市场价 20 多万元、120 平方米的安置房，彻底告别了山上的 3 间土墙房子，从根本上解决了困扰他们一家多年的安全住房问题。现在的熊大贵有时在扶贫基地务工，空闲了在街附近做零工。他说，现在机会比在山上多多了，只要人勤快，活是有干的，偶尔他甚至和乡亲们去四川宜宾打短工。李朝芬身体不是很好，在国家对建档立卡贫困户医疗政策的支持下，她去四川省宜宾第二人民医院治好了多年拖下来的顽疾，现在村上给她安排了公路保洁公益岗位，虽说只有几百元工资，但活也不累，完全能胜任。目前，熊大贵的大儿子在浙江打工，还谈了女友。两个小儿子在国家助学贷款和雨露计划等政策帮助下，一个在玉溪师范学院将于 2021 年毕业，一个在曲靖职业学院学汽修，2023年毕业。老家的土地流转一部分，退耕还林一部分。土地带来的资产收益，加上4人享受城市低保的金额，全家人的人均年收入从2013年的1500元增加到了2019年的7000元，真正脱了贫。当我在走访中提出一个问题，脱贫攻坚以来你们一家人觉得最大的改变是什么？熊大贵上大学的儿子熊邦勇说："易地搬迁给了我们一家人改变命运的机会，如果还在老家，我们很难有机会改变。"

（作者时任昭通市公安局交通警察支队纪委书记）

搬出来的幸福新生活

马　晶

昭阳区红路馨居是全市9个万人安置区之一，来自区内14个乡镇5305户22756名贫困群众（建档立卡户5086户21871人，同步搬迁户219户885人）从深山搬入“馨”居，变身“新市民”。如今，走进红路馨居，崭新的楼房鳞次栉比、笔直的道路干净整洁、路上的行人笑逐颜开，处处一派新景象。2019年8月，按照组织安排，我被抽调到昭通市搬迁安置局工作，以下是我在易地扶贫搬迁工作中的所见所闻。

山里人变城里人

“如果没有易地扶贫搬迁好政策，没有帮扶干部的细致宣传、耐心讲解政策，我现在也许还在大山深处徘徊，进城生活至今恐怕还是一个梦。”谈及搬迁的感受，老林满是感慨。老林本名林邦正，一家8口人，搬迁到红路馨居前，居住在昭阳区炎山镇屋角村。老家交通不便、气候恶劣、土地贫瘠，终年雾雨绵绵，常年靠天吃饭。妻子患有心脏病，2016年做了一次大手术后，不仅不能干重活且要终身服药。女儿在四川读着研究生，医疗费和学费的重担全压在自己和一个在外打工的儿子身上，一家人的生活过得异常艰辛。看着眼前破旧的房屋，建新房的事老林压根不敢想。2014 年老林家纳为建档立卡贫困户，2019 年享受易地扶贫搬迁政策搬进昭阳区红路馨居，昔日的安居梦终于实现了。搬来后，妻子李芬亮申请了公益性岗位，每个月有 500 元的补贴，药费基本够了。李芬亮为人积极乐观，她说哪怕生活艰难，但政府给了我们这个安心的家，只要自己能做的事就尽力去做。空余时间她编织鞋子、鞋垫之类的以增加家庭收入。一家人的日子越过越好，林邦正那颗悬着的心终于在红路馨居安定了下来。

来自田坝乡水屯村 23 组的杨文平，于 2019 年 10 月 20 日搬迁到红路馨居。搬迁当天，他激动地说道："就是做梦也没想到，一个山区农民还能住进城里的电梯房。进城住进小区房，是祖祖辈辈的愿望，现在一家 4 口人告别了大山，过上城里人的生活。"

求学路不再漫长

昭通"冰花男孩"照片，曾让无数网友感到动容，而这位头顶冰花、满脸通红、衣衫单薄的小男孩，不过是昭通大多数偏远农村家庭孩子中的一个。譬如昭阳区的大山包、炎山、田坝等乡镇偏远区域的贫困群众，大多散落居住在陡峭山地上，海拔偏高、气候恶劣。秋冬季节，天还漆黑的时候，孩子们便要起床步行去上学，一走便是一两个小时，遇上下雨或下雪天气，路面就变得很滑，稍不留神就得摔跟头。头发结冰、手脚冻裂，是常有的事，孩子们的求学路在凛冽的冬季显得尤为漫长。

易地扶贫搬迁后，不仅改变了老百姓居住环境，也改变了孩子们求学的路。红路安置区同步规划建设了红路馨居小学，小学占地 3 万余平方米，设有教学楼、运动场、多功能教室以及食堂等，选优配备了 108 名教师。来自田坝乡水屯村的李巧，现就读于红路馨居四年级，她说："以前上学，出门就是山，山高坡陡，要走一个小时才能到学校。冬天的时候，路就更难走了，现在在家门口就能上学，省去了很多走路的时间，可以把这些时间用在学习上和活动上。"五年级学生李露也笑着说道："我原来在炎山示范小学读书，住在外婆家，外婆家离学校很远，中午吃饭很不方便。现在，读书近，吃饭时间我们排队依次打饭来吃，每天都换不同的菜，好吃。"

苹果楼　梨单元　香蕉层

李万云今年 60 多岁了，在小龙洞乡龙汛村 1 组生活了几十年，2019 年 10 月下旬搬迁到红路馨居同源社区 8 栋 1 单元 1102 号。可是看着小区里每栋房子、每个单元都是一样的，自己又不识字，在小区里老是找不到自己家的单元号。不仅是李万云找不到家，同心社区 80 岁高龄的陶小白老人，一出家门也找不到回家的路。为了让这些老人能轻松回家，社区工作人员想出了小妙招：在 98 栋楼的各楼栋单元和电梯分别贴上了苹果、香蕉、白菜、梅花鹿等简单易记的蔬菜、水果、动物图案，老人、小孩们看图就能识家门。如今，小图案发挥了大作用，李万云和陶奶奶再也不会走丢了，陶奶奶笑着说："我现在走不丢了，回家就是望那个大骆驼就找得到了。"孙女夏娅娜说："外出打工时总担心老人找不到回家的路，现在有了贴心图案，奶奶能自己回家，我也可以安心工作了。"

"贴心图案"是红路馨居社区治理工作的一个缩影，为全方位服务好搬迁群众，红路馨居推行"社区党总支 + 片区长 + 楼栋长 + 党员 + 住户"的五级网格化服务体系，聚焦"维修维护服务、安全服务、人居环境服务、医疗保障服务、就业服务、邻里互助服务、特殊群体服务、志愿服务、业务办理服务、营商环境服务、综合服务、兜底托底服务"等 12 个方面的服务做细做实群众服务管理工作。同时通过开展“自强诚信感恩”“感党恩、听党话、跟党走”、操家理务等系列集中培训，转变群众思想观念。建立便民服务大厅，开设10个便民服务窗口，通过“一站式”服务，打通了联系服务搬迁群众的“最后一公里”。

在新家园深深扎根

每月农历初二、初五、初八是红路馨居的赶街日。每到赶街日，街道两旁卤肉、西瓜、炸洋芋、玩具、多肉、橡胶泥…….各种商品琳良满目、应有尽有，摊主们在自己的摊位上为顾客介绍自家产品，制作各种小吃，悠闲地等着顾客光临。老者们在电器摊前驻足、妇女在衣服摊前兴奋的比画、小孩儿在冰糖葫芦摊前满眼放光……为缓解搬迁群众就业压力，红路安置区规划了两条街道800多个摊位，为群众提供创业机会，60%以上的摊位都由搬迁群众经营。从2019年农历四月十二开始赶集以来，800余个摊点供不应求。

从大山包搬迁来的陈正堂，一大早便开始了忙碌，他在这里经营着鱼摊。他说2019年12月底搬来后自己就在外边摆摊，后来就积极争取了一个规划摊位。不仅离家近、摆摊方便，生意也更好了，每一场赶集毛收入能有700多元，净利润有200多元。陈光兰也是集市上的摊主之一，她把老家大山包的特产带到了集市。走近她的摊位旁，不仅有荞茶、荞皮、荞面、荞疙瘩，还有现做现卖的荞粑粑。她说摆摊以来，生意一直很好，现在的生活过得既充实又幸福。

（作者系昭通市搬迁安置局政策宣传科工作人员）

水塘扶贫纪事

尹贵卿

结缘水塘

2017 年 5 月，受县发改局党组的安排，我、刘文斌、马顺彬以及白鹤滩镇社保中心副主任高兴勇一行四人，组成巧家县白鹤滩镇水塘村摸底调查工作队，由我担任工作队队长，驻村开展扶贫摸底调查工作。

由于各级党组织对扶贫工作的宣传动员工作十分到位，工作队队员拥有足够的干事热情。我们互相鼓励说，能够亲自参与改变人类历史命运和推进民族复兴伟大事业的这么一项具体工作，真是人生的一大幸事！如果我们把这件事情做好了，往小里说，是帮助了很多贫困家庭；往大里说，在推动人类减贫的历史进程中，我们也是出过力的。

摸底调查工作队以高度负责的精神开展工作，使得水塘村的摸底调查工作特别是精准识别“三评四定”、收入测算产量产值标准等思路办法很快得到了白鹤滩镇党委政府的高度赞赏，大会小会都在表扬水塘，以至于后期村级工作方案的撰写，肖品川镇长明确要求全镇 27 个村社区要以水塘村的施工图为模板进行构思和谋篇布局。

最初组织上明确的摸底调查工作时间是 50 天，结果因为种种原因，一干就是 5 个月。

到10月份，摸底调查工作正式结束。

11月，脱贫攻坚工作正式开始。

发改局党组书记、局长张顺良又找我谈话。他给了我高度赞扬，说我前期的摸底调查工作成绩突出，白鹤滩镇党委非常满意，又说我农村工作经验丰富，一定要支持局党组工作，继续到水塘驻村扶贫。

这次驻村我依然是扶贫工作队的队长兼第一书记，不同的是，这个工作队名义上是个工作队，但实际上，整个工作队只有我一个人。我既是队长，又是队员。

更让我没想到的是，这一驻就是三年。

我想，这恐怕就是我与水塘的一种不解之缘吧。

萌生易迁想法

驻就驻吧。既来之，则安之。我把住宿安顿得尽量温馨一些，至少有点像家的样子。

有人说，读书和运动，总有一样要在路上。我从家里搬来了自己喜欢读的书籍和运动服装，准备把读书和运动都实践在路上。

正当我准备妥当，静下心来，想好好读一读书的时候，真正脱贫攻坚啃硬骨头的工作——易地搬迁开始了。从此再也没有读书的时间。

水塘村委会所在地海拔2450米，属高寒、偏远的深度贫困村，全村零星散布着17个村民小组，各小组经济条件相差较大。村委会附近的6个村民小组和新村自然村的4个村民小组经济条件相对较好，其余的二台片区3个小组和伙房片区的4个小组交通条件落后，自然环境恶劣，尤其是伙房片区的伙房、瓦厂、营盘3个小组，生存环境和生产条件极为恶劣。

主要有那么几个特点。一是零星分散。举个例子，同是一个小组，从宋跃芳家走路（没有公路只能步行）到小组长田自贵家，大约要40分钟，而如果从宋跃芳家（沟底）到隔壁小组营盘的王正发家，则要一个多小时。所谓“山一家，水一家”，大概形容的就是这样的分散状态。二是山高坡陡。3个小组的平均坡度为60—80度。三是交通闭塞。那里没有公路，只有串抵每户人家的羊肠小道。一条小沟将伙房、营盘、瓦厂3个小组分隔开来。沟里有条小溪，算是这里最快乐的存在，整天哼着别人听不懂的小曲，快乐地流淌着。周边的小路和房屋在小溪的哼唱下显得极为安静。

前些年，这里流行着的“约定通婚”的习俗。所谓“约定通婚”，就是伙房、瓦厂、营盘3个小组的姑娘长大以后，只能嫁给这3个小组中适龄的外姓男子，而不准嫁到这3个小组之外的地方。否则，将面临被这3个小组所有村民孤立的惩罚，最严厉的后果就是红白喜事不准任何人去帮忙。所以大家都不敢有任何的违背，长期以来一直默默地各自遵守着。

直到最近几年，随着外出务工人员的增多，出现了一种奇特的反抗婚姻的现象，那就是女方撇下家中的丈夫和孩子，独自外出逃婚，不知去向。

2017年12月，一个星期三的早晨，阳光照在山顶，眼睛看着较暖和，实际上身体感觉特冷。白鹤滩镇党委书记孟孝升到水塘村调研。

我陪他从水塘一直调研到最偏远的大竹村。一路上能见到几个行政村如松梁、水塘、大竹几个最为陡峭、贫穷、分散的村落。当时我们一路拍照，一路感慨，一路交流。

最终大家都一致认为，如果不挪地点，贫困群众依然住在那里，那么，再能干的扶贫干部也无法让群众脱贫，这些大山深处的群众最终将会成为整个全局脱贫的拖累。

唯一的办法就是易地搬迁。可易地搬迁是一个系统工程，说起来容易，做起来难。

当时虽然已有部分乡镇开始了易地扶贫搬迁尝试，但问题较多，例如，占用基本农田、环评通不过、原址原建、村头搬村尾、面积超标等现象较突出。

这样，就出现了两难的现状。一方面，周边至少四个行政村山高坡陡、分散、贫穷的贫困户，自然条件十分恶劣，不搬迁就脱不了贫；另一方面，易地搬迁要从无到有并付诸实施，有很多工作要做，有很长的路要走……

怎么办？党委书记陷入了沉思。

最后，他问了我一句话，说："你觉得在水塘集镇建一个易地搬迁安置点怎么样？"我一下子就来了精神，鼓动地说："这就要看您和肖镇长有多大的决心和魄力了。在我看来，水塘集镇交通便利，辐射带动力强，不但适合建安置点，如果把周边几个行政村非搬迁不能脱贫的农户都搬到水塘来，建一个上规模、上档次的安置点，那它将成为全镇乃至全县的样板。"

孟书记没有说话，他将眼睛望向窗外，再一次陷入了沉思。这一瞬间，我觉察到了书记复杂的表情，同时，我似乎也捕捉到了从他脸庞略过的一丝坚定。

直觉告诉我，易地搬迁这事看来有戏。

一波三折的易迁

事情很快就有了眉目。

没过多久，镇长肖品川带人来选址了，说县上决定要干。他要求村"两委"给上塘坝周边可能要征收土地的农民打好招呼，暂时不要种庄稼，并大致框画了一个范围。

正当我们紧锣密鼓地忙着落实易地搬迁农户意愿和最终搬迁名单时，没想到这个事情戛然而止了。镇上的分管领导说，这个项目县里一直没有批，具体原因不太清楚，这事有可能要黄掉。

2018 年立春立得早，2 月 16 日才到春节，2 月 4 日就已立春了。在农村，立春一过，农民就开始忙春耕的事了。

刚开始，拟被征地的农民表现得很有耐心，甚至心里期待着等征地款一到，就准备建新房、娶儿媳妇等。

眼看着别人家的土地都陆续种上了庄稼，拟被征收土地的农民坐不住了，他们逐渐躁动起来，不断到村上询问，接着是催问，再后来实在不耐烦了，懒得问了，直接请人帮忙把框画过的土地种上了庄稼。

这下轮到村“两委”和驻村工作队的同志着急了。一边是农民将划定拟征收的土地种上了庄稼，另一边是好不容易做通工作同意搬迁的群众不干了，要讨个说法。村“两委”和驻村工作队就这样夹在中间，两头受气。

直到过春节，都没有究竟是干还是不干的任何消息。

不一样的新家园

春节收假后，干部正在收心，地上的雪还没有完全融化，主持政府工作的镇党委副书记张俊隆带人来征地了。

这事看来又有戏了。

只要能干成事，给群众做工作哪怕是磨破嘴皮、被人奚落、受尽委屈都不叫什么事。村“两委”和驻村工作队的激情再一次被点燃。我们挨家挨户地做工作，把种上庄稼的土地重新收了回来交给施工队。

3月6日，云南建投公司的挖掘机和推土机开始在农民被征收的土地上来回忙碌。小镇的街面上出现了外地牌照的宝马车、奥迪车、工程车、搅拌机等平时很少见到的陌生车辆和工程师、老板、包工头模样的陌生人，甚至有时几十、有时上百的建筑工人。街上宰猪卖的也一下子多了起来，安静的小集镇很快变得热闹起来，整个塘坝周边安静了千年的庄稼地，几天就变成了一个忙碌的大工地。

看得出，这家建筑公司是一家颇有实力的企业。管理很到位，工地上呈现出繁忙而有序的景象，质量、进度均有保障。

4月下旬，一幢幢整齐的居民楼就开始森立起来。

6月28日，工程竣工。

9月底所有易迁户全部搬入新居。整个安置点集中了来自水塘、核桃、松梁、大竹四个行政村的贫困人口共99户418人，相当于水塘村又多增加了一个自然村的人口。

一个崭新的小区，一幢幢崭新的居民楼，时时透着一股农村与城市、传统与现代相融合的特有的气息。塘坝周围的垂柳，楼顶上熠熠生辉的光伏板，农贸市场、商业门面、公厕和新鲜好玩的广场舞，穿着简朴的老年人，天蒙蒙亮就起床上学的小学生，打工挣钱后开回来的小轿车……

答卷人和评卷人

水塘村的易地搬迁只是全县易地搬迁的一个缩影。透过水塘易地搬迁的曲折，大致可以窥见全县易地搬迁的艰辛。活跃在这个易地扶贫搬迁历史画卷里的每一个人，都是值得称赞的。

“搬得出、稳得住、能致富”这9个字，在宣传动员阶段，这只能算是一个庄严的承诺，活像“愚公”面对大山夸下的海口，顶多体现一种豪迈和自信。一旦付诸行动，这一承诺就变成了一份沉甸甸的担当和责任。

为了兑现这份承诺，巧家县搬迁安置局从2016年就开始聚焦资源承载能力严重不足和基础设施薄弱等“六类区域”，按照先普查筛选、后识别认定的原则，采取“户申请、组评议、村初定公示、乡复核、县审定公告”的程序，扎实细致地扣准了“第一颗纽扣”。通过搬迁安置局、各乡镇党委政府和县直各部门坚持不懈的努力，在六年时间里，全县共有6393户26169人通过易地扶贫搬迁实现了脱贫。他们有的搬到集镇，有的搬到县城，有的甚至搬到了3000多公里之外的新疆。

脱贫攻坚是一张考试的答卷，如果书写答卷的人是我们这些参与这项工作的县、乡、村干部、挂包人员、驻村工作队队员等等，那么，评卷人是谁呢？是陈豪书记？中央巡视组？成效考核组？评估验收组？普查组？都不是。真正的评卷人是历史和人民。

（作者系巧家县搬迁安置局工作人员）

一枝一叶总关情

吴　剑

2019 年 3 月，刚参加工作不久，本打算在检察业务岗位苦练基本功的我，在接到昭通市人民检察院党组下派驻村扶贫的命令时，我把压在心底的作为人生座右铭的郑板桥《墨竹图题诗》回味了一遍又一遍："衙斋卧听萧萧竹，疑是民间疾苦声；些小吾曹州县吏，一枝一叶总关情。"然后毫不犹豫地卷起行李，毅然投身到镇雄县芒部镇茶园村的扶贫一线。"一枝一叶总关情"，这正是我一年来驻村扶贫的真实写照。

用心扶真贫

作为一个从大山深处走出的孩子，我的家庭也是建档立卡贫困户。在成长过程中，我深深感受到了党的温暖，感受到国家扶贫政策的落实对贫困户走出贫困奔向小康的重要性。

记得刚进驻茶园村的第一天，接手茶园村村级施工图的户表、村表填报工作。在两天两夜的持续作战过程中，了解了茶园村的基本村情和贫情后，我便暗下决心，一定要走遍茶园村的 1258 户，摸清 5183 位村民的情况，特别是要实实在在地调查其中的400户建档立卡贫困户，查清1921位贫困村民的贫情。落实扶贫政策，首先得做到对象精准，对他们的“一枝一叶”有深切的了解，才能为精准施策打好坚实的基础。

在接下来的120余个日子里，我把其他日常的扶贫事宜尽量安排在晚上来做，而把白天的时间尽可能地安排来入户走访。不管是烈日酷暑，还是细雨泥泞，我与同事都坚持早出晚归。坚实的脚步走遍了茶园村的每一个角落，暖心的交流留在了每一户村民的心里。经我们认真走访发现，4户16人应新增进入卡户，9人应减少退出卡户，24人应解决农村低保，10人应给予公益性岗位，38人应给予临时救助，20户应进行危房改造……精准发现这些脱贫短板后，我与同事总是第一时间向驻村第一书记反映，同时与同事、村支书及村委的其他同志共同研判，尽责尽力把短板补齐，让困难群众切实感受到党和政府的关心关怀。

2019年4月的一天，我与同事到一村民家中走访，一个拄着拐杖的老人招呼我们坐下后，我便与老人拉起了家常。摆谈过程中得知，这老人姓张名学良，83岁，42岁时才生了一对双胞胎儿子，老伴早年亡故，两个儿子已各自成家，都是建档立卡贫困户。长子张孝文家有2个小孩，其妻离异，建有一48平方米的安全住房；次子张孝武家有3个小孩，其妻属重度精神病人，长期住在精神病院，自建的住房年久失修，墙体开裂，渗漏严重，不能居住。为了生计，张孝文和张孝武均外出务工，还在上小学或初中的5个小孩只能由老人张学良照管。两家8口人居住在张孝文家狭小的房子里。了解了这些基本情况后，我与同事又实地察看了张孝武家的房屋情况。熟悉扶贫政策的我们当即意识到，张孝武家的住房属危房，应按政策帮扶修建。回到村委会，我们又与村委会的同志进一步核实，并协调芒部镇住建所的同志进行危房等级鉴定。经鉴定属D级危房。最终为张孝武家争取到5万元的建房补助资金。搬进新居的那天，张学良老人紧紧握住我们的手，连连表达感谢之情。

用情促搬迁

茶园村有易地搬迁户5户25人。为了把易地搬迁政策宣传好，把符合搬迁政策的农户动员搬出去，从根本上解决他们的“两不愁、三保障”难题。我一次次顶着炎炎烈日，一次次踩着泥泞小路，不厌其烦向农户作动员宣传，耐心细致做好搬迁准备，直到他们欢欢喜喜搬进新居。

吴都才老人一家有7口人，系建档立卡贫困户，单家独户居住在坪头村民组的一座山上，不通公路，饮水困难，生产生活十分不便。32平方米的房屋屋顶用绿色塑料布遮风避雨，属D级危房，按政策可易地搬迁。我们到他家宣传易地搬迁政策时，吴都才和老伴坚决不同意搬进城去居住。面对如此倔强的老人，我们并没有退缩。多次来到老人家里，经耐心交流，终于搞清楚他们不愿搬迁的顾虑。原来，他们担心搬迁后没有土地耕种，生活没有保障，加上年事已高，也舍不得离开打了一辈子交道的土地。为消除老人的顾虑，我们乘坐客车到易迁安置点，实地察看房屋户型和周边就学就业环境，还拍了照片。再次入户宣传时，我翻出照片，耐心向两老人讲解：搬迁后有利于其两个儿子就业和两个孙女上学；搬迁后原来的3个农村低保还可以转成补助标准更高的城市低保；原来耕种土地的承包经营权不变……一番细致入微的宣传动员，终于做通了老人的思想工作。搬迁前，为两位老人申请了临时救助金1500元，帮助购置了床及基本生活用具，组织车辆运送行李及家具。搬迁的那天，吴都才老人欣喜地走进120平方米的易迁安置房，“这房子蛮不错！”这句话他不知念叨了多少遍。

用力助小康

处处留心群众困难和疾苦，帮助群众排忧解难，这是我与同事走村入户时刻不忘的要事。2019 年 3 月的一天，我们在入户走访途中，发现林口村民组几位村民正在修路。我清楚地记得，林口村民组早在 2016 年就修通了水泥路。这些村民为什么还要修路？是不是他们遇到了什么困难？带着疑问，我便与修路的村民攀谈起来。原来，2016 年修建的道路，因路段绕行，增加了村民出行距离，不便于村民把农产品及出栏牲畜对外流通。在村里两名党员的倡议下，林口村民组和附近 6 个村民组农户自发组织起来，条件相对较好的村民每户出资 5000 元，较困难的农户出物资或出劳力，集资约 20 余万元，计划先修通毛石路，待条件改善后再硬化。这是不是真实的情况？我与同事又走访了几个村民组的数户村民，实地察看原来修建道路及村民拟修建道路的情况，发现村民拟修建道路确实能缩短出行距离，若建成将惠及林口等 7 个村民组，有利于当地辣椒、马铃薯及生猪、肉牛等产业的发展。回到村委会，我们及时将此情况汇报给驻村第一书记，与村支书及村委其他同志共同研判。在驻村第一书记的带领下，我与同事来到现场，实地察看和测量。为争取道路硬化资金，我们积极建言献策，最终在驻村第一书记和挂包单位昭通市人民检察院领导们的积极协调下，100 万余元的建设资金很快到位，2.6 公里的水泥路经过短短 1 个月就顺利竣工。这条道路的建成，极大地鼓舞了受益村民致富奔小康的士气。

2020 年，是茶园村脱贫出列的关键一年。在这脱贫攻坚进入倒计时的关键阶段，在驻村第一书记和脱贫攻坚督战小分队队长的带领下，我又与同事们一道，白天入户走访，晚上逐户研判，制定落实好一户一策或一户多策。我们誓将茶园村当前 12.79% 的贫困降到零。

如今，茶园村现有贫困人口 404 户 1987 人全部脱贫，贫困发生率降至 0, 水、电、路等基础设施完善，路灯、广场、综合服务中心一应俱全，公共服务和活动场所齐全，村庄干净有序。

一年零七个月的驻村工作恍若还在昨日，却成为我们青春中一段重要的人生经历。

（作者系昭通市人民检察院第一检察部干警）

脱贫攻坚小故事

罗双庆

种辣椒

2019 年 3 月 17 日，农历二月十一，阳光村早上 8 点的天气依然带着凛冽的寒意。经上级部门研究决定，将阳光村纳入辣椒种植产业扶贫的范围，由政府统一提供种子、化肥、薄膜，并负责技术指导及后期辣椒收购，贫困户投入土地及劳力，通过辣椒种植来增收。今天就是村里辣椒育种的日子。

一大早，驻村工作队队员、镇工作组成员、村“两委”全体成员全部到位，力争用三天的时间把全村的育种工作完成好。“来、来、来，全部聚拢过来，我们分下工，要不然三天时间是搞不完的，再遇上个下雨天就去远了。”村支书李勇扯着嗓子，跟所有人大声喊着。

人们聚拢后，李支书有条不紊地安排工作。“付部长带两个人，把要用的种子、薄膜从镇上拉下来；绍文，你带三四个壮劳力去砍竹子，再把竹子做成撑竿运下来。”

“范贤飞，竹子就从你屋后砍吧。”李支书扭头征询站在边上的范贤飞的意见。

“砍嘛，又不是什么多稀奇的东西，长在哪儿也没得什么大用，还不如拿来建棚。”范贤飞憨厚地笑着说，很爽快地答应了。

“那老付，你还要负责去镇上买菜，就近找一家农户做饭吃。这么重的体力活儿，没得工钱，饭要吃饱。”

“其余的人，全部挖行行。”分工完毕，大家分头行动起来。

“双庆，以前挖过地没？”工作队队长石修剑笑着问我。

“你估计也没挖过吧。干脆咱俩就合作去搭架子、扎架子。”我想了想回答道。

我们两个想法一致，说干就干。我跟老石一人站在育种行的一边，插支撑竿、用铁丝扎固定横梁。初春的土地还不够松软，将一根根竹片插进土里颇费力气，手一定不能松劲，要握紧，免得被锋利竹片的边缘划伤。

太阳越爬越高，气温也不断升高。大家挖地、插竿、撒种、施肥、浇水、盖膜、覆土，就像流水线一样。大家一边挥洒着汗水，一边开着玩笑、说着家常，没有一个人叫苦叫累。

这一粒粒微小的辣椒种子，握在手心沉甸甸的，它承载着党和国家对困难群众的关心关爱，也承载着困难群众发家致富的殷切希望。这是一粒粒致富的种子、爱心的种子，既种在田野大地里，也种进了群众的心里。

搬迁动员

晚上 8 点的母享镇稻香社区，街上行人众多，马路两边的商铺、小店鳞次栉比，社区广场上响着嘹亮的音乐，广场舞的参与者尽享舞蹈带来的健康与快乐。一栋栋崭新的住宅楼闪着灯光，任谁也无法想到这会是贫困户易地搬迁的安置小区。

眼前这一幕，不由得让我回想作搬迁动员时的艰难场景，感慨眼前这一切来之不易。易地搬迁群众不容易，他们在重重顾虑、前景不明的情况下做出搬离故土的决定，尽显悲壮；负责易地搬迁项目的各级干部也不容易，他们承受着巨大的压力和不理解，依然高效推进工作，负重前行。

时间拉回到2017年12月，易地搬迁工程正式启动，最难，也最重要的就是前期的宣传动员工作。为了找准目标、积累经验，驻村工作队与村“两委”商议决定，把道路最艰难、最偏远的蒿枝湾作为首攻目标。

下午1点，我和村干部一行5人出发了。坐着村干部的私人面包车，在蜿蜒曲折的山间小路上艰难行驶，剧烈的颠簸和刺耳的刮底盘声，无时无刻不在提醒着道路的艰险和易地搬迁的紧迫。下午3点到达时，蒿枝湾已经一片浓雾，阵阵寒风夹杂着细雨，让人瑟瑟发抖。这里的冬天很长，且有几个月大雾天气，又湿又冷。

蒿枝湾共有卡户12户，基本都姓王，属于一个大家族。村干部带着我来到王志云家，提前得到通知的12户村民以及部分非卡户正围着他家的火炉烤火。大家坐定后，镇政府的杨副镇长介绍了易地搬迁的政策后，我对补偿标准、后期扶持措施等群众最关心的内容又进行了重点讲解。

“易地搬迁的政策，党中央为大家考虑得非常周到，不仅每人分配20平方米的住房，还外加5平方米的商铺。对于务工困难的群众，由政府转移就业或者就近提供公益性岗位；对于没有劳动能力的家庭再安排城镇低保。以前的宅基地、土地权益依然属于自己。搬到镇上以后，娃娃上学、老人看病就方便多了。看看大家还有什么不清楚的，可以挨个说。”说完，我看了看大家，期待着大家的发言。

一分钟过去了，屋里寂静无声，没有一个村民说话。他们面色凝重，要么低头抽烟、要么盯着火炉，现场除了偶尔炉火燃烧的噼啪声，再无其他声音。

“老王，天气这么冷，倒碗酒来喝嘛。”村干部老陈打破僵局。

一会儿，主人家端着一大碗酒和几个小碗来了，人多碗少，就几个共喝一碗酒。

“来嘛，一起喝一口，各位同志远道而来，辛苦了。”主人家老王首先提议。

酒一下肚，气氛好了很多。一看就是这个家族带头人的老王首先开腔：“各位同志们，刚才你们介绍了国家的政策，非常好，我们也很感谢。但对于我们来说，搬家可不是一件小事，没了土地在城市里什么都要钱，没得点手艺收入，负担不起。特别对于有病的老年人，到了城市里更是不好适应，连烤火都难。我们最最希望的还是政府能把公路修到我们这儿来，只要路修好了，其他的都不需要政府管，我们自己都能凭力气脱贫。”

“老王的想法也是合理的，故土难离，人之常情。祖祖辈辈生活的地方，哪有这么容易说走就走。修路的想法也是合理的。但蒿枝湾离主干道太远，山高坡陡，修路成本实在太高。为了十几户人家，实在是不划算，你们说是不是，国家也还不富裕，没有这么多钱呀。”杨副镇长接过话，耐心解释起来。

打开了话匣子，大家都开始谈自己的想法。但都和老王差不多，一是担心到镇上无法谋生。二是希望修路。这种局面注定易地搬迁是一场拉锯战。

晚餐大家围着火炉烤洋芋吃，谈话一直持续到凌晨 1 点，带来的搬迁协议没一户现场签字。我的收获就是了解了群众的顾虑，群众也清楚了党的政策。

类似的场景在一个个小屋内一次又一次的上演，终于量变换来了质变。没有做不好的群众工作，只有不把群众装在心里的人。在各级干部的一次次动员工作中，拉近了与群众的距离，加深了感情，消除了他们的顾虑，转过弯来的群众用自己的双脚来投票，按期搬进安置房。

（作者时任昭通市卫生监督局许可审核科科长）

曲折的搬迁

贾仕鹏

2017年10月，我们单位扶贫“挂包帮”从昭阳区洒渔镇联合村调整到彝良县两河镇田黄。分配给我帮扶的是田黄村马草坡村民小组的七户人家。

接到帮扶任务的第一反应，既然是叫“马草坡”，那必定是陡坡地势，地里也许就是只长“马草”不长庄稼。10月底，单位组织大家去“认亲戚”。车辆在盘山公路上爬了很久，终于到达了“亲戚”家所在地“马草坡”。下车抬眼一看，我不禁吸了口冷气，比我想象中的坡更陡。泥泞小路，低矮瓦房，山坡上一片荒芜，零零星星地种了一些看上去营养不良的白菜和一些庄稼。村委的一名工作人员告诉我：“同志，你帮扶的有一家稍微远一点，就在那要到山顶上那家，户主叫唐万凤。”我随着他指的方向看去，心一下就沉了，这哪是住人的地方，要是洗菜的盆子掉下去，不得要半天才能捡回去呀。

怀着忐忑的心，战战兢兢爬了几十分钟羊肠小道，到达唐万凤家“院坝”的时候，我早已经汗流浃背、腿脚发抖。我跟她介绍自己的单位、姓名、目的，她没有任何反应，她给我的第一感觉是木讷。当问到她家家庭人员情况时，她终于开口说话了。她说自己一个人在家，有两个儿子。她不知道大儿子具体在哪里打工，小儿子跑跑摩的，早出晚归。我问她知道两个儿子的电话号码不，她茫然地摇摇头。跟她拉了一会儿家常，感觉无法从她嘴里了解到更多信息。我也歇息得差不多了，就起身在她家房前屋后转了转，房屋低矮、墙体开裂，屋后排水沟已经淤积严重……

我离开前又给她说了说脱贫攻坚的政策，虽然感觉她没听懂，但我还是仔细讲了两遍。最后告诉她，党委政府派我们来，目的就是让他们脱贫致富，达到“两不愁、三保障”。

离开她家，我到其他家走访，拉家常时候我提起唐万凤家，他们告诉我她是文盲，连数字都弄不清楚，丈夫去世得早，她一人拉扯大两个儿子。虽然一家三口不会饿饭，但家庭没有好的发展。俩孩子眼看着年龄越来越大，讨媳妇也成了大难题。为了让他们家如期实现脱贫出列，村委一致认为他们家该搬，要不然无法保障住房安全。如果在原址新建，依然无法摆脱“穷根”。我去给唐万凤讲搬到县城或者村集镇的集中安置点都是政府统一规划、建设，不需要他们自己出钱。搬了之后家里的坡地纳入退耕还林，政府有补助，种植一些经济林木，以后有收益，生活就有了保障。经过多次开导，她思想开始接受。我将情况反馈给村委，大家都非常高兴。

可是，时隔不久，令人意想不到的是唐万凤反悔不搬了，大家都很蒙，也很无奈。时间转眼就到了 2018 年 4 月的一个周末夜晚，我在村委跟我们单位派驻的工作队队员马汉奎挤在一间小屋里谈论帮扶工作中的问题，再次提起唐万凤搬迁的事情。小马说：“贾哥，你帮扶这家要如期脱贫出列，建房是不现实的，只有动员搬迁。”我也认可他的说法，但好像已经黔驴技穷了呀。听着他鼾声渐起，我毫无睡意，窗外淅淅沥沥地下着雨，我轻轻起床打开电脑，一户一户地看他们的资料。虽然那些情况、那些数据，哪家一年收入怎么样，来源稳定不稳定……我盯着唐万凤一家的基本情况统计表出神，随着思绪天马行空。

突然一个念头闪过，我跳起来，我为自己的这个想法惊喜不已，片刻之后我又无力地坐下。能不能有效果？有没有可操作性？反反复复思量，无果。我很想把小马拉起来跟我一起探讨探讨，可是看着他熟睡的样子，听着他轻微的鼾声，我还是忍住没叫醒他。我们的驻村工作队队员太辛苦了，天天奔走在村里的山上山下，回到驻地还得汇总情况、整理档案……

就这样迷迷糊糊过了一夜。第二天清早，小马起床的声音惊醒了我，其实我一直都处于迷糊之中，因为总念着等小马起床好好跟他一起探讨我的想法。于是我告诉了他昨晚想到的解决办法。小马听了之后，思虑片刻，他说："走，贾哥，我俩再去唐万凤家。"来不及吃早餐，我搭上他的摩托车从村委会去马草坡。

爬坡到唐万凤家时，她刚刚起床，一脸惊奇地看着我们。我把来意告诉她："唐姐姐呀，我和小马今天早上来，是想接你去村委会看看。"她小儿子刚刚出门，我赶紧打电话叫了她小儿子回来。于是我们四人、两辆摩托车就突突突地往村委会赶。

到达村委会，我领着她娘儿俩到村集镇的集中安置点，再次让他们看那里的房子，那房子不是高楼，是两层小楼，门前是宽阔的马路。她儿子说："贾同志呀，这里嘛我都来过两次了，我妈也来过一次，我们没想都要搬在这里来呀。"我说："你们看哈，前两次只是看，这次好好给你们说哈我为你们家做的最新家庭发展规划"。我看小伙子来了兴致，我就继续说："如果你们搬到这里，第一，解决了你妈妈怕坐电梯，怕县城高楼大厦她找不到家的问题；第二，这里有村集体公司做农产业，你妈妈是文盲，但庄稼活她是会的，现在她年龄、身体都还允许在集体公司干活，这样她就能自食其力，暂时不需要你两兄弟出钱赡养她；第三，你妈妈在这里，邻居都是熟悉的，村委的同志们也很近，而且每天有同志过来看大家，召集他们打扫卫生，收拾家务，到集体公司干活，你就用不着每天回家，早出晚归跑摩的，可以出去打工，找更高的工资，你哥俩可以存钱，讨媳妇；第四，这里离你家山林土地距离不远，你哥俩出去打工找点钱回来了，如果要发展一下种植、养殖产业就更好了嘛。那样你们就有稳定的收入，日子就一天比一天好。"我的话刚刚说完，已经搬来的老乡们围过来听了我给他们家的家庭发展规划，七嘴八舌地就说起来了，"对头对头，贾同志说得对，万凤啊，你来这里，大家有活一起干，没活的时候多个摆龙门阵的人嘛，你两个儿就放心大胆地出去找钱，隔两年给你讨儿媳妇回来，哪点不好嘛。”唐万凤看着自己的小儿子，很久不见的笑容重新出现在她的脸上，我知道她是思想通了，她儿子也很欣喜。

终于一家人达成了共识，愉快地到村委会签字确认，盖手印，然后回去收拾收拾。一个星期后，一家人高高高兴兴搬进了新家，我的心踏实了不少。一个月之后我再去，看到了唐万凤已经融入了那个群体，还说在集体公司领到了 800 多元工资，儿子也到了福建进了厂。

2020 年的春节前，唐万凤的儿子打电话给我：“贾同志，你好久没来田黄村呀，来了一定要来我家吃饭哈。”他告诉我，他已经在厂里是熟练工了，一个月可以领 6000 多元工资。我不禁感慨，都跟我工资差不多了！他还给我说他的妈妈现在继续在村集体公司种羊肚菌，不要他哥俩给她一分钱，还能存钱。更高兴的是，他哥哥已经找到了女朋友，还带着回家过年呢。他说，下步就该自己去找个女朋友了，哥俩过两年回家一起干种植、养殖……听着他兴奋的话语和对未来美好的憧憬，我感受到了他们幸福的生活。

我由衷为他们一家感到高兴，也为自己参与了这样一件划时代的“攻坚战”而感到自豪，更为我们生活在共产党领导下的社会主义国家而感到骄傲。

（作者系昭通市渔洞水库管理局工作人员）

旧貌换新颜　群众笑开颜

马殿立

2019年10月13日，省委书记陈豪带领上海新沪商企业家们来到彝良县奎香乡松林村大桥集中安置点看望搬迁贫困户，陈豪书记笑了，五级书记都笑了，搬迁安置户也开心地笑了。陈豪和企业家们边走边看，实地了解对口帮扶示范项目情况。昔日的深度贫困村变成了规划整齐、设施齐全、鲜花盛开的社会主义新农村，充分体现了在党的领导下东西部扶贫协作的制度优势和支援成果。松林村大桥集中安置点幸福家园由北京通盈集团和上海鹏欣集团、银都集团、致达集团、永达集团、东华环球6家企业对口帮扶1500万元，安置建档立卡贫困人口60户276人。

我于2017年10月到松林村担任第一书记、工作队队长，见证了脱贫攻坚政策给松林村带来的变化。

2018年3月，我们村接到了一项特殊的任务，社会帮扶企业上海新沪商决定将二期项目投入1500万元，计划搬迁60户贫困户的项目落户松林村。村干部、挂村的乡干部、驻村工作队常常在前房后院讨论着。选址定在哪儿好呢？要有山有水，还要交通方便。大家争来争去的，好不热闹。

现场选址问题，奎香乡党委书记代强带领乡政府相关部门同志到村上召开会议，听取村干部的意见，实地察看现场，思前想后了好些晚上，只是形成了一个初步的脑中计划。紧接着，县人大、政府、政协的领导都来了，选址问题最终定在大桥小学后面，大桥村民小组的地盘上。

2018年5月23日至25日，上海新沪商联合会代表、银都集团行政总监赵倩和鹏欣集团云南顾问王清民一行四人到松林村实地察看项目选址。赵倩说道："二期项目选址已经确定，要尽快制定方案并开展前期有关工作，确保项目能顺利按计划实施；项目建设要首先考虑建档立卡户的住房问题，解决他们当前面临的最大难题，促使他们有脱贫的基本条件；要加强项目的整体性和连接性，形成一个整体规划，完善好配套设施建设。"

没过几天，县委书记姚勇同志也来到松林实地踏勘，走访了村委会、卫生室、小学，并听取各方面意见，要求代强书记抓紧落实。我们村上的所有人跟着忙前忙后，一帮子人清理河道垃圾、打扫村委会周边的环境卫生。大家都觉得挺高兴的，因为只要这个项目落地松林村，就可以提升整个村的形象，还可以带动大桥村民小组人居环境的极大改善。

为落实项目，工作人员被分成了不同的工作小组，我被安排在了征地拆迁组。这是一项重要的前期工作，只有首先把地征收过来，以后的工作才好开展。

我们及时通知大桥村民小组涉及被征收地的群众到村委会开会。挂村的乡干部首先介绍项目落地的整个过程，我重点做一些思想工作，支书重点说补偿的事情，然后是参会人员提问题。会场里面烟雾缭绕，老人、小孩都在，他们坐的坐，站的站，七嘴八舌的炸开了锅，场面一度混乱。一袁姓老者说道："建档立卡户都不评给我们，我们凭啥子要拿出自家的地来便宜他们！他们倒是啥子都得了，我们啥子都没得到。你们要拿的拿，反正我是不拿的。"然后站起来就走了。有他这种想法的人不在少数，要求也将自己纳入建档立卡户，才能拿出地来征收。陈星亮支书说道："大家回去好好想想，有这么好的一个政策，我们是千百年来才遇得到的。我们大家一定要支持国家的政策，支持松林村的发展，征收的条件我已经讲得很清楚了，现在地里面的苞谷米苗都可以卖成钱。"这个会就这样散了。

之后，我们一行人就挨家挨户走访做思想工作了，首先是做通建档立卡户的思想工作。多数的建档立卡户都还是比较支持的，按时就把土地测量登记了，只有少数几家的先放一步，慢慢再做。非建档立卡户也采取这种方法了，先易后难，稳步推进。可到了时间倒逼工期的时候，还是有一家建档立卡户始终不答应，说是对他家的地损失太多了，他不答应。后来，代强书记去了，吴智强乡长去了，又请他家的亲戚去了，最终才答应丈量土地。经过两三个月的征收土地，到了 8 月才大规模地开始动工。

修建的过程中，我们又帮助协调水、电等多方面的困难。召开了多少次的群众会、多少次的村干部大会，讨论了多少次，争吵了多少次，我也记不清了。看着修建的房屋慢慢成型，我们大家都欣慰。这是我们亲手参与策划的，这是大工程，是搬迁的希望，脱贫的希望。

工期逐渐接近尾声，这时我们又必须将先前报名搬迁大桥的 60 户建档立卡户认真梳理，再每家每户进行排查核实，确认有没有变卦，我们好采取及时的补救措施。

2019 年春节过后，挨家挨户的走访开始了，我们又分成不同的小组进行走访。稳定的卡户我们就打勾，思想又发生动摇不想搬的卡户我们就重点关注。经过认真的排查和梳理，有 10 余户卡户又不想搬了，他们考虑要回来种地养猪的事情，说是搬下去后吃的葱都要买不方便。这时我们村委会一帮人又急了，房子已经按照原计划的人口数都设计好了户型，这时不搬，那如何才能够凑够这 60 户呢。没办法，也只好挨家挨户地上门做思想工作，跟他们交心谈心，讲述搬迁下去带来的变化。

下寨组迟宽喜和他的爷爷，老爷爷说什么都不搬，说死都要死在上面，搬下去后他不方便。后来，迟宽喜打工回来时，我们又去找到他，并用车子拉他来看了新房子，劝他好好地劝劝他爷爷。他也知道他们爷孙俩想在老址上建新房子也是没有办法的，还不如就来坐这个现成的房子。最后，在他的劝说下，老爷爷还是勉强答应了。实在拒绝搬迁的，我们只好找相应的卡户人口进行代替了，我们也不能采取强制措施。

2019 年 4 月，工期基本结束，4 月 30 日是搬迁入住的日子。为了增添喜庆的气氛，我们市委党校及时组织毛笔字写得好的老师撰写对联赠送每家每户。时任常务副校长的李晓波老师带头书写对联，我收齐后组织人员张贴对联。搬家时，我们大家齐上阵，还借用一些面包车，帮助搬迁的建档立卡户收拾铺盖行李，高高兴兴搬迁。对搬迁后的卡户群众每户还给了3000元购置补贴，切实让他们减轻搬迁后的负担。我遇到搬迁的张余香、胡开华、张林义……他们都说："感谢党的好政策，让我们从大山上搬下来，真是做梦也没有想到。"张余香的母亲拉着我的手说："马对长，感谢你！你太好了，时时处处都为我们着想。"这时我觉得吃的那些苦都是值得的，我们一同感受了党的好政策。

2019年10月13日，省委书记陈豪同志带着上海新沪商捐资修建集中安置点的企业家们到松林村不仅都笑了，他还叮嘱当地党员干部：有了党中央的亲切关怀，有了社会各界的大力帮扶，大家更要发扬自力更生、艰苦奋斗的精神，带领各族群众苦干实干，建设美丽家园，发展乡村旅游，大力实施乡村振兴战略，用自己的双手创造更加美好的生活。

（作者时任中共昭通市委党校办公室副主任）

有一种表白叫“我爱靖安”

王仕文

我叫王仕文，是从昭通市大关县天星镇寨子村民委员会石盘村民小组13号搬迁到靖安安置区的建档立卡户。原来的家地处偏远的小山村，交通不便，经济不发达，社会生产力滞后。除此之外，还有地质灾害隐患，因为山势陡峭，山体悬崖出现极大程度裂缝，随时面临山体崩塌的危险，特别是夏天暴雨时，发生山体滑坡的可能性极大。搬迁前我家居住房屋是石头打的地基，半人高石头墙体加上黄泥巴坯的墙，虽然屋顶从曾经的麦草发展到搬家之前的瓦片，但需要经常翻修屋顶才可以正常使用。就是这样的土坯房，前几年还受地震灾害影响，泥土墙体出现裂缝，连最基本的遮风挡雨功能都无法实现。

在老家时，我们赶集只能步行，到集镇至少需要1小时左右，返程有负重加上爬坡需要2—3小时。特别是雨天道路垮塌或冬季雪凌的时候，步行到集镇购买日常生活用品需要一整天才能回到家。居住在这么偏远的地方，自然没有文化娱乐活动，天黑后想看电视都只能是在天气情况较好，没有打雷下雨刮大风的时候。小孩子们也只有简陋的场地玩耍，玩具也基本是大人当地取材自己动手制作。孩子上学每天要步行走山路，过河沟，天气恶劣时家长必须全程护送，孩子上学安全隐患也比较大，家长根本就不放心丢下孩子外出务工。对于在老家居住的我们来说，顾得上孩子就影响务工，家庭收入自然而然地就会减少，能给孩子提供的生活、学习条件就更加艰苦。

我们全家人都是勤劳能干的人，就连上了年纪的父母，每天都起早贪黑的在山坡上的一亩三分地里忙活着，想尽一切办法要多种一棵玉米、多栽一颗土豆、多养一头猪，但就是这样辛辛苦苦地忙碌，也根本无法解决家里的困难，每年的收入除了维持生活外，连给家人添两件新衣服、给孩子买一些文具玩具都有点捉襟见肘。我们也不是没想过搬离条件恶劣的老家，摆脱在环境制约下带来的生活的恶性循环，但家里面 8 口人，父母年迈，劳动力下降，二哥二嫂一家还有 3 个小孩，2 个刚刚上学，1 个还未断奶，家庭负担很重，根本就没有能力也没有胆量去考虑离开老家的事。

2018 年 3 月，包保我家的扶贫工作人员入户宣传易地扶贫搬迁政策，当得知我家符合搬迁条件时，我们全家人想都没想就主动申请搬迁。对于当时的我们来说，能摆脱恶劣的环境就是天大的好事。虽然爸妈都有“搬去后人生地不熟怎么生活”的忧虑，但我一直坚信，“我们都是勤劳的人，只要环境改善了，一定能靠自己的双手获得幸福生活”。2020 年 3 月 15 日这天，在乡镇扶贫干部的帮助下，我们全家顺利搬迁到了靖安易地扶贫搬迁安置区，入住早已经分房确定的新家，靖安安置区思源社区 15 幢 1 单元 1501 室。

刚搬到靖安，生活瞬间就好了起来。大侄女在靖安第一小学二年级 2 班就读，二侄女在靖安第一小学一年级 4 班就读。学校距离新家很近，道路宽敞平坦，还有安置区工作人员帮助维护学生上下课秩序，孩子放学后还能在楼下的社区儿童之家接受免费的课外辅导。孩子们的玩伴也增多了，在宽敞的广场上自由地玩耍。每当听到他们的笑声，我都会感慨，没想到有一天我们家的孩子，也会过上电视上那种无忧无虑快乐舒适的童年。

搬到靖安安置区后，不只是孩子们的生活改善了。这里地势比老家平坦了，房子比老家漂亮了；集市更近了，还有美食广场和临时农贸市场，有丰富的货品选择；娱乐活动丰富起来了，每天临时文化广场舞台组织的文化娱乐活动，大大地满足和丰富了我们的精神享受和闲暇时间。住进了新房子要有新气象，文明乡风就是新气象，我们主动遵守小区文明公约，以前在老家那些垃圾随地扔，环境脏乱差的行为再也没发生过。“感恩党的好政策”，这是我们全家一直挂在嘴边的话，也是我们全家一直在干的事，我们虽然干不了啥大事，但感恩可以从身边的小事情做起。从搬到靖安安置区后，我们家里面人外出时候，碰到地上有垃圾都会主动地捡起放进垃圾桶；遇到邻里有困难的，都会尽最大努力给予帮助；听到有什么政策，都会全力以赴支持、配合工作人员，我本人还主动申请加入社区“夜间义务巡逻队”，为我们整个安置区的平安和谐贡献力量。

生活环境改善了，我们发誓要自己创造幸福的生活。按照“搬得出、稳得住、能脱贫、可致富”的总要求，为确保易地扶贫搬迁各项政策落地，进一步激发群众自力更生、勤劳致富的脱贫意识，社区组织了各类技能培训，提高大家的专业技能，获得更多的就业机会。每一次培训，我都积极主动地参与，认真学习，渐渐地，思路也开阔了，生产生活干劲越发充足。

2020 年 4 月，为解决搬迁群众创业就业问题，安置区就业服务中心文化广场和美食城创业项目正式启动，我把握机会主动参与，以培训学到的创业知识和曾经学会的技能，在美食城经营了一辆奶茶餐车。刚刚接触奶茶餐车的时候，因为经验不足，奶茶的味道不是很好，我就趁着没事的时候四处学习制作奶茶的技术，请身边的亲戚朋友品尝并给我改进意见。一般来说，美食广场生意的高峰期是下午到晚上，我就从早到晚守在奶茶餐车旁边，不断学习改进手艺，不放过任何一杯奶茶生意。渐渐地，我的奶茶符合大家口味了，到我这儿买奶茶的回头客多了，奶茶餐车的收入也高了起来，我以前做梦也没有想到，一辆小小的奶茶餐车每天带来的收入，竟然会超过搬迁前我们全家在地里辛辛苦苦忙活一整天的价值。奶茶好卖了，我又趁着收摊的时候学习磨咖啡、烘焙等手艺，虽然一天休息的时间很少，但不断变好的生活让我坚信，我们全家以后将会过上想都不敢想的好日子。

总书记说“幸福是奋斗出来的”。搬迁到靖安安置区后，我第一次体会到奋斗所带来的幸福，从前埋头苦干却还是贫穷落后的日子已经过去，越来越美好的生活正向我们全家一步步走来。我在靖安安置区，我在用我的双手创造我们全家人的幸福。我发自内心地表白：我爱靖安！

（作者系靖安新区搬迁群众）

第四编　贴心服务

党旗在基层飘扬

——靖安新区康庄社区工作纪实

周元甫

社区基本情况

康庄社区距离昭阳区县城有30余公里，东邻思源社区，北邻合顺社区，西邻长寨村，南邻福兴社区；楼栋共15栋，其中一期有8栋14个单元，二期有7栋19个单元。辖区总人口1306户5977人，其中建档立卡户764户3864人，随迁户有542户2113人。有总支书记1名，主任1名，副支书1名，副主任1名，委员5名；就业信息员3名，楼栋长19名。总劳动力有3247人。搬迁入住总劳动力3089人，其中已就业2789人，就业率为90.3%，搬迁未就业300人，未就业率为9.7%，无零就业家庭；一共有党员66人，在家党员32人，外出流动党员34人；精神病人46人，医院治疗4人，在家18人，已落实网格化管控，要求楼栋长周走访、日见面管理；现役军人2人，退役军人30人；残疾有证102人，事实残疾无证75人，提供辅助工具3人。

搬迁中的基层党组织

康庄社区自2020年2月22日搬迁以来，正值疫情期间，康庄社区党支部团结一致，争先在前，勇于担当，不辱使命，上下一心做好相关工作。当社区接到靖安安置区服务管理中心搬迁指令时，康庄社区党总支书记王剑、主任范广文急忙排查社区房源问题。由于疫情期间，班子成员无法第一时间赶到一线参加搬迁工作，当时只有支书、主任带着一个委员能参与搬迁工作，其余人员因疫情影响无法参加。在大型的搬迁工作面前，对于康庄社区党总支是一个很大的考验，但大家没有退缩，而是迎难而上，集聚冲锋号，勇往直前，坚守一线阵地，完成初期搬迁工作。

党员就是战斗力

疫情就是集结号，党员就是战斗员。康庄社区党支部充分发挥基层党组织的战斗堡垒和共产党员的先锋模范作用，坚守初心、忘我奉献，切实筑牢联防联控、群防群治的疫情防控“红色堤坝”，让党旗在防控一线高高飘扬，让党徽在服务保障一线熠熠生辉，同时让搬迁工作有序进行。

康庄社区党总支同志们深入一线，用心完成每一项搬迁工作，始终把人民群众生命财产放在心中最高位置。进出楼栋扫码登记、扫健康码。党总书记王剑同志扛责在肩，担当作为，号召党员同志把初心写在行动上，把使命落在岗位上，关键时刻顶在前面、冲在一线，以最严措施、最严作风、最严纪律做好疫情防控及搬迁工作。

自2月22日搬迁以来，疫情防控工作常态化开展。每天扫码进出、人员测温登记12560人次，楼内电梯及楼道重点区域消毒8000余次，楼外垃圾桶、单元门和地垫消毒12240次；为进出车辆消毒1200余次，这一次次的背后都是艰辛的付出。社区干部关键时刻将辖区居民群众的健康放在首位、护在身后。坚持定期为社区重点区域消毒一次，每四个小时为公共区域消毒一次。社区干部都是舍“小家”为“大家”，一直坚守岗位，守职尽责，为社区的疫情防控筑起了一道防“疫”线。疫情期间，社区干部每天只有吃泡面、盒饭，党总支书记王剑回忆说：“在疫情期间，我基本连家都没有回过，媳妇当时快要生孩子了，因为疫情与搬迁同在，我都没有照顾过一天，我都很惭愧。”一边说，一边擦着从眼眶流下的眼泪。在社区上，提起党总支书记王剑，无人不知，他在工作上是一个十分负责任、有担当的书记，把社区当作自己家。社区干部都是早出晚归，社区24小时有人坚守，让搬迁群众感受到身边时刻有人呵护着。

在这场前所未有的战“疫”中，像康庄社区干部这样坚守岗位、勇于担当的执勤人还有很多，他们没有惊天动地的伟业，只有心甘情愿的付出；没有轰轰烈烈的壮举，只有实实在在的担当。他们用自己的辛劳和坚守、奉献和汗水织就抵御疫情的严密网络，以更坚定的信心、更顽强的意志、更有效的措施，坚决打赢疫情防控阻击战！

党员就是一盏灯

康庄社区全体党员干部心系群众，情牵人民，干群之间鱼水情深。在康庄社区搬迁工作中，社区干部勇于站出，勇于担当，全心全意在为搬迁群众服务，尤其是搬运行李的过程中，社区干部帮着搬运行李、搀扶老人，指引道路。白天组织搬迁，晚上入户走访了解基本情况，同时认真讲解社区管理，社区规章制度，宣传党的政策，帮助群众找工作。刚搬迁那时，社区没有饮用水，在康庄社区党总支的带领下，党总支书记王剑千方百计为搬迁群众做好一切考虑，想方设法让群众有水喝、有水做饭，协调消防站供水，同时还亲自送水到群众家中，这只是社区干部在工作中的一个缩影，在方方面面社区干部都是冲在前方，为民解决难事，为民办好实事。

社区干部多角度、全方位、多层次为搬迁群众找工作、谋出路，增收入。在社区党总支的引领下，社区创业就业工作站带领搬迁群众到靖安镇西魁梁子马铃薯基地务工，每天早上 8:30 在社区办公室门口点名出发，晚上 19:00 返回社区。社区还专门安排一名稳岗人员，每天每人可以挣 80 元钱，群众增加收入的同时解决了一部分大龄劳动力的就业问题。社区干部的辛苦付出得到了搬迁群众的一致认可，也显示了党员的为民情怀。

康庄社区党总支还发出了“争先进、当表率”的号召，在社区党员干部中开展了“履行职责、亮明身份、争做群众贴心人”的优秀工作者活动。在康庄社区党总支的带领下，在家的 32 名党员干部主动亮出身份，与“三留”人员搭建关系。认真入户走访了解情况，从生活、就业、就医、就学等方面，实实在在为群众解难事、办好事，把党的温暖送到这些人的心坎上，让特殊群体生活在幸福的康庄家园。

如今，广大居民群众尽享社区和谐与惬意，处处是忙碌而美丽的身影，处处是甜蜜而醉人的笑脸，康庄社区已经成为群众安居乐业的家园。

（作者系靖安新区康庄社区委员）

钉牢就业这颗钉子

董程鹏

践行初心使命　置身脱贫一线

工作以来，我始终不忘共产党员的初心和使命，勇于担当，积极作为，敢于到群众最需要的地方去，做出让领导放心、让群众满意的业绩。按照群众在哪里就业、服务就跟到哪里的服务理念，自2019年4月被选派入驻靖安建立人社扶贫工作站以来，我始终把干部脱皮换群众脱贫当作动力标，死守“零就业家庭”动态清零的底线，勇攀充分就业的标高线，有血有肉有情践行人社行业扶贫服务理念，坚守初心，勤勉好学，甘于奉献，恪尽职守，把为民服务的宗旨贯穿工作的始终，用心用情换取群众满意的笑容，在易迁一线彰显共产党员本色。

注重调查研究　脱贫措施精准

昭阳靖安易地扶贫搬迁安置区承接6个县，40549名易迁群众，一举成为全国最大的跨县区易地扶贫搬迁安置区。面对不同地域、不同文化、不同技能、不同的就业需求，如何实施精准的就业帮扶，确保有劳动力的搬迁群众实现充分就业，我用心血和汗水谱写致富蓝图，以户为单位全面摸清家庭成员的信息，有针对性地制定了“一人一策”帮扶方案。为确保信息准确，我积极向分管领导汇报，主动对接有关部门，在搬迁对象中招募20余名文化素质相对较高、服务意识好、沟通能力强的志愿者组建靖安信息指挥中心，通过电话实施“户户通、人人清”的信息动态摸排更新工作。同时，积极开展调查研究，全面掌握易迁群众劳动力就业分布、劳动技能、工作时长、工资待遇、就业期望等情况，摸清了易迁群众老、弱、病、残等群体的健康状况、所患病种、残疾等级，核实了在校生就读学校及年级专业情况，迁出后意愿就学地等，掌握了婴幼儿人群的基本情况。做到以户为档、对人对项建立“一户一档”“一人一册”就业帮扶台账，实现对象情况精准、帮扶措施精准，为“搬得出、稳得住、持续能发展，群众较满意”打下坚实基础。

结果是可喜的，但获得可喜结果的过程也是艰辛的，为了及时获取群众的准确联系方式，我积极与各迁出县区委组织部门（驻村办）协调对接，掌握、获取了各迁出县区村（社区）第一书记（工作队队长）、工作队队员、就业扶贫信息员等工作人员的联系电话，多渠道收集易迁群众的联系电话，白天带领志愿者打电话，晚上收集、整理当天收集到的群众信息，时常忙到深夜，工作地离家只要半小时的车程，而我却只能偶尔回去洗个澡、换身衣服，夜以继日地工作，真正体现了一名共产党员敢于奉献的优良品质。

群众的需求　工作的动力

一个有益于社会的人，无疑是一个有用的人，工作中始终把群众的需求作为自己的需求，把群众的期盼作为自己的期盼，经常性与群众拉家常、谈心声，做到了解群众情况实，制定帮扶措施精准。在日常工作中，我通过驻外人社工作站积极收集广东、浙江、上海等省外企业用工需求，逐一对接本地的用工大户，同时加大与人力资源公司的合作对接，收集用工岗位 4 万余个，重点将未就业劳动力就业意愿、务工技能与用工企业招聘条件进行双向匹配，利用电话、短信等方式进行点对点推送，为 2 万多人带来了致富的希望。

群众在哪里，服务就跟到哪里。群众搬来后对新环境相对陌生，主动寻求服务的意识不强，于是我带领同事，逐户上门服务，并为每一户群众送去就业服务卡、就业宣传日历，同时在社区门口设立常态化招聘现场，把就业服务点延伸到社区，在群众身边，办好群众事。

针对就近在农业基地务工的群众相对年龄偏大、文化较低、思想状态不一、工天记录不清等问题，我每天早上准时 7：30 出现在招聘现场，为群众做好务工登记，把群众有序引导交给基地负责人，并不定时到基地与群众沟通，掌握群众的务工思想动态，积极带头下地劳作稳岗，通过服务和精心组织累计向安置区周边基地输送大龄劳动力 2500 人次。

针对靖安易迁安置区工程建设量大、农民工人数多、灵活务工人员流动性大等特点，我依托人社扶贫工作站，开设了劳动维权窗口，多次召集由中国建业、海外等建筑施工企业，深圳伟业、重庆聚涌、四川嘉禾等劳务公司参加的农民工服务保障专题工作会议，就农民工工资支付、农民工权益保障等工作进行机制链接，沟通协调工伤事故 3 起，帮助农民工讨要薪资 11 起，涉及资金 80 余万元。

健全组织机制　密织保障网络

"感谢习主席，感谢共产党"。这是靖安搬迁群众口中说得最多的一句话。身处一线的我深知，这一句话是党领导下的高度组织化换来的结果，唯有在党的领导下，才有敢叫日月换新天的勇气，才有各级部门紧密协作，才有社会各界喷涌靖安的良好局面，也才有“搬得出、稳得住、持续能发展”的底气。强化机制建立、密织服务保障网络是提升组织化的前提，我根据搬迁群众就业实际及靖安产业发展规划撰写《靖安新区劳动力转移就业实施方案》《靖安新区公益岗位人员管理考核实施方案》《靖安新区社区就业工作站职责》等工作方案，积极推动组建了由社区党支部副书记任站长，149个楼栋长、25个就业扶贫信息员为成员的社区就业创业工作站；在社区成立了由社区党支部书记（或居委会主任）任组长的工业、蔬菜基地、马铃薯种植、食用菌、家政、建筑劳务队；建立了与广东、浙江、江苏、上海、重庆为主的46家人力资源公司、企业构成的靖安新区劳务协作群，组建1个社区劳务公司，确保易迁劳动力能够有组织化的实现外输、内培。

强化订单式培训　提升培训实效

技能培训作为脱贫致富的一个重大举措，我始终高度重视，始终把提升群众劳动技能作为着力点，切实提升群众就业竞争力，促进群众高质量就业，并组建了靖安新区技能培训学校，通过招投标引进3家培训机构，结合靖安群众的就业意愿、技能需求，淡化储备式培训，积极倡导订单式、定岗式培训，围绕产业园（洋芋帝国、蔬菜产业园、食用菌产业园、工业扶贫产业园）和区内就业实训基地（工业、蔬菜、马铃薯、食用菌、家政服务、建筑、自主创业），对工业厂房扶贫车间、江夏吉之汇蔬菜大棚、洋芋帝国、粤旺食用菌、乐活物业、中建、商管中心、中洁家政等企业和用工单位实施订单式培养，累计培训1756人，培训工种与就业岗位匹配率达45%，培训转移就业率达75%。有效提升群众的劳动技能，促进群众稳定就业。

地摊经济给446个有创业想法、无法外出的群众在灯火阑珊处找到温暖，为提高我们摆摊设点的市场竞争力，助力提升新区美食文化的内在吸引力，开展了特色小吃技能提升班，把技能提升培训与创业辅导有机结合，采用一对一现场教学的方式，认真提炼已经营的每一个菜品，根据经营项目教授针对性新菜品，确保摊贩的销售品类多而不重，精而有味，有效规避市场竞争，提升整体消费氛围。

疫情面前勇上前　复工复产见真情

疫情就是命令，群众安全高于一切，2020年的春节我只是陪家人短暂地吃了年夜饭，便投入到疫情防控工作中，逐一向疫区回流务工人员进行电话回访，对重点人群开展逐户走访监测，由于物质紧张，医用口罩紧张，我用纱布自制口罩，反复消毒使用。有人劝导我，你又不是专业人士，何必往前冲，我说："我曾经是一名火线入党积极分子，自从站在龙头山废墟上宣誓那刻起，我就时刻准备着为党和人民牺牲一切，现在人民群众的生命安全受到威胁，我岂能退缩。"在我和同事的努力下，靖安新区人员复杂、返乡人员较多的全国最大跨县安置区始终守住零的底线。

当疫情得到控制，组织复工复产时，我严格按照疫情防控的要求，采用点到点，无交流式的方式有序地把群众带到指定大棚务工，组织群众采摘蔬菜支援武汉，随着全国吹响开启复工复产的号角，我及时发挥靖安劳务协作工作群的效能，收集复工复产信息，那段时间云MSA短信送岗平台、大喇叭、电话、微信群火力全开，及时将岗位信息、出行时间、出行方式、防控须知等信息传递给群众，协调卫生院上门体检，开启靖安"点对点""一站式"的第一天发布信息，第二天组织外出的高效模式，累计包大巴出行42车次1050人，组织拼车出行2015人，组织乘坐火车3152人，通过全方位保姆式服务，有效打消群众畏惧外出的心理，进一步做到保存量，稳增量，促进易迁群众稳定增收。

截至目前，靖安新区农业、工业、商贸业互相补充，社会保障体系健全，就业服务网格化脉络清晰，搬迁群众就业率达 95.13%，顺利实现“搬得出、稳得住、持续能发展”。

（作者系靖安新区党工委办公室工作人员）

行走在扶贫路上

唐 艳

曾经看过我的同事张昌飞的一篇工作日记，写的是8月6日（阴，小雨转晴），日记的内容是这样的：

今天运气还可以，工作比想象中完成得好。清早7点30分冒雨出门赶往白利沟社，由于路太滑，我和罗支书两人从车上摔了下来，我的膝盖擦破了，支书的左手也破皮了，全身都是稀泥巴，我俩成了两个大泥人，但好在车上拉的蜜环菌一瓶也没有摔破。我们顾不上疼和脏，赶紧又骑车走，想赶在村民出门前把蜜环菌分发给他们。所幸因雨村民出门晚，村民都在家。蜜环菌分发到各家各户时已经中午12点50分了。有些村民担心我们带去的菌效果不好，我俩又用大喇叭给大家讲解、分析了好久，嗓子都干哑了，才坚定了大家的信心。

按照之前的走访计划，今天还得去看看马家坡陈富平家搬新房的事。因为他老伴才过世大半年，他不想搬，他总说："怕婆子回家来看不到人，新房子她又没有住过……"虽然老人的想法带着封建迷信，但也是情深一片。我之前去过3次了，每次老人都说："小张，等等，过两天就搬了。"可他还是舍不得搬。我理解老人，但是我也得为他着想啊，明天就立秋了，小雄马的气候一立秋就开始冷了，感觉抵得上昭通城的初冬了。老房御寒效果差，儿女又在外打工，一个人随时冷火秋烟的，得让他搬新房去热热乎乎的过冬啊！

推开陈富平家大门，他一人正在烧洋芋吃，看我进屋，递给我一个剥好的大洋芋，非要叫我喝一口烧酒暖暖，虽然不想喝，但是想到今天的工作目的，我只好硬着头皮接了过来。我说："老哥呀，虽然嫂子走了，但是活着的人还是要好好过下去，你要想想过年过节的孩子们大老远回来，你要给孩子们一个温暖明亮的家啊！城里长大的孙子们是不会喜欢这个老房子的，你要搬进新房子，孙子们才和你一起住啊。再说了，你福气好，儿女打工挣钱给你修好大房子，还买了弄个多的新家具，还有大彩电、取暖炉、电饭煲这些，你收拾衣服搬进去就住起享福了，你早一天搬进去，新房子就早一天有人气，儿女孙子也早一天回来啊。"酒过三巡，话匣子也打开了，也许是说道孙子要回来就是去新房子，也许是看我专程去他家次数多了，反正今天运气真的好，他最终彻彻底底答应搬家了，说明天就开搬，等搬好就打电话给我，叫我一定要去他新房子吃饭，我高兴地许诺他，到时候我一定给他提两瓶好酒去。

下午 6 点 20 分，终于回到村委会食堂，吃上晚饭了。说实话，今天很累，这时候膝盖也隐隐有些痛了，但今天的工作推进很顺利，再累也值得了。洗洗这一身的泥，睡吧，明天还得去镇上培训呢。

张昌飞作为一名扶贫干部，工作地点是小雄马。自从来到小雄马后，他想的是小雄马村的脱贫工作，思的是小雄马村的贫困群众。

余家坪社的朱明贵，已是 69 岁高龄了，妻子李启珍 68 岁且双眼失明，二人无儿无女，自身残疾，仍居住在石混结构的房屋，是国家特困供养贫困户。虽然家有耕地 3 亩，退耕还林 13.09 亩，但因年事已高，思想守旧，加之无劳动能力，日常生活相当不便。张昌飞了解到此户情况后，坚持 1 周 1 次入户走访两位老人，面对面宣传医疗、教育、安居、救助等政策，使其及时了解掌握党和政府的富民惠民政策，先从思想上帮助二老有主观脱贫的信心；向村"两委"汇报，协调医生每月定期为两位老人做 2 次身体检查，几次遇到村卫生室刚好没药，还专程去县城帮老人买药；逢年过节，张昌飞都会给老人家送油、米、面、月饼、牛奶；多次与老人沟通，免费提供天麻麻种和蜜环菌菌种、培训天麻种植技术，谋划他家脱贫措施；积极奔走村委、镇扶贫办，帮忙联系猪崽、牛犊到圈，从人力、物力、财力等方面进行协调帮扶。通过一系列的帮助，朱明贵一家的生产生活有了很大改善。

张昌飞及其工作队还为朱明贵争取了农危改指标，将其原石混结构住房拆除重建砖混结构，解决了其住房不安全问题。新房完工后，又为老人添置木床，购买厨房用品、被褥、衣柜等，考虑到老人年老需保暖，为其保留了原来的烧煤炭火取暖的生活方式。又因其房屋坐落于半坡，出行主路和取水点距其房屋有一段距离，下雨天路滑，张昌飞多次给村委、镇政府汇报，为其争取短板资金硬化入户道路及院坝，老人出行方便又干净，再也不像从前一样一出门就泥巴裹满裤腿。将自来水安装入户，不但用水安全达标，健康卫生，取水也不像从前受下雨、下雪困扰了，什么时候要用什么时候取水。朱明贵二老逢人就说共产党好、扶贫工作队好。

张昌飞没时间回去照顾年幼的孩子和年迈的父母，电话里孩子稚嫩地喊叫着："爸爸，你要回来带我了不？"常让这名七尺男儿泪水盈眶。他说："扶贫是一条责任路，是一条辛苦路，是一条感情路，更是一条长久路，自己将会在这条路上一步一个脚印地走下去。"

（作者时任昭通市天麻研究院信息中心主任）

聚力不松劲　攻坚战犹酣

章　治

在绥江县新滩村有着这样一群人，长期奔波在田间地头和农户家中，他们肩负着小康路上“一个都不能少、一个都不能掉队”的历史使命，心系困难群众；他们走村串户，访贫问苦；他们帮助贫困群众解难题，帮扶贫困群众摆脱困境，让贫困群众脱贫愿望变成现实。这群人就是云南省搬迁安置办公室（原云南省移民开发局）驻绥江县新滩镇新滩村驻村扶贫工作队。

深入基层，了解民情民意

驻村之初，为尽快掌握全村实情，他们每天起早贪黑，用自己的脚步丈量着新滩村的土地，走访全村农户。每到一户，都和村民拉家常，详细了解他们存在的困难、需要解决的问题和发展的意愿。扶贫不畏山路险，短短三个月的时间，他们走遍了新滩村 785 户农户，收集问题 200 余条，召开群众会 30 余场次。走访之初，当地的群众从心眼里不信任他们，他们处处碰壁，却依然热情洋溢。群众不配合工作，只有认真解释。慢慢地，在大家谦和的态度下，群众抛开了隔阂，掏心窝，共聊发展的愿望。

筹资金，解难题，办实事

从前期入户走访收集的资料显示，新滩村村民主要收入来源是种植半边红李子和外出务工，产业覆盖面窄。半边红李子产量大，产业覆盖面宽、量大，但由于没有技术支撑，产量低、品质差、无销路，这是急需解决的问题。要想产品质量高、产量高，做大做强产业，就得掌握先进的技术、便于运输的产业路和属于自己的育苗基地。于是他们多方协调、不懈的努力，单位同意划拨 50 万元资金用于新滩村扶贫帮扶项目建设。经过与村“两委”商量，确定了这笔资金的使用：6 万元用于培训全村果农种植技术提升；10 万元用于产业路建设；12 万元用于农村卫生厕所及三格式化粪池建设；12 万元用于育苗基地建设；10 万元用于奖励农村家居环境卫生优秀家庭。

积极宣传脱贫攻坚各项政策措施

积极宣传动员群众跨省搬迁。按照《昭通市跨省搬迁安置试点工作领导组办公室关于进一步做好跨省搬迁安置试点工作的通知》的要求，驻村工作队继续深入重点区域和重点人群进行政策再宣传和思想再动员，讲清楚跨省搬迁政策，坚定群众对跨省搬迁的信心和决心。截至 2019 年 12 月 31 日，全村共 59 人签订跨省搬迁安置协议，缴纳了安置保证金。到 2020 年 3 月 18 日新滩村第一批赴阿拉尔跨省搬迁共有 33 人。

动员劳动力外出务工。为减轻疫情影响，稳定群众增收，巩固脱贫成果。驻村工作队队员下沉一线，到组到户动员农村劳动力外出务工，在大家共同努力下，截至目前，新滩村外出务工 1246 人（全村劳动力 1739 人），占全村劳动力的 71.65%。

认真做好控辍保学宣传引导工作。驻村工作队到村组开展了控辍保学工作会，向全村群众宣传控辍保学的相关政策文件，积极劝导有不想上学思想的学生。通过耐心宣传教育，全村义务教育学生 422 人，无 1 人辍学，实现义务教育阶段零辍学。

着力解决“两不愁、三保障”突出问题

住房保障方面。在前期摸清底数的基层上，对全村存在的危旧房，采取应拆尽拆，对只有一套住房的，又无力拆除重建的，采取维修加固和提升人居环境相结合的方式，解决住房安全问题。

收入达标方面。通过加强引导劳务输出、大力发展种养殖业、农村低保、生态补偿、农业直补等方式，目前全村人均纯收入达到 6480 元。工作队深入到每家每户认真核实收入情况，确保了数据的真实性、合理性。

饮水方面。工作队协助村“两委”按照水量、水质、用水方便程度、供水保证率 4 个方面的新标准，逐项摸底排查，逐户综合评判饮水是否安全有保障并加快整改，通过摸底排查，全村在饮水安全方面不存在问题。

教育方面。严格执行资助政策，针对因学致贫户的贫困学生，认真执行中央和省市教育政策和《绥江县教育扶贫实施方案》基础上，全面落实小学教育、初中教育、高中教育、中职教育、高等教育“五免两补一贷”补助政策，实现贫困学生上学减负。开展教学帮扶，采取分类挂钩、干部帮教的方式，爱心爸妈结对关爱贫困户留守儿童、小学教师划片负责小学生、教职工挂钩帮教贫困户初中生、机关企事业单位干部结对挂钩高中、中职和大专以上贫困户学生，中小学教师挂钩帮扶贫困中学生，干部职工帮扶高中及以上贫困学生，实现贫困学生挂钩全覆盖。

医疗方面。严格落实贫困人口 100% 参加基本医疗保险和大病保险、符

合条件享受医疗救助政策。工作队下沉到村组全面摸排患大病、重病家庭，数据收集好后，与村“两委”及时召开工作会研判确定后，动态纳入或落实兜底政策，严防医疗支出过大导致漏评、错退和返贫。

全力做好2020年度国家脱贫攻坚成效考核普查的工作。制定了迎接国家脱贫攻坚普查预案，参加了上级培训5场次，对369户建档立卡户进行了科学分组，制定了普查路线，对村引导员、引路员进行了专项培训，对后勤保障工作做了合理安排。深入村组对群众再教育再动员，确保思想统一、行动统一，真实反映脱贫攻坚的各项工作。合理分工，认真完成脱贫攻坚住房安全保障核验录入工作，走访每一户建档立卡户，仔细询问户主、入户查看房屋实况、拍摄照片资料并录入收集APP。在户数多、面积广、时间紧、网络慢的情况下，新滩镇率先高标准完成了住房安全保障核验录入工作。

积极推进各项帮扶项目建设

按照《云南省搬迁安置办公室关于新滩村2020年脱贫攻坚巩固提升方案》，目前已完成三格式化粪池建设142户；对桂花片区产业道路砂石化处理3.1公里；已与绥江县兴邦农业开发有限公司签订正式合同，以1元/斤的价格收购农户低质量半边红李子，保底农户收入；爱心超市已兑现8600元商品；半边红李子原种培训基地正在建设中。

新滩村的百姓是幸运的，有这么一群可爱的“外来人”牵挂他们、帮助他们、改变他们，让这个贫困的山村发生了天翻地覆的改变。这群“外来人”讲政治、顾大局、守纪律，努力克服生活、家庭和工作上的各种困难，一心一意扎根农村；走百村、串千户、察民情、听民声、摸实情、找穷根、定富策，为精准扶贫、精准脱贫确立了坐标，找准了靶向；他们充分发挥熟悉政策、视野开阔的优势，用足、用好、用活各项扶贫政策，为贫困村产业发展献计献策；他们勇于担当、主动作为，把项目和资金落实到扶贫第一线，大力改善农村基础条件，提升人民福祉。

（作者时任云南省搬迁安置办公室四级调研员）

炼初心　扬匠心　助脱贫

王　军

我于 2017 年 11 月调入昭通市移民开发局（2019 年机构改革更名为昭通市水电移民工作办公室）任职时，单位挂钩帮扶巧家县炉房乡炉房社区已有 3 年，已相继派出了 8 名党员干部到村帮扶。通过反复多次的入户走访调查，特别是经过 2017 年的精准识别，我们对炉房社区的村情、贫情已经做到了底数清、情况明。接过接力棒，不容迟疑、不能观望，我必须立即进入角色，深入分析研判，尽快明确思路，带领单位全体干部职工以“不破楼兰终不还”的决心和勇气投入到大决战中去，和挂钩乡、村干部群众一起攻坚克难，共同完成脱贫攻坚的最后冲刺。

锤炼初心，勇担帮扶使命

炉房社区位于炉房乡政府驻地，土地面积 36.29 平方公里，辖 41 个村（居）民小组，最高海拔 3041 米，最低海拔 1800 米，属于高寒山区，人均耕地不足 1 亩，粮食作物以洋芋、玉米、荞麦为主，有农户 2134 户 6811 人，其中建档立卡户 607 户 2809 人（其中，因缺技术致贫 221 户，占比

36.4%；因交通落后致贫116户，占比19.11%；因病残致贫99户，占比16.3%）。总体呈现贫困面广、贫困程度深、发展动力不足的特点，具体表现为：一是居住条件差，全村C、D级危房占比达80%以上，砖混结构安全住房屈指可数。二是基础设施落后。乡集镇只有约300米街道，三天一赶集，商品种类少，无购物超市、无酒店饭店。社区内村组道路多为泥泞土路，雨季通行困难，部分村民小组饮水困难，无文化活动场所。三是人居环境差，炉房水库周边无正规的垃圾处理场，无垃圾清运设施，瓦窑河河道泥沙淤积严重，周边住户和农作物汛期时经常受灾。加之受长期以来“人畜共居”的习惯影响，村内“粪水乱流、垃圾乱扔、苍蝇乱飞”的情形随处可见。四是增收渠道窄，无规模化特色产业、无集体经济。村民收入主要靠家庭分散种养殖和零散外出打工，加之劳动力总体受教育程度低，导致外出务工收入低。

“路漫漫其修远兮，吾将上下而求索”。面对实实在在的村情贫情，我深感责任重大。

坚定信心，明确帮扶思路

2015年至2017年，市水电移民办已通过移民后期扶持项目、移民实施管理费的投入，累计争取和安排了上千万资金在炉房社区进行道路硬化、产业扶持、活动场所建设、春耕物资发放、劳动力技能培训、特殊困难救助等。我的战友们在挂钩扶贫这条战线上，已经做了很多深入细致的工作，炉房社区的面貌有了很大改观，实现113户503人脱贫出列，干群之间建起了很深厚的感情。

我到任后初次到炉房，与干部职工、群众代表、老党员座谈，他们便能与我敞开心扉交流，我从中深切感受到他们对党和国家扶贫政策的感恩，对市水电移民办挂钩帮扶成效的肯定。但经过多次深入调查研究后发现，炉房社区“贫困面广、贫困程度深、发展动力不足”的情况尚未从根本上得以改变，贫困形势仍然不容乐观，2020 年前如期实现炉房社区脱贫出列，依然任重道远。在与炉房乡党委政府和社区三委多次沟通座谈后，我们单位以挂钩村如期实现脱贫出列为目标，对照户脱贫和村出列标准，以解决“两不愁、三保障”为重点，多次组织召开党组会专题研究，召开干部职工大会集思广益，群策群力想办法，最终确定了以炉房水库移民后期扶持为突破口，充分发挥移民部门后扶资金项目优势，着力抓实基础设施建设、产业调整、环境改善、素质提升“四大工程”，多渠道全方位助力炉房社区脱贫致富的工作目标和思路。

弘扬匠心，助力脱贫致富

（一）抓政策宣传促思想转变，吹响脱贫总攻“冲锋号”。我们认真贯彻党建与扶贫“双推进”的要求，在炉房社区全面推行“党费日”“党员固定活动日”“党员服务日”等制度，引导机关党员、社区党员、村组党员亮身份、亮承诺、亮任务。在炉房社区各村民小组成立了党员突击队，将单位机关党员和非党员干部全部编入党员突击队，吹响了“精准扶贫我是党员我先上”的号角。通过开展“听党话、感党恩、跟党走”感恩教育，提振贫困群众的精气神，变“要我脱贫”为“我要脱贫”，多层次全方位开展脱贫技能培训，300 余名贫困劳动力熟练掌握了 1 门技能，上百名贫困群众通过职业技能鉴定，切实增强了“造血”功能。通过系列活动，党支部的领导核心作用、战斗堡垒作用和共产党员的先锋模范作用得到充分发挥，党建与扶贫实现深度融合、互促共进，为打赢脱贫攻坚硬仗提供了坚强组织保障。

（二）抓队伍建设促组织保障，筑牢挂钩帮扶“连心桥”。脱贫攻坚任务能否高质量完成，关键在人，关键在干部队伍。5年挂钩扶贫，我们在移民搬迁安置任务异常繁重的情况下，累计向炉房社区择优选派驻村工作队队员四个批次共10人、督导员2人。这12人中有共产党员10人，民主党派1人，非党干部1人。他们中有分管多年党建及扶贫工作、经验十分丰富的杨永剑副书记，熟悉后扶项目管理的张树华科长，基层工作经验丰富的何吉友科长，担任过乡长、熟悉政策的肖宇谋同志，工作细致、认真负责的何丽平、杜明仙、高雯雯同志，服务意识很强、善于群众工作的王崇义、夏梦同志，思想活跃、充满朝气的赵平、张长艳、曹先平同志。他们前赴后继，克服重重困难到村帮扶，从精准识别、精准施策、精准帮扶和精准脱贫等环节全程参与，扎扎实实地开展各项业务工作，协同推进基础设施改善、特色产业培育、人居环境治理、基层文化建设，用点点滴滴的工作筑牢单位与挂钩村之间的“连心桥”。

（三）抓基础设施促功能提升，强化乡村发展“支撑力”。一是道路交通方面。我办争取移民后扶资金投入1057.63万元，实施道路硬化项目16个，使炉房乡4个村20个村民小组道路交通条件得到极大改善，加上县、乡两级争取实施的国土整治项目，炉房社区41个村民小组，除整体搬迁的以外，已全部通硬化道路，群众出行更加便利，为种养殖业发展提供了基础性交通保障。二是其他建设方面。投入47万元实施了炉房中学至狮子山新街路口92盏新能源路灯项目，改变了炉房乡集镇老街道夜晚一片漆黑的情况；先后投入256.89万元，建设了荒田村大花地、鲁德村云盘、炉房社区老房、小坪子、阿雀卡、狮子山、垭口等六个村级活动场所，使项目覆盖村民小组集体活动有了固定场所，村民文化生活得到极大丰富。

（四）抓产业促群众增收，开启乡村经济“加速器”。一是荷兰豆种植取得成功经验。2017年，我们投入20余万元支持炉房社区成立玉和农民专业合作社，又投入80万元组织实施千亩荷兰豆种植，项目采取“党支部+合作社+公司+农户”的模式，广泛吸收建档立卡贫困户参与种植，当年实现荷兰豆亩产1000—1200公斤，净收益520余万元，为炉房社区集体经济创收10万元。从种植到产出全过程，吸收20000人次劳动力就业，每日平均工资80元，带动群众增收160万元，带动了195户796人脱贫出列。在取得成功经验后，2018年，我们又投入49万元对该项目进行持续扶持。二是果蔬种植项目初见成效。2019年，我们投入150万元移民专项资金，由玉和专业合作社组织实施100亩蓝莓种植，建设20个果蔬大棚，实现亩均收益6000元左右，为炉房社区集体经济创收10万元，带动22户98人脱贫出列。三是种草养畜项目深受群众欢迎。2019年，我办投入49万元在炉房社区发展种草养畜项目，组织农户种植300亩牧草，购买450只羊发放给贫困户饲养，帮助项目覆盖的225户建档立卡户实现人均增收328元，受到群众的广泛欢迎。

（五）抓治理促环境提升，打开村容村貌“美颜键”。一是抓村容村貌治理。我办先后投资450万元，在炉房乡炉房社区老街实施“美丽家园·移民新村”建设项目，对房屋外观进行风貌打造，新建移民文化活动场所，实施排污沟和公厕改造，建设乡村文化宣传栏等，使项目覆盖村组人居环境面貌焕然一新。二是抓库区周边环境治理。通过投入198万元，实施库房水库周边15公里范围内树木种植、卫生整治，投入49万元采购拖挂式垃圾斗60个，钩臂垃圾车2辆，使库周环境得到绿化和美化。三是抓河道治理。通过投入518万元实施瓦窑河河道治理项目，改变了瓦窑河河道泥沙淤积，汛期洪水泛滥的情况，瓦窑河道两岸百余户住房及土地、庄稼得到保护。通过长期的引导宣传，炉房社区80%以上农户实现了人畜分离，居住环境得到极大改善。

（六）抓细节促爱心帮扶，打好协同推进“组合拳”。我办大力压缩单位开支，千方百计筹措各类经费，力所能及地帮助乡村两级解决一些实际困难和问题。截至2020年，从单位工作经费中直接投入帮扶资金496.98万元，其中用于老党员、特殊困难户和贫困学生慰问28.23万元，解决党建及办公经费95.1万元，购买春备耕物资89万元，购买生活用具55.04万元，进行项目扶持 184.22 万元，解决其他实际问题共计 45.39 万元，共惠及炉房乡群众 10000 余人，得到广大基层干部和群众的一致认同。

砥砺前行，巩固帮扶成果

2017 年年底以来，我目睹炉房乡狮子山新集镇建设完成，300 余户群众从大山深处搬到集镇住上新居；目睹新集镇上建起集贸市场，一家又一家酒店饭店开起来，超市里商品琳琅满目，赶集天小汽车停满集镇周边；目睹炉房社区基础设施改善了，特色产业发展起来了，集体经济壮大了，外出务工有保障了，垃圾处理规范了，人居环境美化了，老百姓的日子越过越红火了，2019 年年底顺利实现脱贫出列了。但我和战友们深知，贫困情况是动态变化的，刚刚脱贫的群众还比较“脆弱”，我们依然要坚持脱贫不脱钩的原则，与乡村两级一道建立健全防止返贫监测和帮扶机制，坚持党的领导激发贫困户内生动力，盘活产业就业增加贫困人口收入，全方位巩固挂钩扶贫成果，真正实现挂钩村稳定脱贫。

（作者时任昭通市水电移民办党组书记、主任）

兆佳坝上菜花开

龙亚东

绥江县是昭通市委市政府列为昭通2018年最早脱贫摘帽的两个县之一，兆佳坝是全县最大的安置点，规划用地面积24.610万平方米，建筑面积25.412万平方米，预算投资82945.617万元，规划设计房屋33幢11层共2143套住房和配套设施。这个大工程具体建设的任务落到了我们住建局的头上，建设的大幕徐徐拉开。

舍小家　顾大家

2018年的春天，绥江县城边兆佳坝上的油菜花开得格外艳丽。绥江县住建局局长苟仕荣、副局长苟小芳带上我们县建筑质量检测站的几个技术人员，陪同中南设计院的罗金生、瞿宇等设计人员驱车来到了兆佳坝，在满是油菜花的田地里，就绥江县最大的易地扶贫搬迁安置点进行选址，对建设场地地形、区域红线、多余土石方回填位置等进行仔细踏勘，对勘察、设计以及配合中城镇将该安置点内原有农户住房拆迁赔偿、征地等工作进行考察安排。

不久，开满油菜花的田地里，地质勘察的钻机进来了。钻机的轰鸣声打破了坝上往日的宁静。最初由于地勘方面工作还未理顺，地勘单位进场的钻机数不多，进度不能达到项目建设的预期要求。这个时候，由于妻子刚生了二宝，我正在陪护假期间，局长苟仕荣打电话给我："亚东啊，你的陪护假怕休不了了，赶紧带起陈正明、王厚兵他们到易迁项目地来，给地勘单位计算一下，根据钻孔总量是多少米，20 天完成现场作业需要多少设备，抓紧给中南院地勘队联系，督促他们增加设备。"接到命令后，我离别才生育的妻子和才出世的孩子，赶紧带领同事来到现场，协助地勘队研究加紧施工的事。经过协商，地勘队又先后进场了 3 台崭新的地质钻机。在勘探高峰期，整个场地内有 6 台地质钻机同时在不停地工作，为后期项目的设计、施工提供了强有力的保障，争取了一定的时间。

办法总比困难多

场地内的农房实物调查、征地和拆迁工作紧锣密鼓地进行。

2018 年 3 月 5 日，中城镇副镇长王国军、吴清贵等征地拆迁组人员在做兆佳坝农户兰怀志拆迁工作时遇到了困难。该户对其房屋结构被认定为砖混一直不接受，不配合征地拆迁工作。他本人认为他的房子浇了好几根柱子，又做了圈梁，就应该被认定为框架结构，不然就不同意拆迁。当时建设场地内的其他户都基本拆完，如果这户拆迁不了，会影响整个搬迁进度甚至工程建设进度。当天下午，我和建设组王厚兵一起与征地拆迁组组成联合工作组，到该户做工作。我们建设组从专业的角度给户主兰怀志耐心讲解了框架和砖混两种房屋结构的区别和施工的不同步骤，终于解开了他们的心结，当场签字并同意马上拆迁。

按照县易迁指挥部的工作安排，县住建局对兆佳坝安置易迁项目的建设工作总体负责。“兵马未动，粮草先行”。工程勘察、设计、招投标工作完成，进入施工阶段后，首先要解决的是“三通一平”，即水、电、路的问题。

兆佳坝易迁安置点开始施工的时候，仅有1条2公里多的硬化公路通往施工区域，从城关中学通往施工现场有一段约80米的死角弯，其坡度达到18度，也就是这个18度80米短坡成了阻碍兆佳坝安置点顺利建设推进的一大瓶颈。这个陡坡对运输车辆的性能、驾驶人员技术都是较大挑战，许多大车驾驶员看到这段路都打起了退堂鼓。

为了将易迁工程所需的11329吨钢筋、13756.6吨水泥、1776.7万块砖，123977.5立方米混凝土等主要材料运到现场，保障该安置点施工能有序进行，经易迁指挥部、云南建投项目部和监理单位的领导与有关技术人员都到实地踏勘，大家研究后初步形成3个解决方案。

就在方案还处于研究比选阶段的时候，一辆装有空心砖的双桥大货车就从该陡坡转弯处掉到6米多高的路坎下，还好货车司机跳得快没有伤到人。此后不到1个月的时间又有一辆拉散装水泥的罐车从该位置掉下去，幸好没有造成人员伤亡。

再也不能等了！云南建投项目部立即启动实施了第三方案。对道路采取增加防滑条和刻防滑槽的方式增加地面摩擦；要求车辆少拉多跑；后面针对施工车辆车轮带泥、坡陡、易滑的现象，增加了水洗路面措施来解决。

质量第一

我作为建设单位现场负责人，与规划建设办一班人从勘察和设计就开始了工程的质量管控工作。2018年5月8日，我在巡查易迁场平施工E7地块13号楼DTQ03号挡墙施工质量安全时，发现挡墙施工班组未按毛石混凝土挡墙施工工艺进行操作。正常工序是先将混凝土浇入仓内后，按体积比将30%的毛石抛入仓内。而该段挡墙的施工人员是先将成堆毛石放入浇筑仓内（毛石放入比例严重超标），然后放入混凝土才开始振捣，严重违反施工工艺，存在质量隐患。我当即要求监理单位督促施工单位及其施工班组马上整改。2018年5月9日早上，我组织现场巡查时发现该段挡墙存在空洞，立即召集施工、监理召开现场办公会，马上对该段挡墙进行拆除重修。

交 卷

兆佳坝安置点的建设，虽然困难重重，但通过各参建单位的共同努力，如期完成了建设任务，让易迁群众在2018年年底成功搬迁入住，为2018年绥江县的脱贫摘帽提供了保障。当看到贫困群众兴高采烈搬迁时，我们住建人感到无比欣慰。所有的辛酸苦辣，是值得的。

凌寒冒雪几经霜，一沐春风万顷黄。每当春天来临，兆佳坝安置点周围的油菜花依然成片地盛开着。那让近7000名群众幸福生活的33栋11层建筑与绽放的油菜花一起静立兆佳坝。

（作者时任绥江县住建局质安监站站长）

一切为了群众　为了群众的一切

何开美

本着“一切为了群众，为了群众的一切”，服务好安置区群众，是社区工作的宗旨和意义。

特殊时期特别的爱

2020 年，新型冠状病毒肺炎疫情蔓延开来，从城市到乡村组织起一支支抗疫队伍。在卯家湾安置区党工委的统筹安排下，卯家湾社区疫情防控工作由党员带头，与社区干部、医生、警务人员、物业管理人员等一起为人民群众筑起一道安全防护线，让安置区的搬迁群众倍感心安。

为群众代购。为了让搬迁群众尽量少出门、不出门，社区推行温馨的全程代购服务，安排专门的采购员，对社区群众的生活必需品专项购买、专项消毒。社区群众列出所需物资清单，统一交给专门采购员，由采购员统一到定点超市采购物资后通过社区人员将物资送至居民家门口。这样最大限度地减少居民外出和人员流动，有效阻断了疫情传播渠道。

对特殊群众进行特别关爱。对社区特殊群众，工作人员更是无微不至的关心，每天嘘寒问暖，询问他们身体状况，安抚他们的情绪。工作人员对不识字的群众耐心、细致地解释，把疫情防控的精细化管理要求落到实处。嗓子哑了、脚磨破了皮依然坚持。

推进群众就业。当经过几个月“白＋黑”模式对病毒进行严防死守后，卯家湾社区工作人员又为广大群众就业问题忙碌起来。给他们宣传疫情期间外出务工的相关政策；对有意愿到省外务工的做好登记，带他们开具健康证明，集中转移输出；意愿就近就业的核实并推荐岗位，企业复产复工后即刻到岗；对想自己创业的开展培训班；对有劳动力但无法外出的就业人员，一部分人到香葱基地、食用菌大棚、箱包厂、服装厂、电子厂等企业就业，一部分人通过拓展公益性岗位，开发环境保洁、治安巡逻等公益性服务岗位，实行有劳动力的家庭至少有一人就业的保障政策。

关爱老年人

社区好不好，社区住户最有发言权。老年人作为社区的特殊人群，理应受到关爱。2020 年 8 月 7 日，在党工委、卯家湾社区的支持下，顺心驻卯家湾社工在卯家湾社区老年活动中心开展了“社区建设我可以”卯家湾社区老年人活动，共有 20 位老年人代表参与本次活动。社工通过大量生活中的例子生动形象地讲述电信网络诈骗的类型，提高老年人防范意识。社区还构建了让老人们快速融入社区、参与社区建设、增强社区归属感的社会支持网络。

重视儿童健康成长

为了社区儿童健康成长，社区联合鲁甸顺心社工组织，针对社区儿童心理特征，于 2020 年 6 月 14 日，卯家湾社区特邀请鲁甸顺心入驻春熙社区两名社工在社区举办“专业社工　守护儿童　托起希望”活动。通过支援前线、开火车、蒙眼打鼓等游戏，不仅让卯家湾社区 80 余名孩子在活动中玩得开心，而且认识了更多的新朋友，意识到团队及其协作的重要性。

在砚池党工委、卯家湾社区的支持和东莞市大众社工督导的指导下，鲁甸顺心驻卯家湾社区社工组织开展“童心向党，关爱同行”卯家湾儿童友好社区针对卯家湾社区 1—6 年级儿童提供系列社工服务。第一，鲁甸顺心社工带领小朋友们一起打扫儿童之家、整理图书。第二，活动以学业辅导作为常态化服务，保证参加活动的小学生可以完成暑假作业，同时还开展舞蹈、手工、绘画、观影等活动。由社工教孩子们《杯子舞》以及小朋友自选自教舞蹈《听我说谢谢你》。在开展“我们是一家人”手工活动时，保雅怡小朋友问社工：“姐姐，这些都是我们国家的民族吗？她们的衣服还挺好看的，但我都没见过穿这些衣服的人。”鲁甸顺心社工以小朋友的问题为切入点，为她们讲解了我们国家民族的构成、风俗习惯、服饰和节日等基本情况。同时请回族小朋友向大家介绍回族的节日、风俗和服饰特点，增强孩子民族团结意识，同时促进儿童同辈交流，丰富其暑期生活。

多彩的服务

按砚池党工委要求，卯家湾社区的工作人员，从不停歇、齐心协力、服务无止境的为搬迁群众服务，对所有住户进行“红、黄、绿”灯分类。对

“绿’灯家庭楼栋长每户做到每周回访一次，每周对有变化的做一次“周动态”。对“黄”灯家庭回访2—3次，使用“望闻问查”工作方法，掌握情况并及时解决问题。对“红”灯家庭进行重点关注，要求楼栋长必须“日随访”，及时掌握动态情况，了解住户需求，确保他们在生活上有困难及时解决。让高龄独居老人、重度残疾群众有依靠，特困人员有救助，困境儿童和孤儿有帮扶，残疾、智障人员有关怀。

（作者系卯家湾新区党群服务中心工作人员）

民情日记

徐应涛　黄诗隆　许祥龙

自从 2019 年 12 月 20 日群众搬迁入住后，卯家湾安置区的工作重心从“搬得出”向“稳得住、能致富”转变。为了让搬迁群众尽快融入新社区、新环境，卯家湾安置区推进“354”“红黄绿灯”“楼组党建、楼栋治理双推进”等管理办法，以极富特色的方式推进了服务效果。

做实“日随访”工作　关注困难群体

早上到办公室打完卡后就径直奔向 2 栋 2 单元 1404 看望我的日随访对象王启珍老人。老人一家是今年 3 月份从巧家县搬迁入住的，家里还有一个儿子和三个在上学的孙子，儿子余文发前几天突发意外去世，老人在承受着丧子之痛的同时还要照管好三个未成年的孙子。老人已经 80 岁，身体还算健康，这时送三个孙子坐公交车去上学后还买了菜回来准备做饭。在谈及刚去世的儿子时，老人又忍不住流下泪来：“我这个儿子是家里的顶梁柱，家里的一切都还要靠他，哪不妨会走在我的前头。我倒是不打紧，只是我的三个孙儿以后咋个办哟？”我一边安抚着老人的情绪，一边递纸巾给老人擦眼泪。待老人情绪稳定一些后，我到厨房里看了一圈，米、油都还有。我嘱咐老人家里如果有什么困难要及时向党工委和社区反映，老人表示了感谢后送我出了门。

随后继续走访2栋2单元1103的日随访对象孔祥秀老人。老人一家从巧家县搬迁过来以后，由于家里的其他人都在外打工，小儿子放不下心，陪着母亲住了一个月后才去贵州打工。临行前我一再嘱咐他，要每天都给母亲打一个电话，如果有什么突发情况的话要赶紧联系我。开门后老人见是我，热情地招呼我进屋坐下，随即拿出水果塞到我手里。聊天中，我了解到老人不会开电视机。我问她想看什么电视，老人想了一下说道："我想看孙悟空。"我找出电视剧《西游记》的时候老人一下子就乐了，一直说着感谢政府、感谢党的话。我教会老人电视机的使用方法后离开了她家。

来到社区，和杜家雄副书记说明了王启珍老人家的情况。由于她家三个小孩的母亲几年前离家出走，不符合认定为孤儿的条件，所以只能认定为困境儿童。由于现在临时救助还只能是由迁出地发放，所以只能和巧家工作组对接完善下一步的救助金发放工作。

和群众"拉家常"是一种"接地气"的工作方式，其实群众并不是要求你为他做大多的事，只要把政府的关心送到，他们就会有被关怀的感觉，自然就会"稳得住"。

开展卫生整治　提升居民素质

今天是星期六，又到了安置区卫生大整治的日子。

通过赵副书记和饶支书的统一安排后，我和2栋的群众楼栋长阮孝品大哥带领2栋的群众来到我们的责任区进行卫生整治。在打扫卫生的群众里，有的背着小孩来，有的是家里年轻人出去打工由老人和孩子来参加的，大家谁也不想落后。有的扫地，有的捡绿化带里的垃圾，有的搬运楼栋周围的建筑垃圾，忙得不亦乐乎。

经过近一个小时的努力，责任区又恢复到以往的干净、整洁。随后我开始对接下来的工作——“爱心超市”积分制的实施办法进行相关宣传。为了避免有群众听不清楚，我特意将群众聚成一个半圆，我站在中心把声音放大，依次将“爱心超市”的积分设置、物资来源、积分兑换等相关程序进行解释和答疑。

开展卫生大整治和设立“爱心超市”积分兑换活动，不仅仅是让安置区的群众简单进行一次打扫或者义务活动，根本上是要让我们的群众提升素质、转变观念，更好地适应并融入新环境、大家庭。

建立楼栋微信群　全方位做好服务工作

为提高工作效率，增强移动端办公，我们每个挂包工作人员，都在自己的楼栋建立了微信群，既方便群众及时反映诉求，又有利于及时了解本楼栋住户信息动态，还便于宣传工作的有效推进。

“各位住户，明天早上 9 点，在 4 号地块 10 栋楼下组织 65 岁及以上老年人进行免费健康体检，请各位通知家里年满 65 岁的老人明天早上带上身份证到指定地点进行体检。”消息发出后，陆续收到各位住户“收到”的提示，大大提升了工作效率。除了日常的通知之外，住户的需求和问题也会在群里反映。

有位住户，刚从永善搬到卯家湾安置区后就到浙江务工，留下 14 岁的女儿和 7 岁的小儿子在家里。为了能及时收到社区的各种通知，方便反馈家中问题，就加入楼栋微信群。有一天家中突然停电，因为急着给弟弟做晚饭，所以赶紧给远在浙江的爸爸打电话。这位住户及时把家里断电信息发到群里询问情况。我看到信息后，及时联系物业上门维护，他家的问题很快得到解决。

微信群已经成为我们和群众之间沟通的桥梁，除楼栋包保人员外，社区的主要负责人和“网格长”、物业公司、中建公司等各个部门工作人员都在群里，遇到相关事情会第一时间予以答复和办理。我们作为楼栋长，不仅每天在群里推送正能量的报道，还要发布各种招聘信息。小小“微信群”，发挥了服务居民的“大作用”。

建设商业街　推动个体经济发展

说起卯家湾的小吃，我的首选都是武姐家的凉粉。潘自学和武兰兰两口子，从巧家搬迁到卯家湾后便在安置区内开始了自主创业的道路。两夫妻之前在昆明务工，难以照顾在老家的老人和孩子，现在搬迁到卯家湾，他们在“夜市街”的摊位上卖起了凉粉。武兰兰做凉粉，张发秀老人招呼客人，儿子没上课时还会主动跑来帮忙，一家人配合得很默契。一张小方桌，上面摆放着装佐料的瓶瓶罐罐，一把竹筛内，垫上干净的布料，盛着清香四溢的凉粉。现在他们每天可以卖出两大盆凉粉，30 碗炸洋芋，净收入约 200 元。

卯家湾是一个新生的易地扶贫搬迁安置小区，周边地区商业发展不充分，住户对购物、餐饮、休闲等多方面的生活需要十分迫切。面对这样的情况，卯家湾党工委从实际出发，在安置区内选址建成一条“夜市街”。这条街道长 150 米，紧邻着阳光社区保障房，是整个安置区人流量最大的点。从街口走到街尾，会经过百十家卖小吃、衣服、杂货的小摊，让人看得眼花缭乱，吃得也是美滋滋。这一条夜市街，创造了 150 余个就业岗位，成为安置区名片之一。

接下来，为了让安置区的群众有更多的人能实现“稳得住、可持续发展”的目标，卯家湾党工委在安置区统筹规划建设“春熙商业街”，继续推动卯家湾安置区经济发展，提高安置区群众生活品质。商业街建设项目位于卯家湾安置区一号路北端灌沟沿线，北起安置区梯步南至阳光社区农贸市场后，全长共计 332 米，均宽 11.6 米，面积 3851.2 平方米。安置区商业建设项目计划建设固定商铺 73 个，每个商铺宽 4 米，进深 4.5 米，商铺总建筑面积 1440 平方米，设置水、电供给，以及污水排放管道等。

项目建成后，可以进一步解决搬迁群众的就业问题，繁荣安置区个体经济发展，让广大群众能够更快地适应新环境，融入新生活，构建、完善安置区便民利民的社区商业网络，培育、规范安置区功能商业区，以满足新区城市建设和居住人口的规模增长带来的消费商业需求，努力把卯家湾新区建设成经济全面发展、百姓更加幸福的“宜居卯家湾”。

（作者均为砚池党工委城市规划管理中心工作人员）

凝聚人心勇脱贫

申开朝

我是昭通市司法局一名干部。2019年4月我被选派到镇雄县中屯镇头屯村任扶贫工作队队长（第一书记）。帮扶对于我而言，是一堂全新的课程，我必须翻开崭新的一页。面对过着贫穷落后日子的父老乡亲，只有走近他们，了解困难，想好对策，俯下身子，脚踏实地，才能帮扶他们脱贫，才能不辱使命、不负重托。

头屯村农村户籍人口3854户13181人，现有建档立卡贫困人口988户4522人，于2019年年底脱贫出列。

以真心赢得信任

刚到村上的时候，我暗下决心，一定要让群众认可我，接受我，不让群众失望，才能引导群众撸起袖子加油干，脱贫致富奔小康。

首先，我坚持用真心帮助群众解难事，让群众熟知我、接受我。群众想些啥？贫困户盼些啥？有哪些诉求？最想解决哪些问题？带着这些问题，我挨家挨户走访村民。40多天里，我住在村上没有回过一次家，跑遍了头屯村的沟沟坎坎，与500多户群众倾心交流，不断连通“地气”、积累“人气”、培育“底气”。

其次，坚持工作公开透明，让群众真正认可、信任、支持我的工作。走访中，群众最爱提的一句话就是“国家的政策是好的，关键是下面的人执行有问题”。我还发现，村“两委”人员与群众关系非常不和谐，因此他们很怕与群众接触。经过多次与群众座谈，我了解到了问题的症结在于落实政策没做到“一碗水端平”。为提高群众的信任感和支持度，我始终践行市委“133”工作思路，在涉及建档立卡户纳入、低保评定、危房改造等群众最为关心的问题上，坚持实事求是、客观公正，坚决杜绝优亲厚友，吃拿卡要，保证每项工作公开透明，严格按程序开展。同时与村委成员一道，带着群众干，做给群众看，让群众真正从心里信任、支持、认可、配合。

最后，放低身子，真抓实干，让群众切实看到工作的效果。村主干道上时常有我参与打扫卫生的身影，连户路上有我流下的汗水，防控疫情宣传路上有我留下的声音。每次下队，听到一旁群众对我说道：“申书记，你没有一点架子，总是带着微笑与我们讲、跟我们一起做，为我们办实事，我们谢谢您。”每当听到这些，心里总是很欣慰，觉得为群众的付出是值得的。一年来，通过再次排查核实解决贫困户115户483人住房安全问题；积极向上级部门争取项目资金，硬化村组路18.74公里，连户路51000平方米，切实解决村民出行“一脚泥”问题；安装路灯90余盏，让村庄亮起来；协调民政资金10万元，建设居家养老场所，让老人乐起来；向单位及县相关部门汇报工作，得到大力支持，筹到资金24万元让头屯村老旧办公楼新起来。

因头屯地少人多，组织好劳动力输出对农民增收意义重大。我积极与头屯村外出务工人员比较集中的浙江永康、温岭，福建厦门，广东东莞企业对接，召开头屯村现场招聘会5场，有组织有计划输出劳动力400余人，同时与本地平顶山煤矿联系，就近解决就业30余人，为群众增收，真正实现腰包鼓起来。

以实干促进发展

头屯村面积10.98平方公里，全村辖47个村民小组，有人口3854户13181人；劳动力6758人，长年外出务工4800人以上；有耕地4632亩，人均耕地0.35亩，多为山地，产业欠缺，这对脱贫攻坚是个严峻的挑战。

经过梳理，我找到了问题所在：一是村级组织建设需要加强，村级经济基础薄差，争取的项目资金少，村干部威信不高；二是村民小农思想严重，商品意识弱，市场经济观念缺乏，有特产但无规模无品位；三是劳动力缺乏，在家的大多是老弱病残或留守儿童，自身发展能力有限；还有就是村委会与村民、村民相互之间多年积累的一些问题和矛盾未充分化解，村民心存怨气，满腹牢骚，人心不齐。带着这些问题，我分别走访村组干部、党员代表、能人大户、上访难缠户，听取他们的意见和想法，与中屯镇党委政府、驻村帮扶单位多次座谈，综合多方意见，与村委会一道理顺工作思路，制定脱贫攻坚工作方案和实施规划。

为了打破群众闭着眼睛种玉米、种马铃薯的传统种植，种啥是啥的固有思想，我带着工作队队员多次开群众会、院坝会，讲解扶贫产业政策，在充分调研的基础上，结合村自然地理条件，与镇党委共同研究，合理规划全村产业结构分布。结合头屯村实际，最终实现辣椒种植200余亩，猕猴桃种植50余亩，油樟种植600余亩，为群众增收打开了路子。

以周到巩固成果

习近平总书记指出："脱贫致富贵在立志，只要有志气、有信心，就没有迈不过去的坎。"扶贫重要是扶志，要教育好群众不等、不靠、不要，树立自强、自立、自信的观念，鼓励他们通过自身努力勤劳致富。

营盘村民组刘大哥家庭人口 6 人，夫妻二人培养了 4 个大学生。为扶持 4 个孩子读书，刘大哥累瘦了，妻子邓某苦病了。现孩子已毕业，都找到了稳定工作，生活条件大为改变。一次走访中，刘大哥二女儿告诉我："我家条件好了，为了让更困难的群众得到帮助，她家想退出建档立卡户，让更需要的贫困家庭进入。"

这就是一个依靠内生力脱贫的典型家庭。为树立正确导向，发挥思想教育的正面引导作用，我三次去刘大哥家，让在村"三讲三评"会上谈谈退出建档立卡户的过程和感想，以期打消人人都想争当建档立卡户的想法。

输血容易造血难。为此，我结合头屯村实际，一是通过入户走访召开群众会、院坝会、座谈会、"三讲三评"会，主动发挥思想教育、引导，坚定群众脱贫信心，点燃脱贫致富理想，让贫困群众在思想认识上从被动的"要我脱贫"转变为主动的"我要脱贫"。二是通过组织贫困群众参加"听得懂、学得会、能管用"的技能培训会，如挖掘机、驾驶、种植、电工、焊工等培训，着力解决贫困群众没有一技之长的问题，增强致富手段，真正让扶贫方式由"输血式"扶贫转化为"造血式"扶贫。

化解矛盾工作实。群众中有很多因借贷、土地、离婚、抚养、拖欠工资等矛盾产生的纠纷。他们悲伤、无助的眼神让我记忆深刻。作为一名司法行政人，面对他们的问题，我义不容辞承担起法治宣传、纠纷调解、帮助申请法律援助的责任。

"申书记，我儿子不赡养我该怎么办？我土地被成家占用怎么办？我帮别人装修房子一直不付我工钱该怎么办？我家借钱给张家，当时没写借条，现在问他家，他不还怎么办？""别怕，什么情况，你慢慢给我讲，我来帮你解决"。这是我常对群众说的一句话。一年多来，我主动帮助群众解决矛盾纠纷 30 余起，有组织开展精准扶贫法治宣传活动 7 场，为困难群众申请法律援助 2 人次，发动全局司法行政干部与挂包贫困户点对点、面对面送法治书籍、宣传扶贫领域相关法律知识活动 1 次。切实把公共法律服务服务到村、到户、到人，做到家喻户晓、人人皆知。

头屯村的留守儿童特别多，寒暑假期间孩子们常常疏于管教。为此，我发出倡议，号召社会爱心人士参与到关爱山区儿童活动中，定期组织开展“大手拉小手”关爱活动，利用休息时间陪伴留守儿童观看励志书籍、电影，组织体育活动，鼓励孩子们诚实自信、勤奋学习、懂得感恩、成长成才。

（作者时任昭通市司法局普法与依法治理科科长）

南苑社区就是诗和远方

吴宗友

走出大山

“以古”在彝语里的意思是一个地肥水美的地方，而陈文君家所在的镇雄县以古镇黑塘村黄家坡村民小组却是山高坡陡，土地贫瘠，自然气候条件恶劣，全组都住在坡度近60度的大山上，老百姓过着“看天吃饭”的日子，居住环境条件差，生活出行极为不便，“走出大山”是祖祖辈辈的夙愿，未消除的贫困却代代传递。

移山还需愚公志，山移不了，那就让人走出去。2018年，自新一轮的易地扶贫搬迁项目实施以来，面对“一方水土养不好一方人”的黄家坡村民小组，当地政府把易地扶贫搬迁作为脱贫攻坚“头号”工程和最大“惠民”工程，黑塘村委和驻村工作队干部第一时间到黄家坡进行宣传。当陈文君得知这个消息后，显得分外欣喜。“城里花销太大，离开了土地，瓜果蔬菜都要花钱”，也有少数群众有这样的顾虑。对此陈文君却很坚持，“一定要走出去。在山沟沟里穷了一辈子，得为孩子们今后的出路想一想”。

有事找我

2019 年 8 月，距离省委省政府确定的搬家入住时间越来越近了，市委市政府要求全面启动搬家程序、进入搬家状态，提前谋划好各项搬家事务，真正做到兵马未动、粮草先行。此时，赵高彦更急了。身为鲁家院子南苑社区首届党总支书记，作为易迁安置区基层党组织领头人及楼宇网格化管理的网格长，身负安全有序组织群众搬迁入住工作的使命，他深知这一仗不容有失。

而此时，鲁家院子安置区安置住房距离达到具备搬迁入住条件还有不小差距，很多事情还需奋起直追。住房未完成装修扫尾，市政配套设施还未完工，搬家准备工作还待谋划，包括群众入住后短期生活如何保障、垃圾如何投放、如何启动应急程序等等，都需要一一落实。赵高彦便一日三访，思考着、谋划着。他明白，这些看似细小的事情，若谋划处置不当，极有可能发生蝴蝶效应，直接影响搬迁群众对易地扶贫搬迁工作的认可度和满意度。外墙涂料还未完善，市政道路满是泥块，当时单元楼电梯还达不到验收标准而不能使用，赵高彦就已开始带领筹备组人员爬楼梯，张贴各户明白信息卡，以便群众依照房号对号入住。同时，反复检查房屋门窗户壁、水电设施，形成维修清单反馈。他常说："现在辛苦一点是小事，后期出现了维修方面疑难杂症无法向群众交代。"

搬迁群众分批有序入住后，每家门口都贴着三个"有事找我"的服务电话号码，由于赵高彦是南苑社区网格管理网格长，电话号码是为整个社区服务的，每当楼栋长电话无法接通的时候，1000 多户人就共同"瞄"上了他，不通水电、丢钥匙、谈心情、问政策等一系列问题都变成了他的事，他的电话变成了真正的"热线"。有一次，林口镇搬迁贫困户张龙洪一家四口原本已在志愿者悉心帮助下入住，由于新房新屋需要认真打扫布置一番，所以张龙洪夫妇便一直在家收拾房屋直到晚上 22 点多，两个孩子饿得呱呱叫，一家人便下楼到社区文明实践超市准备买点食物充饥，购物返回家门口时才发现钥匙丢在家里了，拨打楼栋长的电话却无人接听，而安置点公交车暂时没有开通不能去老城区住店，张龙洪家在附近又无亲无戚，怀里的两个孩子冷得瑟瑟发抖。张龙洪想起贴在家门口的“服务热线”，便拨打了赵高彦的电话寻求帮助，赵高彦居住在离安置点大约 5 公里外的中医院家属房，此时他刚回到家里准备休息，接到电话后随即出门拉上开锁师傅赶往张龙洪家，把张龙洪一家安顿妥当后才开车回家。此时，夜已深。

涉及 25 个乡镇的 2283 户 10370 名搬迁群众陆续入住鲁家院子安置区 32 栋安置房，搬迁群众因为刚刚转变环境，时常会提出一些啼笑皆非的“问题”，但赵高彦做到了充分理解并耐心地处理完善相关问题。他甘当搬迁群众的水电工、清洁工、泥水工，体现了高度的工作责任心，也从担任临时党总支书记开始逐步探索着提供优质的群众服务。

引导就业

赵高彦说：“群众搬迁入住后家庭收入问题是我们当前乃至今后工作的重心，有了稳定的收入支撑才能让群众在城市生活中生存下来、稳定下去。”对此，他提出建立劳动力台账，召集相关人员精准研判，一户一策清零，以确保不漏一户一人。对于想做事的群众他全力以赴地关心支持，他说：“外出就业的父老乡亲，你们安心出门务工，家里老人孩子交给我们照顾！”很多群众不禁被他的真诚所感动，纷纷双手点赞。

时间是检验承诺的标尺。家住 8 栋的陈义才是一名老党员，由于子女常年在外务工便剩下他自己独居家中，了解这一消息后，赵高彦隔三岔五就借助组织的名义进行走访慰问，其实大多数时候，买米买菜上门都是他自己掏腰包。陈义才说：“非常感谢赵支书的关心，自己 30 年前也在基层任过支书，深知基层工作的不易，由于自己年龄太大了，做不了什么有意义的事情，身体方便的时候都会尽力到会参加支部组织生活。”他说：“老同志年龄大了就要保重身体，当前教育好子女和引导好周边邻居懂得带着‘自强、诚信、感恩’去致富脱贫、饮水思源便是对组织最好的回报”。家住 11 栋的谭立云祖孙一家四口，两个成年人都属残疾人，爷爷谭立云因为自身残疾只得寄宿到以古镇女儿家中，谭朝旺和两个 10 岁上下的孩子居住在安置点，入住后赵高彦带领片区干部、居民小组入户发现，家里物品乱堆乱放，地面脏得不堪入目，他便严厉批评了社区干部和谭朝旺本人，并组织志愿服务者帮助其进行操家理屋。随着深入了解，他发现作为半劳动力的谭朝旺虽然腿脚行走不便，但是身体其他部分都没有毛病，做些手工活、简单脑力活是没有问题的。随即他便开始开展谭朝旺的思想引导工作，希望鼓励他到手工业厂进行就业增收。经过多次悉心劝导，通过线上与县级驻外地转移就业工作站对接，对谭朝旺进行“点对点”劳务输出，并承诺照顾好他两个年幼的孩子后，谭朝旺便踏上了转移到浙江就业的道路。

在疫情防控一线

新型冠状病毒感染的肺炎疫情防控工作中，赵高彦同志听从党的号召，用科学思路谋大局，以前所未有的政治高度武装自己，理论结合实践用心学习病毒传播要点、疫情防控理论，立足辖区实际疫情防控难点、防控方法，及时成立社区疫情防控工作组，组织精干业务人员同步建立完善档案台账。突出带好队伍，用党建引领，组织辖区卫生室、警务室、蓝豹救援义务队、楼栋联防队开展防控宣誓主题党日活动，并借机开展同志间交心谈心活动，从思想上夯实基层党支部战斗堡垒力量。严纪律，以身作则不下线，系列防控工作中不当甩手掌柜，指挥部署后亲上一线督促，24 小时吃住在社区，宣传工作中亲自参与村级广播播音、小喇叭上街、防控指南上门、宣传标语上墙，摸排工作中三令五申事态的严重性，摸排责任落实到每个网格员，并分楼栋进行督查，以防遗漏。

到群众中去

俗话说："人上一百，形形色色"，五千多群众到了这里，难免有知识素养参差不齐的现象。刚入住时，不讲卫生、不讲秩序、不讲文明、不讲感恩等现象极为突出，时常会有小偷小摸、小打小闹、高空抛物、扰乱秩序等事件发生。对此，赵高彦借助党员＋群众模式组织召开了多轮针对性较强的群众会进行了群众思想意识正确引导，对无职党员进行了定岗定责，有政策宣传员、治安联防员、综合监督员、模范先锋员等。号召党员同志参与到社区治理中，从内到外搞好联系群众工作。同时，他针对尤为突出的群众进行一日一见的"强制约谈"，言传身教，让他们从外力驱使中逐步转变为主动的自省。家住 13 栋的住户朱恒聪，是一个"人见人爱"的代表人物，家徒四壁、配偶改嫁、不务正业，醉酒闹事事件有他，小打小闹事件也少不了他，法律打击不够、道德谴责无效，多数社区干部对他是避而远之、无可奈何，赵高彦则是一边挠头一边行动，他说："先普德、再普法，要像对待一个病人一样去关心他、重视他才能让他重获生活的信心和希望，服务永远要同管理并行，解决思想问题则解决了他做人做事的问题。"经过赵高彦协调，公安部门、民政部门、迁出地政府多次联席开展工作，朱恒聪已经意识到自身诟病，发生了思维本质改变，逐步走向正轨。

他强调社区治理工作，任何长效机制实行都首要勇于担当，如果大家发现问题都熟视无睹不去管、不敢管就会形成一种不良习惯恶性循环下去。家住 5 栋 11 楼的独居户邓申合，饮酒后心理作祟想要跳楼，赵高彦接到报告后随即上报并安排呼叫消防队员、公安部门、应急救援队，第一时间火速赶往现场开展心理疏导工作，当时邓申合已经站在窗户外房檐上，随后救援队赶到对邓某进行劝导，邓某因醉酒性高，毫不理会众人劝语，场面几度失控，千钧一发之际，距离邓申合最近的赵高彦果断上前将其一把狠狠拉在怀里，两人在窗檐上摇摇欲坠，救援队伍立即上前将二人拉了上来，此时的赵高彦已是满头大汗、面色苍白。事后提及，他说人命关天，没有想到危不危险，就只有一个目的就是把人救下来，是作为管理者对邓申合本人的交代，同时也不能让此类事件给安置点群众带来恐慌不安的问题。

如今，从耄耋老人到三岁孩童都熟识赵高彦憨厚的面孔，践踏草坪的孩子们看见赵高彦，便会齐声喊道："赵支书来了，快跑！"偶尔还有一部分群众会向他主动上交捡到的财物，检举不守公德的行为，传递矛盾纠纷信息……赵高彦，就这样通过自身的一言一行，走进了搬迁群众的心里，带领群众寻找诗和远方。

（作者时任昭通市搬迁安置局项目科科长）

小区里的“代理妈妈”

臧　懿　白尚芬

威信县龙溪小区易地扶贫安置区紧邻县城，共安置扎西、水田、双河等7个乡镇的易地搬迁对象885户3972人，其中卡户872户3915人，随迁户12户57人。自易地扶贫搬迁战打响以来，如何让走出大山的孩子快速融入新环境开始新生活，是摆在每一个搬迁家庭面前的新问题。为此，威信县委组织部、县妇联围绕“在创新上求突破、在特色上出精品、在工作上求实效”的儿童工作思路，组建了一支专门帮扶龙溪小区易地扶贫搬迁安置点卡户孩子的“代理妈妈”志愿服务队伍，通过建台账、建档案、建帮扶计划，制定了服务内容、家访记录表、服务成效管理台账、学生积分银行卡。坚持做到“一访、二联、三帮”，每月家庭走访一次，每周与班主任和家长电话联系一次，帮学习、帮思想、帮生活，倾力打造“爱心传递”系列活动。“代理妈妈”为龙溪小区卡户孩子送去了无数关爱和温暖，缔造出了一个又一个感人的小故事……

月光下，幸福源于温柔的心田

周六凌晨六点，还在睡梦中的黄云芳被一阵电话铃声吵醒了，接通电话后一个稚嫩的声音细细传来："黄妈妈，我想你得很……我，我能过来找你吗？"黄云芳温和地说道："原来是香涵，这么着急呀？天还没亮呢……这样吧，你再睡两小时，八点钟我过龙溪小区来接你，我们一起来我家，好不好？""好！那黄妈妈一定记得来接我哦，我八点钟在小区大门口等你，不见不散！"电话那头传来的声音雀跃了不少。

12 岁的赵香涵老家在庙沟镇马河村，2018 年 12 月随着 78 岁的奶奶陈绍英享受易地扶贫搬迁政策，在全县最大的易地扶贫搬迁安置点龙溪小区有了一个新家。新家在 12 楼，又大又宽敞，还有电梯上下楼。刚搬来时，赵香涵很兴奋：新房间、新学校、新同学……可是最初的新鲜感过去后，香涵情绪有些低落起来：奶奶不识字，在家里没法辅导自己学习，好多不懂的题摆着无法解答；爸爸常年在外打工，每年就只有过年的那几天能在一起；数年前，妈妈带着弟弟妹妹离开家后，香涵就再也没见过她的身影了，妈妈的声音、妈妈的脸，在香涵的记忆中有些模糊……

今年，威信蓝天艺术幼儿园的园长黄云芳老师成为赵香涵的代理妈妈，一个多年致力于公益事业的热心人。结对之后，黄云芳教赵香涵叠被子、做家务、唱歌跳舞。几个月的相处，黄云芳以极大地爱心和耐心，赢得了赵香涵的信任和依赖，"黄妈妈"的样貌和自己脑海中模糊不清的妈妈的样貌融为一体：代理妈妈——黄妈妈——妈妈！

黄云芳是龙溪小区 14 个孩子的"代理妈妈"，一个人精力有限照顾不过来，黄云芳就发挥个人优势，号召蓝天幼儿园的老师们一起出马组织各种有益活动：复习功课，或看电影，或参观科技展览……每逢周末，孩子们总是互相询问：黄妈妈什么时候过来？黄妈妈今天安排什么活动？黄云芳希望，通过自己的努力能让孩子们感到快乐，也希望每一位孩子以后不管面对什么样的挫折，都能笑对人生，努力拼搏！

天之大，你的爱完美无瑕

鲁廷芳，威信人寿保险公司的一名女职工，从 2013 年起就开始致力于公益事业。当县妇联找上她，希望她能出任“代理妈妈”时，她毫不犹豫地答应了，成为杨登毅、宗凤琴、邹玲三个孩子的“代理妈妈”。几个孩子的学习习惯差，行为习惯也不好，不能很好地适应新环境，在班集体里特别不自信。尤其是邹玲，都说“没妈的孩子像根草”。邹玲的爸爸妈妈在外打工，没有父母陪伴在身边的孩子，面临的第一个问题就是个人卫生。周末，鲁廷芳把孩子们接过来后，亲自打来热水，挽起衣袖，帮邹玲洗头，又手把手教她如何使用淋浴器洗澡等。引得旁边的小男孩杨登毅羡慕不已，感叹自己的妈妈从来没有这么温柔地给自己洗过头发呢！针对孩子们不自信的问题，鲁廷芳就每个周末都带他们外出爬山，爬到山顶，教她们放声大吼、放声唱歌，彻底释放自己压抑的情绪。一段时间下来，几个孩子的表现发生了明显的变化，愿意和其他同学交流了，而且上课能主动举手回答问题了。班主任老师感觉很奇怪，还打电话问鲁廷芳是怎么做到在短短的时间内让孩子们的性格有了这么大的变化的。

一个周末，杨登毅、宗凤琴、邹玲三人来到城里，先是美美地吃了一顿鲁妈妈亲自下厨烹饪的芋儿鸡，然后出门瞻仰扎西烈士陵园。鲁廷芳给他们讲述了红军过扎西的故事，大家听得认真极了，当听到川滇黔边游击纵队的战斗故事时，杨登毅、宗凤琴、邹玲三人一起来到红军烈士纪念碑前鞠躬致敬。在扎西会议纪念馆，有两个小孩子乱扔垃圾，鲁廷芳立马上前制止他们，批评他们的不当行为，两个小孩子不听劝告，把垃圾扔在地上就溜了。杨登毅、宗凤琴、邹玲小声劝鲁廷芳说：“鲁妈妈，他们不听话，乱扔垃圾，还不讲礼貌。我们听话，我们来打扫垃圾，你不要生气！”说着，杨登毅、宗凤琴、邹玲三人一起动手，把垃圾全部收拾了。鲁廷芳心里有些意外也有些感动：她觉得一个孩子学习进步很重要，但比学习更重要的是性格的塑造，能拥有一个正直、善良、豁达、坚定的性格，这正是自己这几个月来努力传递给孩子们的东西！

谢谢你，给了我前行的力量

双河幼儿园的陈帮先老师，是龙溪小区四个孩子的“代理妈妈”。接手这个事情之前，她就有心理准备，孩子们的情况可能不会太好。接触下来，陈帮先才知道自己接手的四个孩子境况有多糟糕：9岁的陶俊熙读三年级，可是翻开课本，上面的字大部分都不认识！陈帮先特别抓狂，想问他三年的书到底读哪儿去了？可是看着孩子眨巴着眼睛如同犯了大错一样站在自己面前，她叹口气，罢了罢了，不过是从头再来！

杨超、杨润青兄弟俩一个10岁，一个9岁，妈妈在外打工，爸爸长期在乡下做零活，就两个孩子在家，也没老人帮助照看。爸爸每周回家一次，临走之前买足一个星期的菜放家里，小哥俩自己做饭吃，自己睡觉，自己上学……第一次上门，当陈帮先从厨房里找到两颗已经黄蔫蔫的白菜时，再次叹口气：得，放养的孩子……活着就好！

四个孩子，都有上学迟到、上课不专心、不能完成家庭作业的情况。可是，接触下来，四个孩子都很聪明，每个人都有自己独有的优点，尤其是陶俊熙，虽然字认得不多，但是数学思维特别好，好多问题一点就透、一学就懂。

因为自己也是老师，陈帮先针对每个人的情况制订了不同的学习计划，自费为他们买来各类学习辅导书籍，谆谆教诲，引领四个孩子重新树立学习的信心和决心。每天下班后，先到龙溪小区杨超、杨润青家辅导功课，再到陶俊熙、陶博文家辅导功课，有时又把四个人召集在一起同时辅导，晚 9 点结束辅导，连续两个月风雨无阻。陈帮先的老公开玩笑说：自从陈老师当上“代理妈妈”以来，每天像打了鸡血似的干劲十足，要和她说点家里的事还得瞅机会才逮得到人呢！陈帮先说自己也是农村长大的，特别能体会农村娃读书不容易，在他们最需要帮助的时候出手拉他们一把，他们的学习也就上去了。

功夫不负苦心人，经过两个月的恶补，陶俊熙已经能开口读课文了，其他课程虽然还在拖班上的后腿，可是至少是拉扯着向前进步了，陈帮先不敢逼得太紧，怕孩子厌学，每取得一个小进步都给予适度表扬，陶俊熙终于尝到了学习进步的甜头。杨超、杨润青小哥俩的进步更是神速，期中考试，都拿回了“进步学生”奖状。现在，每个周末，哥俩都会在家乖乖等待陈妈妈过来，有其他小孩子来约哥俩出去玩，他们都会拒绝，因为陈妈妈说了：学习是第一位的！

“陈老师：你好！从你做了这两个孩子的代理妈妈以来，两个孩子学习成绩有了明显的进步。当我从校讯通上看到老师表扬杨润青学习有进步时，我心里特别的激动。这是杨润青进入小学以来第一次受表扬，你对孩子们的辛苦付出，我们做爹妈的首先要对你说声谢谢。”这是杨超、杨润青两兄弟的爸爸杨登举给陈老师发来的感谢信。

孩子们的每一步成长都牵动着妈妈的情，孩子的每个进步都慰藉着妈妈的心。

黄云芳、鲁廷芳、陈帮先只是“代理妈妈”当中普通的一员。志愿服务队结对成立后，妈妈们纷纷走进结对孩子的家中，为孩子们进行“防性侵、道路交通、防火防电、防拐骗”等安全教育，尽最大努力满足孩子们学习上、生活上的需求，帮助家长树立正确的育人观念，培养孩子们正确的世界观、价值观、人生观。特别是对其中 116 个留守儿童，妈妈们更为关注，经常与他们谈心，进行关爱教育、精神抚慰，消除孩子的心理障碍，让孩子们身心健康。

目前，龙溪小区“代理妈妈”已从之前的 69 人增至 77 人。

（作者臧懿系昭通市搬迁安置局工作人员，白尚芬系中共威信县委组织部工作人员）

水田新区易地扶贫搬迁工作实践

李长江

盐津县水田新区是昭通市 9 个万人以上安置点之一。我作为县易迁局局长，见证了 3068 户 14136 名贫困群众易地搬迁全过程，特别是做好“后半篇”文章的艰辛历程，是为记。

党建引领，提升社区管理服务能力

职工之家、青年之家、妇女儿童之家、老年之家、感恩大舞台……走进盐津水田新区团结社区党群服务中心，处处一派新景象。在社区综合服务中心大厅的电子显示屏上“吃水不忘挖井人、听党话、感党恩、跟党走”几个红色字体闪烁流动；办事柜台上，党群窗口、就业窗口、医保窗口、教育窗口等各个醒目提示牌映照着人们正在开启的新生活。

如何让全县 10 个乡镇搬迁来的 14136 名易迁群众适应新的环境和生活，确保搬得出、稳得住、融得入、能发展，做好服务是第一步。团结社区党总支书记林小琴说，通过党建引领，凝聚各方力量，依托“五清管理系统”，坚持问题导向、畅通群众诉求和问题解决渠道，同时建立了“社区党总支＋片区长＋楼栋长＋党员＋住户”的五级网格化服务体系，有效解决了抓什么、谁来抓，管什么、谁来管的问题，切实提升了社区为民服务能力。通过实践，团结社区在服务上不断延伸，探索出通过党建引领打造服务型社区管理模式——以基层社会治理体系为抓手，让“团结夜校”成为易迁群众接受新知识、开拓新视野的平台；把党支部建在楼栋中，使社区党员干部真正成为搬迁群众的知心人、家里人。

团结社区社会治理已成为易迁群众适应新环境的亮丽名片。尤其在疫情防控期间，社区党总支积极动员群众、组织群众、凝聚群众，进一步把党密切联系群众的优势转化为疫情防控的强大政治优势，落实以楼栋群众自治为主的综合防控措施，形成“社区动员，群防群控、稳防稳控”的工作格局，确保了整个易迁点管理有序、环境整洁、治安良好，没有发生一起确诊或疑似病例。

团结社区已搬迁人口中，有党员 223 名，已成立党总支 1 个，支部 5 个。同时，还建立工会组织 2 个、团工委 1 个、妇联组织 1 个。

精准施策，保障易迁群众充分就业

唐美朋易迁前位于庙坝镇茨竹村的老家住房破旧,易迁后拎包入住团结社区崭新的“电梯房”。住进新居，他满心欢喜，更暗下决心：“住得好还要活得好”！搬来后因工作表现突出，先是被评选为楼栋长，现在又被团结社区选到党建工作小组，担任党建工作组第四支部联络员，妻子在 B 区农贸市场开了一家美发店（水田艺家人美发店），打开了通往幸福新生活的大门。

普洱镇正沟村搬来的刘克会，在 A 区扶贫车间的凤竹制衣厂上班。“楼上住人，楼下上班，吃住样样好，挣钱不用愁！”说起搬迁后的新生活，刘克会说：“每月按时领工资，日子安逸得很。”

“唐美朋、刘克会”们的新生活，是团结社区致力于让搬迁群众“稳得住、能脱贫”的一个真实写照。

搬迁群众入住以来，团结社区始终想着如何让搬迁群众安居乐业，积极统筹相关部门资源，相继开展了制衣、竹编、电焊工等技能培训，确保每户搬迁家庭至少一人掌握一门技能。搬迁只是手段，脱贫才是目的。团结社区克服疫情影响，充分发挥党员、楼栋长作用，组建了35个摸排小组，通过务实精准到人的劳动力登记摸底和就业意愿调查，全面掌握了7185个劳动力创业就业意愿，按照“一人一策”的原则，通过培训引导，已有82名易迁群众通过农贸市场的铺面、摊位成功创业，新建的“乡愁一条街”“饮食一条街”两个创业基地共提供的52间创业铺面已投入运营；通过组织万人招聘会现场选择、政府包车包机定向输出、培训引导转移等方式解决就业5899人；通过扶贫车间就地就近就业235人、公益性岗位解决就业266人、物业公司解决就业73人、易迁点商铺解决就业35人，确保有劳动力搬迁群众充分就业。目前团结社区劳动力已就业6508人，就业率90.58%。

扶贫扶智，从源头斩断贫困代际传递

“奶奶，你吃早饭了吗”“奶奶中午吃的啥”“奶奶你在家吗”……每天上学前放学后，“小小楼栋长”都会敲响易迁点留守老人的门，关心关怀独居老人的生活起居。这是一群从大山里搬迁到水田安置点的小学生。“我们家原来住在山里面，上学要走几个小时的山路，现在搬到城里面，上学方便多了。”“老师教我们要感恩，我们就在这做些我们能做的事儿，现在大家都叫我们‘小小楼栋长’”。

水田新区易迁点配套建设了一个小学和一个幼儿园，小学总投资6500余万，由教学综合楼、室外足球场、室外篮球场、室外网球场、门卫室等功能场所组成，总建筑面积为12892.57平方米，共开设24个班，可同时容纳1260人学习和工作。幼儿园总投资3200余万元，总建筑面积7190.66平方米，共开设18个班，可同时容纳540人学习和工作。两个配套学校基础设施齐全、教学设备先进、功能布局科学，还从全县公开选拔了优秀教师55名，能满足易迁点所有适龄学生就读，对改善水田新区易迁点教育教学环境、提升教育质量、树立盐津教育形象、促进水田教育发展起着重要作用。

防疫期间教师坚持利用“空中课堂”授课。让“停课不停学”落到实处，力争不让一个学生掉队。精心撰写教案、准备课件，以“空中课堂”的教学形式向学生传递知识。完成后认真批改作业，有针对性地对学生加以指导。鼓励学生静下心来，用学习来丰富自己的生活并对学生进行传统文化和诚信感恩教育，引导学生感党恩，弘扬传统美德。

群团共建，健全“三留守”人员服务体系

社区党总支高度关注留守老人和妇女儿童，他们的稳定才是“稳得住”的根基。通过积极争取，联合县总工会、团县委、县妇联等群团组织，结合社区有留守老人800余人，留守妇女儿童1000余人的实际，建立了妇女儿童之家、老年之家、亲情连线室，在高度关注他们生产生活的同时，加强他们与亲人、党组织的联系。同时，社区以“自强诚信感恩超市”为依托，坚持楼栋为单元，围绕自立自强、诚实守信、自强感恩开展积分评比活动，引导留守妇女和老人激发发展内生动力，鼓励融洽邻里关系，解决生产生活方式转变难、留守人员增收难、邻里守望相助难等问题。对留守妇女和老人开展集中培训，动员整治家居环境、投身公益活动、参与社区活动，帮助邻里解决困难、调解邻里矛盾纠纷，子女考入大学、自力更生

创业就业等进行一定积分奖励。

“处事不以聪明为先，而以尽心为急”。面对脱贫攻坚的历史使命，团结社区党总支上下将坚定信心，保持定力，锐意进取，确保易迁群众搬得出、稳得住、融得入、能致富。

服务群众，“全、真、细、常”推进村务公开

公示惠民政策、办事流程、政策落实情况、感恩超市积分兑换情况，公示群众意见建议、公示群众意见办理情况……团结社区的村务全透明公开栏内容非常丰富，群众常来看一看低保名单里有没有不符合规定的，看一看怎样办理各种证照，看一看最近有些什么惠民政策，自己符不符合申报条件……自从团结社区实行村务全透明公开以来，群众普遍反映，办事更顺畅了，对惠民政策更知晓了，心里对社区干部优亲厚友的猜疑打消了，对社区干部也更加信任了。

按照县委村务全透明公开“全、真、细、常（长）”的原则，全透明公开社区事务，把知情权、议事权、监督权、决策权还给群众，给群众一个明白，还干部一个清白，让老百姓不再是“局外人”。通过易迁群众楼栋微信群、电梯广告屏、小区大喇叭、手机短信、社区公示栏、楼栋公示栏等方式构建线上线下宣传双平台，实现村务公开全覆盖，对扶贫政策落实、配套项目建设、民生保障、社区收支等情况进行全面、真实、细致、常态、长久地公示，确保每一项政策的落实、每分钱的使用和每一项权力的运行都在阳光下公开透明。

思想引导，传递意识形态正能量

如何让他们尽快转变生产生活方式，快速融入新环境、开启新生活，成为团结社区必须面对和解决的现实问题，社区党总支决定加强意识形态工作，在倡导易迁群众在自我管理、自我教育、自我监督的同时，引导他们快速融入新生活、适应新环境。一是建设“感党恩大舞台”，以“迎新春感党恩为主题”开展了文艺演出、篮球比赛、游园活动等30余场次；建立以老年活动中心、妇女儿童之家、青年之家、职工之家为阵地的团结社区群团活动中心，开展四点半讲座、课业辅导、读书分享、心理疏导等活动40余场次，一方面丰富了群众业余文化生活，另一方面适龄儿童放学后，做作业、玩游戏、课外阅读等有了专属场地、专门设施、专人看护、专人引导。实现了孩子安全成长，家长安心做事。二是树立传导社会正能量。“脱贫致富贵在立志，只要有志气、有信心，就没有迈不过去的坎。”团结社区以“团结夜校”为主阵地，创新扶志举措，加强思想、道德、法律和感恩教育，倡导自力更生、自强自立的价值导向，弘扬崇尚劳动、鄙视懒惰的社会风尚，通过榜样示范带动，让易迁群众树立对美好生活的信心，积极自发地为脱贫致富行动起来。通过广泛开展文化培训和技能培训，努力提升易迁群众自身素质。设置曝光台，敢于向不良风气亮剑，弘扬社会正能量，补齐易迁群众的精神短板。

（作者时任盐津县发展改革局副局长、易迁局局长）

玉汝于成

阙云华

2019年3月，根据组织安排，我从县扶贫办转战易迁一线，长期驻扎在卯家湾安置区，参与了卯家湾安置区的建设、搬迁和后续管理服务等工作。第一天到工地，偌大的工地上，上百辆工程机械车紧张作业，挖掘机、推土机的轰鸣声震耳欲聋，重型卡车来回穿梭荡起滚滚烟尘，钢筋工、水泥工、电焊工、水电工、刷墙工等工人繁忙有序，干部穿梭忙碌于工地间。

卯家湾安置区位于鲁甸县城东部2公里处，占地3700亩，建设安置房66栋122.7万平方米，承接搬迁安置鲁甸、巧家、彝良、永善、盐津5县8322户35585人，其中建档立卡贫困人口7570户32347人，占比91%。同步配套建设道路9条10.1公里、4所幼儿园、1所小学、1所九年一贯制学校、1所卫生院、6个社区卫生室、6个社区服务中心等；配套建设2200亩绿色食品加工园、3000亩现代物流园和1万亩蔬菜基地、1万亩苹果基地的“两园两基地”产业园，成为功能完善、产城融合的鲁甸新城区。

安置区于2018年10月启动建设，由中国建筑集团有限公司承建，鲁甸成立工程项目建设指挥部统筹推进建设。这里原是几座小山丘，是附近居民的玉米地和荒山荒坡，选址确定后，时任文屏镇镇长罗昌武，对照搬迁规划建设时间节点和目标任务，提出征地拆迁“包款项兑付、包矛盾纠纷化解、包施工保障，法律清楚、政策清楚、界限清楚、对象清楚、款项清楚、动态清楚”的“三包六清”工作思路，率先垂范，带领干部职工穿梭于林间田地，用双脚丈量出每一寸土地，用真情动员每一户群众，用短短 20 天时间，完成 3000 亩土地征迁，445 座坟墓搬迁，1.2 万平方米房屋拆迁，使工程快速进入建设阶段。

在抓建设的同时，卯家湾临时党工委书记吴君尧，管委会主任马武荣，常务副书记、副主任巫运松，委员宗波等干部就开始谋划如何分房、如何搬家、如何管理等工作，多次召开会议研究，制定了摇号分房方案。于 2020 年 11 月 20 日创新采用计算机随机匹配，视频直播到 5 县 71 个分会场方式，零差错完成摇号分房。每户搬迁户分到了自己的房子，但压力更大了，因为承诺在 1 个月后启动搬迁入住，这是对 3.6 万搬迁群众的郑重承诺。

鲁甸县委书记夏维勇、县长马洪旗、县委政府分管领导到工地检查指导次数更加频繁，每天都要到工地检查指导多次。还成立了施工保障协调工作小组，县住建、市场监管、综合执法、教育、公安、交警、供水供电等职能部门派驻人员在安置区临时办公点现场办公。夏维勇每晚亲自带领干部职工、参建方在现场召开研判会，制作施工作战图，对当日各工序完成量、材料出货量、工人到位情况等具体问题进行量化，逐项分析存在的问题，现场明确解决，做到问题不过夜。同时，协调鲁甸县内 12 家具有资质的建筑企业及周边信誉较好企业全力配合，在用工方面优先保障卯家湾安置区工人用量，安排专人负责做好中建集团与劳务提供方沟通联系，及时按需提供匹配工种人员。针对施工方提出的砂石料、混凝土等材料需求清单，及时与相关企业衔接提供，要求周边企业满负荷生产，确保满足现场材料需求，保障正常施工，全力推动安置区建设。

吴君尧作为卯家湾安置区建设指挥部的常务副指挥长、卯家湾临时党工委书记，坚持苦拼实干、挑灯夜战，带领干部职工风里来、雨里去，从这栋楼走到那栋楼，一双雨鞋、一只手电、一把雨伞，成了随身携带的工具。分房摇号刚结束，他就直接把办公室搬到了工地，白天跑工地，晚上召集梳理研判当日工程推进情况。不管会议凌晨几点结束，会后依然要顶着刺骨寒风查看工人加班情况，检查施工质量和安全。他常说："搞工程就要把群众的房子当成自己的房子来建，让老百姓感受到党和国家的温暖。"在无数干部、工人的日日夜夜奋战下，于2019年12月20日启动了首批搬入，如期兑现向群众的承诺。春节期间，新冠疫情突发，来势汹汹，所有计划被打乱。为确保2020年3月份之前群众全部顺利入住，安置区在做好疫情防控的前提下，于2月5日精准复工，有力推进安置区工程建设，实现群众如期搬迁入住。

我们每位干部职工都冲锋在前，有的在疫情防控卡点执勤；有的在入户走访，向群众宣传疫情防控知识；有的深入到未完工的工地，一边向工人宣传疫情防控，一边检查指导施工情况。其间我们也害怕、也担心被病毒感染，因为我们没有经历过。

春熙社区是卯家湾安置区最先组织搬迁入住的社区，也是搬迁群众情况最为复杂的社区之一，搬迁群众涵盖各个年龄层次，特殊人群数量多。社区总支书记张福来毫无怨言，还经常与我们开玩笑说："既然看得起我，我来了就要干好。"疫情汹涌而来，他大年初一就返岗，吃住在社区，从张贴宣传标语开始，排查入区人员、发放居民告知书、悉心引导群众养成良好卫生习惯、检测卡点换岗执勤、为年弱体衰者配送暖心药品等。他说："在这样的关键时刻，不漏一户、不落一人，做好群众的事，让群众放心就是对安置区的最大贡献。"

搬迁后，如何让搬迁群众"稳得住、快融入、能致富"是我们最关心的工作、最揪心的事情。压力就是动力，卯家湾临时党工委常务副书记、副主任巫运松，砚池党工委书记罗昌武每天上班的第一件事，就是到每个社区查看一遍，以便及时发现问题、解决问题。安置区设立6个社区，探索建立"133454"的社区党建治理模式，建立党工委干部职工楼栋长、居民楼栋长"双楼栋长"责任制，按照"五必访、五必知、五必做""四带""望闻问查"的工作方法，定期开展入户走访。建立了"红、黄、绿"灯分类分级分策管理体系，对就业稳定，生活物资、生活照料、就医需求、就学需求、安全都有保障的家庭标记为“绿色”；对生活物资、生活照料、就医需求、就学需求、安全有基本保障的家庭标记为“黄色”；对独居老人、空巢老人、长期慢性病群众、困境儿童、留守儿童、大病患者、残疾家庭等特殊家庭标记为“红色”。根据颜色分类，因人因户施策，标记为“绿色”家庭户的进行周动态管理，重点关注其家庭情况和就业增收；标记为“红色”家庭户的全部纳入“日随访”管理，由社区干部、党工委楼栋长、居民楼栋长每天至少随访1次，落实“五保障”；标记为“黄色”家庭户，按照应纳尽纳的原则，进行“日随访”管理，未纳入的则进行周动态管理，实现社区服务管理全覆盖。

通过有序组织外出务工一批、就近就业一批、公益公服岗位托底安置一批的“三个一批”，消除了“零就业”家庭，实现充分就业。我们在入户走访中，每次都要问“你有没有工作”“有没有饭吃”“小孩有没有上学”等，群众也会反映很多问题，我们一一记下，逐项解决。通过6个多月的用心、用情、用力开展工作，群众反映的问题越来越少了，我们与群众的感情也更加深厚了，一张张笑脸绽放出幸福的花朵。

昭通市鲁甸县卯家湾安置区，从“一片荒山坡”蜕变为“一座新城区”。是“搬不动大山就搬房、搬不动江河就搬人”的新时代愚公精神写照，是“敢叫日月换新天”的伟大历史壮举，是上千干部职工和工人日夜辛勤奋战的硕果，是3.6万贫困群众一心跟党走、搬出大山的生动实践。

（作者时任鲁甸县搬迁安置后续发展服务中心主任、砚池党工委副书记）

搬不动山就搬人

赵传荣

整个大毛村委会共有14个社，共703户3047人；其中卡户262户1345人；卡户易迁进城的有98户445人。而岗子社共有42户，其中26户为易地搬迁户、7户为常年举家外出户，易迁后实际只有9户人家在岗子社居住。今天清晨，我叫上村主任、副主任以及村扶贫志愿者，带上理发师，联系好搬迁车辆，7点左右来到了岗子社，组织搬迁工作的最后一战。

迎接挑战动真情

“赵书记来啦！”清晨7点左右，大毛村岗子社的老乡们看到我们到村后，这样传着话，许多老百姓自发地跟随着我们来到了最后一家易地搬迁户龙升贵家。

户主龙升贵，86岁，大儿子龙具兵62岁（未婚），小儿子龙具和59岁（未婚），龙具兵领养了个女儿，名叫龙庆树，现33岁，嫁在本社，其养女龙庆树一直想争取4人户的易迁安居房（其户口随着出嫁已迁入婆家），这个政策办不了，所以到了搬迁的时候她就百般阻挠、拒不搬迁。于是，大毛村最后一户易迁户眼看着就这样被搁在了大山上。村委会杨支书跟我反映这一问题时，他说他已无能为力。我想了想后对杨支书说：“不怕，这事我来想办法。”

下午，我们在县城红光新区安置点将易迁群众安置好后，我开着车，叫上村委会其他同志赶回村委会，迅速召开会议，对龙升贵家的情况进行了全面分析，把他家的情况弄得一清二楚后，我的工作思路也就出来了。我心想，不能因为这最后一家而影响整个大毛村的脱贫攻坚工作，作为驻村第一书记的我必须把担子担起来。会后，已是下午 5 点多钟，“病因”我已找准，首先我跟其养女的公公婆婆做工作，获得了老两口的支持与理解，随后老两口给儿媳龙庆树打电话进行说教，电话里我又跟龙庆树进行了细致的沟通交流。功夫不负有心人，最终说服了她，同意明天服从我们的组织搬迁，今后会经常到县城去照看老人、赡养老人。

尽心竭力扶真贫

同意搬，对村委会其他人来说，也许认为就皆大欢喜啦，但搬出去后，如何稳得住，今后怎么生活，我的脑海里仔细的思考着这个问题。面对龙升贵老人家残墙断壁的老屋，屋内没有一件可使用得上的家具，桌椅板凳是亲戚、邻居家给的，人家要收回。锅碗瓢盆残缺不全，床以及床上用品更是不堪入目，唯有挂包帮扶单位（永善县人民武装部）给的军衣、军裤、军帽、大米、食用油等可用。我们搬上了车，叫老人家收好存折和现金准备出发。这时，龙升贵的两个儿子早已下了山到了车旁，我扶着 86 岁的老人家龙升贵往山下车旁赶。可是山路崎岖、道路湿滑，就连当地的山里人走这样的山路也是要格外小心。老人家步履蹒跚，好在我从小在山里长大，于是我不加思索地对老人家说：“我背您！”说话时我已在他前面弯下了腰，把他搂在了背上。他在我背上喃喃地说道：“你是个大好人”！而我内心想：

“山我虽搬不动，人我有信心搬得了。”

到县城里，我迅速组织买床、锅碗瓢盆、沙发、桌凳、取暖器、大米等生活必需品，亲自手把手教龙具兵如何使用电器等等。同时联系扶贫挂钩单位县武装部领导殷政委，告诉他龙家所缺，问他是否有办法解决。很快他们送来了床上用品、衣物等，我们一起把三个老人从头到脚换了个新。其中更细心的还得是我们驻村的市级督导员张一枚同志，把三位老人过冬的保暖内衣、内裤、袜子等都买来了，我亲自给龙升贵老人换上。我们干部这时都是发自内心的、自己掏腰包把他家的生活必需品全部配齐（该户3人全部纳入城镇低保兜底脱贫）。

至此，大毛村易迁任务圆满完成。这几位“老人”今天的变化像经历了一个世纪。从告别村子里残墙老屋的挣扎动摇，到搬迁路上的的半信半疑，到生活的焕然一新。几位老人终于喜笑颜开，八十六岁的龙升贵老人情不自禁道：“做梦都没想到我这辈子还能搬到县城来住，国家政策好啊，我是享到福了……”

永善县有关县领导知道后，这样评价我们中国建材集团派驻永善县的扶贫干部：“你们集团选派的干部，都是动真情、扶真贫，沉得下来，融得进来，想干事、能干事、敢干事、干成事的好干部！”确实，我们集团选派到永善的11名党员干部，都是集团经过充分考虑才决定选派具备一定基层及农村经验的中年干部与年轻的研究生、大学生相结合，保证能吃苦、敢担当、有作为、热爱农村、有奉献精神。

真心真意为人民

一滴水可以折射整个太阳的光辉，易地扶贫搬迁同样能映照党员干部的初心。为嚼碎“迁得出”这块硬骨头，我们多次围绕怎么搬、搬后怎么办等系列问题，开展了深入的研究，并征求了搬迁群众意见，最终形成了政府组织引导、群众自主搬运、挂钩部门参与、增派力量助迁的方式，分组分片区组织搬迁。在搬迁过程中，所有驻村工作队、包村工作组、村三委秉承初心，勇担使命，群众搬不动的物资，党员干部搬；大车去不了的地方，党员干部就用皮卡车一次又一次地转运；白天搬不完的物资，晚上打着手电筒接着搬；不论是雨是晴还是风高夜黑，我们义无反顾，一路砥砺前行。

这是有史以来最大规模的搬迁行动，是党员干部初心的最好印证，诠释了新时代的奋斗底色。党员干部和贫困群众零距离商讨搬迁事宜，面对面解决搬迁问题，实现农民到市民的华丽蜕变！

（作者时任中国建材集团驻永善县团结乡大毛村驻村工作队队长、第一书记，团结乡挂职党委副书记）

做群众的贴心人

孙安碧

我是市国资委派驻彝良县海子镇花园村工作队第一书记、队长孙安碧。从 2016 年乍暖还寒的初春到今年黄叶飘落的深秋，我在这里已有三年多了，为的就是把当地扶贫政策化为群众的实惠。扶贫干部有没有为村里做贡献，其实群众心里最有数。在花园村谈到村干部，村民都竖大拇指说：感谢村里的干部们，电通了、路通了、水通了，建了新房、种起了花椒、搞起了养殖，村里一年一个样。

搬　家

还记得 2016 年驻村第一件事就是组织花园村村内易地搬迁。按党委政府的安排部署，花园村可以选择沿路集中连片，顺路而建，同时可以有少量随迁户。经村“两委”讨论，决定把安置点设在新房村民小组到营盘村民小组的公路沿线。经统计，愿意参与的有 70 余户农户，花园村据实向海子镇人民政府上报了名册及相关材料。但由于当时脱贫攻坚中易地搬迁工作刚迈入正轨，相关政策尚未明晰，导致易地搬迁方案暂时无法落地。之后，彝良县下发通知明确了易地搬迁安置点应设在镇村集镇所在地，花园村初定方案不符合要求，新方案确定了花园村安置点设置在花园集镇。

由于选址变更，离农户家距离变远，对生产生活造成了一定的困难，大多农户表示难以接受。后来花园村召集全体村民召开易地搬迁动员会，县易迁办领导、镇长、挂村领导、村“三委”干部积极动员、解释政策，经3个多小时苦口婆心的宣传劝导，终于转变部分村民的观念，同意进行易地搬迁。在县、乡两级党委政府的大力推动下，花园村易地搬迁安置点于2016年6月正式动工，2017年9月基本完工，31户易迁户于2018年8月15日正式搬迁入住。在我挂包的田坎村民小组，贫困户熊祥才、刘兴志、刘万开入住新居。

熊祥才户，家庭人口5人，老房子建在河沟边，离公路有800多米，从家到公路的路抬头可见，但出行时空手还好，如果背挑肩扛就很费力了。当得知可以易地搬迁时，他积极报名参与。刘兴志户，家庭人口4人，两个大人长期外出务工，收入全供两个孩子上学，多年来没攒下一点积蓄，而家里的老房子十分破旧，存在很大的安全隐患。刘万开户，家庭人口5人，与熊祥才家在河沟边正好相反，住在山腰上，是田坎村民小组里住得最高的人家，虽距公路只有800多米，但背挑肩扛着实费力。三户人都乘着易地搬迁的东风喜迁新居。

如今，他们搬到花园安置点已有两个年头。家里人除了学生上学外，健康青壮年劳动力基本都外出务工，尚有劳力的老年人、残疾人都在家务农，白天上坡打理花椒，种植玉米、蔬菜等农作物，赶集时背到集市出售，晚上回安置点的新家休息。在易地搬迁到安置点后，他们的老旧危房都拆除了，但保留了畜圈用于养殖黄牛、生猪、鸡。现在他们三户的家庭成员，读书的专心读书，务工的专心务工，务农的辛勤务农，逢年过节回到新家，一起围坐在桌边吃团圆饭，个个喜笑颜开。在干部群众的共同努力下，房前屋后被打扫得干干净净，环境卫生有了很大的提升，营造了舒适宜居的人居生活环境。这就是农村老百姓盼望的幸福生活，很好地体现了村内易地搬迁的可行性和合理性。

增 收

安居的问题解决了，调动农民的致富积极性成了解决农村农民问题最主要的问题。火车跑得快，全靠车头带，这其中的关键，是要有一个带领村民致富的领头人。村干部只有真正把懂技术、会管理、能带领村民致富的人选上来，农村的发展才有强劲的火车头。培养造就一支懂农业、爱农村、爱农民的“三农”工作队伍才能有效推进工作。

为了增加群众的收入，花园村大力发展特色经济林业、林下养殖等富民产业，带动贫困户用好用活资源优势，通过产业种养殖实现长期增收，不断拓宽生态绿色脱贫致富之路。通过大力引导、扶持发展花椒产业，积极组织产业技术培训，有效提升贫困户科技种植能力，农户有了稳定的收入来源，为“户脱贫”打下了坚实基础。2016 年以来，全村种植花椒 6420 亩，三年来陆续开始挂果，2020 年户均产量达 4000 斤（亩产 600 斤），为贫困户创收 860 万元；辅以养殖、劳动力转移就业等方式，可确保贫困户人均纯收入达到现行脱贫标准，解决贫困人口“两不愁”问题，实现了“村村有亮点、组组有看点、户户有支撑”的产业发展目标。

安 居

去年以来，驻村工作队联合村党支部开展党支部规范化创建工作，与村“两委”干部一道提升安置区的服务水平以提升群众的居住质量。驻村工作队同村党支部定期召开工作例会、召开贫情分析研判会和贫困户动态管理工作会，提高统筹安排工作的能力。积极参加村里的环境整治劳动、同种一棵团结树、文化活动、值班巡逻、清扫村委会院坝、美化村容村貌等活动。开展丰富的群众性文化活动，让村民的精神面貌有了很大变化，对美好生活充满了无限的向往。与村干部一起开群众会、院坝会，进行定期接访、上门走访，在实践中提高扶贫干部的工作能力和办事能力。

如今，村民们在安全、整洁、漂亮的环境中生活。

（作者时任昭通市国资委驻彝良县海子镇花园村扶贫工作队队长、第一书记）

志愿精神耀乌蒙

——昭通青年志愿者扶贫侧记

张云婷

在乌蒙大地上，活跃着一群年轻人，他们中有教师、机关干部、个体工商业者、自由职业者，也有大学生、中职中学生、退伍军人。他们不计报酬，不求名利，积极帮助他人、回馈社会，宣扬着“奉献、友爱、互助、进步”的志愿服务精神，他们是昭通“青年志愿者”。作为一名有着 17 年工龄的“老团干”，我经历了昭通青年志愿者从无到有，社会影响力从弱到强的变化。特别是全市启动脱贫攻坚工作以来，昭通青年志愿者积极参与其中，抒写了青春的华章。

青年志愿者的能量

2013 年 5 月，昭通市海星行动公益协会正式注册成立，成为团市委下属公益社会组织。这是一个在 2006 年就开始从事公益活动的民间公益组织，最初从援助患白血病儿童开始，逐步开展先天性心脏病患病儿童援助、贫困大学生资助、疤痕儿童救助等公益项目。协会的志愿者都是来自社会各界的青年，公益活动没有稳定的资金来源，每一分钱都来自成员们的努力协调和筹措，找企业、找朋友、找相关基金会，想尽一切办法筹措资金。虽然过程艰难，但效果不错。协会先后与香港“耕耘助学”、中华儿慈会9958救助中心、壹基金等公益组织合作，承接了中央财政支持社会组织参与社会服务项目；筹集善款156.8万元救助了11名青少年白血病患者，争取和筹集善款1458.62万元，共救助了1110名农村贫困家庭先心病患儿；筹款405.4863万元，资助902名寒门学子圆梦大学；救助患强直性脊柱炎等重病大病儿童35人……2017年、2018年，海星行动向壹基金争取了净水计划项目在昭通地区的实施，为昭通市巧家县及大关县的35所偏远山区小学申请安装了35台净水设备，价值148.75万元，有效地改善了项目县15500余名师生的饮水安全问题。

随着全市脱贫攻坚工作的启动，海星行动也迎来了新的发展时期。靖安安置区搬迁前夕，海星行动公益协会进驻安置区，通过政府购买服务的方式，承接了“昭通市2019年易地搬迁安置点社会工作服务”项目。安排4名社工和1名志愿者常驻，参与搬迁、困难群众关爱帮扶、社区长者照顾、困境儿童陪伴、和谐社区建设等工作。从搬迁前到搬迁后，海星行动的工作重心也在不断变化。在搬迁期间，海星行动的社工们主要是开展搬迁群众信息登记，帮助搬迁群众开电梯、搬家具、检查水电阀门和开关、宣传防疫知识等。搬迁后，针对老年人行动不便、邻里关系构建、心理辅导及精神慰藉等问题，开展力所能及的困难老人照护、社区文体活动等。因海星行动属于团市委下属社会组织，结合共青团的工作安排，海星行动尝试在靖安安置区开办了“四点半课堂”，主要是针对安置区留守儿童放学后无人照看的问题，安排社工将这些留守儿童组织起来，在课业上给予辅导，心理上给予安慰。通过兴趣课堂、冬夏令营、亲情陪伴等，尽力弥补因父母外出务工产生的亲情缺失问题。思源社区“四点半课堂”至今已完成服务青少年儿童3640人次。

龚建兵在团市委已经工作了28年，同时也是海星行动公益协会主要负责人，见证了海星行动的成长、发展。他感觉到，海星行动从最初“传递爱心、助人自助”的理念，到后来主动融入全市脱贫攻坚大局，在脱贫攻坚大潮中，海星人在成长，海星行动精神也得到了完美升华。

2015 年 2 月，团市委另一家下属社会组织——昭通市青少年发展基金会注册成立。在此之前，昭通希望工程已实施了 23 年，累计筹款 1.6 个亿，捐建学校 300 余所，帮助 15 余万贫困青少年顺利完成学业。市青基会成立后，将原来的被动接受慈善项目、资金的模式转换为主动筹资，使昭通市希望工程运作更为规范。2015 年以来，通过徒步方式开展“益起走”公益活动，筹款 127 万元，资助学生 265 人次；开展“爱心圆梦大学”行动，筹款 1527 万元，资助学生 11775 人次。

作为民间公益社会组织，昭通市青少年发展基金会同样在脱贫攻坚大潮中迎来自身的新发展。社会组织的工作与服务是对政府工作的有效补充，海星行动和昭通市青少年发展基金会都在脱贫攻坚中壮大了自身，同时又通过自身的努力为脱贫攻坚助力，在这场全民参与的“战斗”中实现了“双赢”。

亮丽的“小红帽”

2019 年 12 月，靖安、卯家湾两个安置区即将完成搬迁任务，两个安置区搬迁 7 万多人，涉及七个县区，体量大、时间紧、任务重。此前，团市委按照市委的安排部署，将统筹负责两个安置区搬迁志愿服务工作。这是一项坚决而光荣的政治任务，也是昭通共青团围绕中心、服务大局、服务青年的最佳载体。从 2019 年 5 月起，团市委党组就在思考、谋划昭通共青团助力易地扶贫搬迁工作事宜，召集涉及搬迁任务的县区团委书记三次召开工作部署、推进会议，在全市实施了“青春助力易地扶贫搬迁”工作。

2019 年 12 月初，团市委从全市协调、抽派的 180 名青年志愿者正式入驻靖安、卯家湾安置区，其中靖安安置区 100 人、卯家湾安置区 80 人。这 180 人绝大部分是西部计划志愿者，因他们在工作中穿着红马甲，带着红帽子，被群众亲热地称作“小红帽”。

马清羽是这些年轻人中的一员，这个瘦瘦小小的回族女生来自昆明市寻甸县，2019 年云南民族大学毕业后到昭阳区当了一名西部计划志愿者。2019 年 11 月，马清羽同其他 70 多名小伙伴被安排在卯家湾安置区开展搬迁志愿服务。在卯家湾安置区，志愿者们被编为西部计划志愿者连，连内分为 4 个班，负责安置区楼栋施工进度核查、填写分房确认书、安置区规划展示厅日常值班、摇号分房引导等工作。与其他西部计划志愿者一样，小马在卯家湾安置区一待就是 2 个月，每天步行到 18 层高的楼房，逐层逐户核查进度、登记相关情况，协助开展搬迁前的准备工作。从工地到住处有一个大土坡，刚到安置区的时候，志愿者们每天从土坡上下，下雨时更加湿滑，必须手脚并用、互相搀扶才能通过。不久后，这个土坡打上了水泥台阶，安置区泥泞的道路也铺上了柏油，两旁绿化带也种植起了花草树木，安置区一天天变美，志愿者们也在忙碌的工作中迎来了第一批搬迁户。

12 月 20 日，安置区启动搬迁，小马和志愿者们早早来到工作岗位。这天，他们将负责搬迁群众的引导工作，帮助年老体弱的群众搬家具、摆放物品，引导教会使用电梯、水电开关、冲水马桶，帮助群众贴对联、墙画。他们将首批搬迁的近 1300 名群众送入新家，与搬迁群众一同分享住新房的喜悦。

在此之前的 12 月 18 日，靖安安置区的 100 名西部计划志愿者同样完成了首批搬迁群众的志愿服务工作。作为刚踏入社会的年轻人，小马为这次能参与易地扶贫搬迁工作感到十分荣幸和自豪，虽然没有直接参与安置区的建设工作，但点点滴滴的细微小事也是为易地扶贫搬迁安置工作出力。这次志愿服务对于这些“95 后”来说，是人生中一次难忘的经历，是奋斗的青春、美的青春。

青春耀乌蒙

青年是祖国的未来，民族的希望，青春的底色是奉献，是在岗位上闪光。共青团肩负和承担着“培养中国特色社会主义事业建设者和接班人”的根本任务、“巩固和扩大党执政的青年群众基础”的政治责任以及“围绕中心、服务大局”的工作主线。全市脱贫攻坚工作启动以来，团市委先后在广东省广州、中山、东莞、佛山、深圳，浙江永康等地建立6个驻外团工委，市内建立5个易地扶贫搬迁安置区团工委，51个市、县两级“青年之家”，团市委机关成立了“志愿服务和社会联络部”，专门负责联系昭通市青年企业家协会等青年社会组织，统筹、协调全市青年、青年志愿者、青年志愿者组织积极参与全市脱贫攻坚中。五年来，团市委团结凝聚青年志愿力量，先后实施了昭通共青团“百名青年创业、千名青年培训、万名青年就业”工程助力脱贫攻坚、“志愿服务·志立扶贫”行动、“青春助力易地扶贫搬迁”、昭通共青团助力易迁群众“安居、增收、文明、护苗”四大行动等，全市注册青年志愿者19万人，在禁毒防艾、生态环保、农村人居环境整治、防灾减灾、义务支教、社会治理等各方面广泛开展志愿服务活动；在脱贫攻坚一线开展志愿服务8万余人次，开展政策宣传6.6万人次，共帮扶青年创业2.1万余人，带动就业3.7万余人，团结凝聚青年在脱贫攻坚中发挥了生力军和突击队作用，用青春照耀了乌蒙大地。

（作者时任共青团昭通市委办公室主任）

驻村点滴

李　壮

以下记录的是自 2018 年驻村以来发生的点点滴滴——

告别城市繁华　驻守乡村宁静

2018 年 3 月 9 日，我来到了马窑村担任驻村工作队队长兼第一书记，开始了我的驻村生活。回想起 2 个多月前，昭通市农业局号召农业系统年轻党员干部到脱贫攻坚一线。听到这个消息，我向局扶贫办提交了驻村申请书，主动申请到一线驻村，申请书上写道："我年轻，会操作电脑，参加过扶贫工作，熟悉业务有经验，家乡遥远，自己一个人没有顾虑，可以安心扎根在脱贫攻坚一线。"今天在村委会看到的景象让我对驻村生活有了一丝担忧：大门前"马窑村委会"五个鲜红大字格外显眼，可是大门两侧的墙上贴满了各种广告和未清理干净的宣传画；门口堆着一堆长满野草的沙子；服务大厅未挂牌，大厅里空空如也；二楼的办公室、会议室前挂满了各式各样的牌子，会议室内各种资料胡乱堆放。

晚上，遥望着县城的方向，看着那透过长空的灯光，再看看这四周漆黑的村委会，安安静静，偶尔听到几声狗叫，之后便是一片沉寂。在市里，这个时间点到处还是车行人走、夜市上讨价还价声、烤肉摊前的谈笑声，还有那霓虹在闪烁……而我知道，从这一刻，我将告别城市的繁华，今后陪伴我的将是这乡村的宁静。

今天是驻村的第一天，今晚是第一个夜晚，对村情贫情不熟、对村委干部不熟，甚至对自己的驻村队员也不熟。一切都是新的开始，今后要如何开展工作呢？如何运用好“133”工作思路？今夜，我将带着这个疑问入眠……

珍馐不足贵　真情抵万金

“在脱贫攻坚一线，总会有群众用自己的方式温暖我们的心。老奶奶知道我们要上高山，知道我们没吃午饭，特意煮了土豆等着我们，没有山珍海味，几个土豆足矣。”我 2018 年 7 月 8 日的 QQ 空间里记录着这样的驻村感想。

7 月 7 日晚，又是一场大雨，对于要到高山开展“村村清”“户户清”工作的我们来说是个难眠的夜。因为每逢遇到下雨天，上山的道路难呀，四驱越野都无能为力，只能靠步行，在路上的时间比进群众家的时间要多，这是要耽误工作进度的！

7 月 8 日一大早，我与队员黄彩凤、村委干部一起踩着泥泞开始了一天的走访工作。由于刚下过雨，稀泥路走起来十分艰难，原本一个多小时能到的磨刀社，我们今天足足走了 3 个多小时。刚到磨刀小学旧址，就看见一个老人守着个背篓，不停地张望，很着急的样子。护林员见我们到了，忙过来说：“你们终于到了，老人一直在等你们，老人听到我打电话问你们走到哪点了，得知你们还没吃早饭，老人就回家给你们煮洋芋背来了，还是热乎的……”“这路那么稀，你们都走上来，肯定饿很了，先吃点洋芋，趁热吃。”

老人名叫李美芬，苗族，今年66岁，是建档立卡贫困户。丈夫张银华患有肺结核，耳朵不好；儿子在浙江打工，家里还有一个患有癫痫病的孙子；家里喂了3头猪，种了6亩苞谷、3亩洋芋。

李美芬老人高兴地和我拉起了家常：“现在政策好，我家是易地扶贫搬迁对象，政府给我们修了房子在城里，以后上街、看病就方便多了”，她唯一的担心就是进城居住后，政府把她家的土地收回去不让种。对此，我们详细地向她讲解易地搬迁的政策和土地确权政策，打消了老人的顾虑。

山珍海味不足贵，高山洋芋显真情。李美芬老人的举动，是对我们扶贫工作的高度认可，是对我们扶贫一线干部付出汗水的民心回报。

芳华虽逝　党性不减

我们是否还记得当初为什么要入党？入党之后我们是否还能够保持一颗初心？我们是否是一名合格的党员？马窑村龙井社90岁高龄老党员杨别强的行为让我找到了答案。

按照工作安排，2018年8月26日上午9点，昭通市农业局驻马窑村工作队、村组干部4人以及市农业局帮扶干部邓超、甄丽梅两位同志到马窑村龙井社村民活动场所召开龙井片区“三讲三评”工作会。10点45分左右，会场迎来了一位不速之客——一名坐着轮椅的老人。

而老人来到会场的原因只是他听说活动场所要召开党员大会，在他的一再坚持下，其女婿推着轮椅送其到会场。其女婿告诉我，老人一直坚持要来，他说他是党员，党组织的活动他必须参加。

老党员全名叫杨别强，马窑村龙井社人，1928年2月出生，现年90

岁，1956年入党，已有60多年的党龄，年轻时当过会计，是马窑村为数不多的高龄党员。

老党员激动地对我说："书记，我已经很久没有参加党员（大）会了，他们说你们在这里开会，我就来了，我想听听组织的声音。我感谢党，共产党是真心为人民好的党，我家是建档立卡户，在党和政府的帮助下，我家修起了房子，两个孙子也读了大学……没有共产党，就没有过上好日子的我，感谢党！"

此情此景，我与市农业局帮扶干部邓超同志商量之后，决定临时增加一节党课，由我宣传党的扶贫政策，邓超同志以"如何做合格党员——保持党性"为主题，结合"四讲四有"内容进行宣讲。

党课结束后，我代表在场的全体党员向杨别强老党员致以崇高的敬意，并表示以后会常来活动室开展组织活动，邀请其来参会。老党员最后在众人的帮助下，离开了活动场所。

望着老人离去的身影，我在自问：作为一名党员，如何保持党性不减？如何保持入党的初心？作为马窑村驻村第一书记，我有起到先锋模范作用了吗？

杨别强老同志坚持参加组织活动的这一份信念，体现了一名党员对党的忠诚，对党员身份的严格要求，可谓芳华虽已逝，党性永不减。

守得云开见日月　栽花终见花开日

2020年5月17日，是个喜庆的日子。在"云南发布"公众号上看到了一则消息："根据《中共中央　国务院关于打赢脱贫攻坚战三年行动的指导意见》《中共中央办公厅　国务院办公厅印发〈关于建立贫困退出机制的意见〉的通知》和《云南省扶贫开发领导小组关于印发云南省2019年贫困县退出专项评估检查实施方案的通知》的有关规定，经过县级申请、州市审核、省级核查和第三方实地评估检查等程序，昭阳区、鲁甸县、巧家县、彝良县、盐津县、大关县、永善县……维西县、永德县31个贫困县（市、区）已达到贫困县退出标准，符合贫困县退出条件，现批准退出贫困县。”看着这一则消息，内心早已激动万分，在彝良县角奎镇马窑村驻村开展扶贫工作以来，这则消息无疑是对我们在一线驻村扶贫工作的认可。

回想起这两年多的驻村生活，点点滴滴犹在昨日。刚来到马窑的时候，为了迈开驻村的第一步，我先是从村委会找来了关于马窑村的资料，对马窑村的整体情况作了初步的了解。之后用了两个月的时间，走访了马窑村31个村民小组，田间地头、高山河谷都留下了我的足迹，留下了我与农户交谈的身影。通过询问农户的生产生活、家庭情况，了解他们对产业发展、村社发展的想法。同时，我还与村委干部多次交流，通过调研，找到了制约马窑村发展的症结所在：村“两委”班子战斗力差，基础设施薄弱，产业发展无技术，群众发展积极性不高。针对马窑村发展的四个问题，我和村委干部认真分析，马窑村要发展关键在基础设施，重点在产业，核心在干部。于是我带领村委干部研究确立了“坚持党建引领，夯实战斗堡垒，促推脱贫攻坚”的工作思路。这一工作思路，一直伴随着我的驻村生活。

如今，马窑村的基础设施有了明显改善、产业逐步壮大、农户增收有希望、学生有学上、党支部堡垒作用愈加显著，我觉得这两年多的青春与付出的汗水是值得的。村已出列，县已摘帽，脱贫攻坚大决战取得了决定性的胜利，但我知道，我的任务还在继续……

（作者时任昭通市农机安全监理所彝良县角奎镇马窑村驻村扶贫工作队第一书记）

商业兴旺巧路径

秦万军

随着昭通市靖安易地扶贫搬迁项目逐步迈入“稳得住、逐步能致富”的后半阶段，4万多群众一夜之间会聚于靖安新区。如何能在产业基础薄弱、产业链条缺乏的靖安地区开辟新途径，弥补配套产业不足，解决群众就业致富问题，成为靖安易迁项目不得不面临的新挑战。面对挑战，靖安新区迎难而上，以全面盘活商业的新途径为大型易地扶贫搬迁安置点产业就业工作开辟新途径、新思路。

一、基本情况

靖安新区跨县安置昭阳、大关、永善、彝良、盐津、镇雄6县区搬迁群众9256户40549人，其中劳动力22861人。目前搬迁至靖安安置区的6842户建档立卡户中，有劳动力17097人，已稳定转移就业10683人，未稳定就业6220人。

二、面临挑战

一是就近就业需求增加。2019 年 12 月第一批建档立卡群众启动搬迁前，各县区汇总就业数据，未稳定就业的建档立卡贫困劳动力仅有 2293 人。截至 2020 年 3 月底，最后一批建档立卡群众搬迁完毕，通过靖安新区就业工作站实际入户核实，因受疫情、搬迁、居住地变更等因素影响，新区建档立卡贫困劳动力未稳定就业人数达到 6220 人，较搬迁之前增加了将近 3 倍，新区劳动力就近就业需求激增。能否顺利实现就业，成为“后半篇”文章书写的第一道难关。

二是配套产业相对疲软。为切实解决就业工作，靖安新区在建设之初便规划有 8.1 万平方米扶贫车间，4000 个农业蔬菜大棚，但农业产业属于季节性务工需求，扶贫车间企业属于利润薄弱、产业链低端的劳动密集型企业，在解决就业稳定增收方面呈现出一定程度上的不足，难以应对激增的就近就业需求。

三是就业意愿呈现多元化。群众自高寒偏远的原居住地搬出后，原本较为单一的“进厂、务农”等就业意愿不断变化，搬入城区的群众呈现出多元化就业需求，特别是在农业基地、扶贫车间工资低于预期收入的情况下，对就近就业有了更高要求。

四是超龄人口就业刚需。经过新区工作人员核实，建档立卡搬迁群众中有超过法定劳动年龄且具备劳动能力者 986 人。搬迁之前，这部分超龄人口在原居住地多从事种植、养殖工作，搬迁后因为年龄问题无法就业，新区居住与老家种地“两头跑”现象逐渐露头。

三、解决措施

为了切实解决新区搬迁劳动力就业需求，弥补原有配套产业不足，靖安新区充分运用自身搬迁体量大、搬迁民族众多、距离昭阳主城区近、背山面河的区位优势，盘活新区商业，拓宽产业路子，增加就业岗位，满足就业需求。

（一）底层商铺巧就业

在靖安安置区建设之初，便配建有53000平方米底层商铺，与安置房建设同步推进。为解决群众就业问题，靖安新区临时管委会创新底层商铺运营管理模式，以“专业商管公司＋优质商户＋易迁劳动力”的运营模式助推新区就业工作。既聘请专业商业管理公司，对整个安置区商业布局进行合理规划运营，同时引进优质商户，以租金优惠等政策促使商户吸纳建档立卡劳动力就业。如新区商业运营方案规定，餐饮娱乐等服务型商户每25平方米须吸纳1名建档立卡劳动力就业、百货商超等销售类商户每50平方米需吸纳1名建档立卡劳动力就业，完成吸纳就业目标的商户，可享受低价租赁商铺和期限免租等政策优惠。优质商户吸纳建档立卡劳动力就业，在降低经营成本的同时又获得较为稳定可靠的劳动力资源，实现新区商业迅速盘活、入住商家经营成功、劳动力迅速就业的多赢局面。目前，新区商铺已吸纳建档立卡劳动力486人，靖安新区商铺全面开业后，可稳定吸纳劳动力就业700余人，通过商管公司运营，每年可获得商业物业运营收入1268.8308万元反馈新区所有搬迁群众。

（二）能人带头巧创业

在商铺运营的同时，靖安新区临时管委会在搬迁群众中选取40名文化素质较高、有经营经验、有意愿创业的能人，组成新区创业就业社，同时组建培训学校，开展创业针对性培训。通过开辟“创业街”“美食广场”等，带动群众小成本自主创业。“创业街”与“美食广场”等群众创业的地方，大到电器家具销售，小到制作食物的小推车鳞次栉比，在新区创业就业社能人的带领与疏导之下，市场秩序规范。在满足靖安新区搬迁群众日常消费需求的同时，还吸纳临近的靖安集镇、青冈岭集镇居民消费。目前，由新区创业就业社带动的创业场地，平均每日吸纳700余名群众摆摊创业，带动700余户建档立卡贫困群众就业增收。

（三）文旅活动巧增收

靖安新区搬迁群众中，少数民族同胞占据极大比重。能歌善舞是少数民族群众的优良传统，靖安新区管委会将搬迁群众中自发、零散组织歌舞活动集中组织起来，定时、定点开展集中的民族歌舞表演。通过集中组织的文艺表演，将新区文艺表演常态化开展，在不断合演中提升新区群众认同感、发挥少数民族同胞特长的同时，吸引昭阳市区居民到新区休闲娱乐。游客增加了，新区商业蓬勃发展，商业物管费用增加，同时又反哺到文旅活动中来，原本群众只是自娱自乐的歌舞活动也能获得补贴。目前，靖安新区已有成规模的少数民族歌舞队伍5支，可通过歌舞表演活动得到补贴的群众93人。

（四）创业入股巧稳心

针对新区那些尚有劳动能力又超龄的群体，靖安新区管委会采取“小创业入股”的模式，开辟“儿童乐园”等娱乐创业区域，通过“创业能人经营+贫困群众入股”的模式，吸纳大龄劳动力参与经营。例如，文娱乐园一台儿童乘坐的电动卡丁车价值1000元，门票5元/次，新区大龄劳动力可选择1000元入股，由创业能人们负责经营，门票所得除抽取少量管理维护费用外，均为入股人所有，按日支付。通过入股等方式，超龄群众有了收入来源，每日自发前往文娱乐园监督运营，偶尔参与卫生打扫等还有额外收入，靖安新区居住老家种地等“两头跑”现象得到消除。通过安置区“文娱乐园”入股带动，可实现新区400余户群众稳定增收。

当前，靖安新区商业发展正蒸蒸日上，浓郁的商业氛围既保障群众增收致富，同时用蓬勃商业氛围带来的创业就业机会影响群众，4万多从高寒边远地区搬迁来的群众，正以一种“不等不靠不要”“扎实苦干”的精神在新区创业就业道路上奋斗着。随着商业继续发展，底层商铺逐渐开业，洒渔河文化旅游综合体逐步成型，未来3个月内，靖安新区商业运营将带动1000户建档立卡贫困群众自主创业，稳定提供3000个就业岗位。

（作者系靖安新区党工委办公室工作人员）

扶贫既要用心更要扶“心”

刘增荣

2018年，根据昭通市第一人民医院党委安排，我到巧家县小河镇山堡村开展扶贫工作。

我包保的15户贫困户致贫原因各不相同，共同点就是缺乏劳动力，家庭成员年老、残疾或因病致贫。我不回避、不遮掩，坚持一对一帮扶，从贫困群众困难的地方做起，制定帮扶措施，统筹三个着力点，积极破解困扰贫困群众的实际问题，努力提高帮扶实效和贫困户满意度。

让贫困群众走出政策认识误区

扶贫工作一开始，我就着力宣传落实扶贫政策，破解贫困户认为自己没有享受政策或政策享受不齐全的认识误区。部分贫困户认为国家政策好，但是总觉得有些政策别人享受了而自己没有享受。对入户干部抵触情绪大，这是属于宣传不到位的问题，导致部分贫困户有心结，对扶贫工作有情绪。落实扶贫政策，让扶贫见实效、出成果，需要从心开始。

首先，我跟他们一起学习扶贫政策，让他们知道到底有哪些扶贫政策。

其次根据其致贫原因，让他们自己来找能享受的政策。再次，我和他们一起认真研读《扶贫手册》，对上面写的能享受的扶贫政策一条条的现场核实，对他们有疑问或者记不清楚的，全部记下来。产业补贴有疑问的就去银行打流水账目，教育资助有疑问的就去教育局核对并把资助金发放到银行的账户、日期、数目等内容一条条、一页页复印下来，逐项核对，仔细讲解。

一对一的工作，让贫困群众对政策享受情况心里有数。用精准扶贫政策开展精准扶贫工作，用精准扶贫数据打消贫困群众心理疑虑，让贫困群众打心眼里和我们扶贫干部一起为脱贫致富共同奋斗。

建立“救急难”临时救助制度

充分运用自己的职业技能，针对贫困群众对健康扶贫报销的疑问进行指导解答。主动告知或帮助群众到医院打印住院记录和医药费保险凭据，帮助贫困群众落实 2018 年、2019 年、2020 年度医保缴费资助、大病补充险、住院报销等政策，并落实我院医疗扶持工程，防止患病群体因病致贫。

建立“救急救难”临时救助制度。对突遇不测、因病因灾等陷入生活困难的群众，给予“急难”生活救助。在扶贫期间有两户群众发生火灾，我院发动职工捐款捐物，及时送上我们昭通市第一人民医院的真情厚意，为困难群众解了燃眉之急。当受灾群众手捧现金及日用物资时，热泪盈眶地感谢共产党，感谢医院干部职工对自己的关心和帮助。我眼里也噙着泪水，更加感到扶贫干部的责任，更深切认识到扶贫路上不让一个人掉队的真谛。

精准打开群众心结

在我的帮扶对象中有一位女孩引起了我的注意。她是一个事实孤儿，但我认为用“失依”来形容她更为贴切。

她叫赵红琴，是我的帮扶对象。年幼时，母亲因为家庭贫寒而离家出走，于是爸爸带着三个未成年的孩子在贫瘠的土地里谋生，既当爹又当妈，日子过得非常不易。然而福无双降，祸不单行，赵红琴的爸爸于 2019 年 1 月因病医治无效撒手人寰，留下了三个年幼的孩子。这突如其来的打击差点击垮这三个孩子，80 多岁的爷爷常年卧病在床，无法照顾他们。

最初在接触她时，她所表现出的是对帮扶人的警惕与不信任，但经过我们的多次走访，年幼的她逐渐与我们进行交谈。在与她的多次接触中让我感触颇多，尚还年幼的她在接踵而至的不幸面前，失去了童年应有的阳光，每天郁郁寡欢，见了生人就躲起来。我每次去她家我都抑制不住泪水，哽咽得说不出话来。每次和她说话都擦干眼泪，慢慢接近她，和她拉家常，问问最近情况，学习咋样。渐渐地她对我不再有距离感，我问她答，问一句答一句。在她对我不再有抵触情绪后我慢慢开导她，讲外面的世界，如好好读书，不久的将来就会走出大山，又是一片新天地。每次去都给她灌输一些正能量的东西，既教她好好读书又教她好好做人，以后在社会上才能做有用的人。在多次的走访以后，远远地看见我来了，就飞奔过来抓住我的手叫我刘奶奶，让我好一阵感动。

赵红琴作为一名“失依”儿童，她一边读书，一边照顾长期卧床不起的爷爷，需要比其他同学付出更多的努力。虽然没有父母在身边，但赵红琴一点没有放松对自己学习的要求，各门功课成绩都在班里名列前茅，连年获得校“三好学生”称号。在她的带领下，整个班集体团结一致，学风良好。她关心同学，热爱集体，帮助他们改正不良习惯，培养自理、自律、自护的能力。

虽然自己的家里很穷，她却经常资助比她困难的同学。山堡村地势复杂、山高谷深、地势险要，赵红琴的家距离学校很远，需走一小时的山路，路途中需要经过河流、峭岩，但她没有一天迟到过。在走村串户的过程中我问起家里的饭菜，她脸红了红，不好意思地领着我去简陋的厨房掀开簸箕，指了指簸箕下的洋芋，低下了头。我明白这便是他们一家的一日三餐。于是我们驻村扶贫干部向当地政府民政部门申请生活补助。有了事实孤儿的生活补助后，全家的生活不但有保障，而且有了质的变化。在她爸爸去世后，她突然懂事了很多，她的懂事让我感到心痛，因为她还是一个八九岁的孩子，正是天真烂漫的时候，却过早地尝尽了人世间的痛苦，这让我笃定了要帮助她的决心，因为我不仅仅是一个帮扶人，我还是一个母亲。那之后，我开始用自己的方式帮助她，例如在换季时给她织毛衣，在每年过春节时自掏腰包以祝福的形式给她 1000 元经济上的帮助，以及给予学习用品、阅读书籍，让她感觉社会的温暖，人间有真情。

在各级组织和社会各界的帮助下，赵红琴的家庭条件得到很大改善，鉴于她家的特殊的情况，无劳动力，上学又远，便和村干部一起给她申请了易地搬迁，迁往鲁甸县卯家湾易地扶贫安置点。现在赵红琴已经可以在学校里安心学习，不用再为学费担心，也不用每天花一小时翻山越岭去上学。现在的赵红琴再也不怕生人，有时间我去鲁甸卯家湾易地搬迁新学校去看她时，只要见到我就跑来抱住我的腰亲切地叫我刘奶奶，每次见到她我的眼泪都会夺眶而出。我知道叫这声奶奶，证明我们扶贫干部已经走进了群众的心里。

用“心”扶“心”

一把锁总能找到打开它的钥匙，扶贫工作就是要找准症结，找准贫困群众致贫的原因和不满意的地方，对症下药，以心交心，以情暖情，让群众“心动”起来。

让自己行动起来，到群众中去。带着诚心去走访，积极主动到群众家去，到田间地头去，了解最真实的情况；带着耐心去释疑，动之以情，晓之以理，对扶贫政策理解不到位、不充分的耐心解释、精心引导，一遍不行就多讲几遍；带着细心去帮扶，将心比心，将贫困群众当自己的亲人、朋友，以诚相待，实话实说，依据贫困群众家庭生产、生活中存在的问题，切实帮扶。

让心相通起来，同心助脱贫。扶贫工作就是要多用心、多下功夫，看到群众之苦，想到群众之难；要有耐心，倾听贫困户的心声；更要让贫困群众树立信心，不等、不靠，认识到脱贫最终只能靠自己，同心助脱贫。

让群众“心动”起来，使政策有成效。脱贫不是终点，发展才更重要。从政策层面制订长期计划，给予贫困群众长期、持续的跟踪帮助；结合被帮扶对象的实际特点开展产业帮扶和就业扶持。这样才能让群众“心动”起来，才能使脱贫政策有持续性效果。

（作者系昭通市第一人民医院驻巧家县小河镇山堡村工作队队员）

见 证

董程鹏

人社部门高举就业是最大的民生这一旗帜，按照群众在哪里就业服务跟到哪里的服务理念，充分认识就业是易迁群众“搬得出、稳得住、持续能发展”的核心关键，在建房初期便在施工用房内建立人社就业创业扶贫工作站。作为一名人社干部我有幸被组织选派入驻靖安，全程见证并参与了靖安易迁安置区从一片平地到高楼林立、从房屋建设到群众欢天喜地搬新家、从心有疑虑到安居乐业，群众脸上挂着的笑容离不开有力的就业支撑，昭通人社死守“零就业家庭”动态清零的底线，勇攀充分就业的标高线。

先下手为强

时间追溯到2019年4月9日，昭通市人社局党组从市局派出骨干1名，从相关县区抽调人社精兵组建靖安新区就业创业扶贫工作站。此时靖安新区刚刚破土修建，外界一片质疑，群众都还没来你去建站有何意义？但我们坚信意义是做出来的，不是等出来的，决战脱贫攻坚必须打有准备的仗。搬迁9256户40549人，其中劳动力22861人。或许数据是苍白的，但这些群众搬迁后的就业意愿、家庭结构、劳动技能、文化程度、身体状况等情况则是鲜活的。若不能精准对上号，岗位推荐、产业发展又岂能精准嫁接，又谈何精准扶贫。寻找先机，先下手才能发现问题、解决问题，把弱项做成强项。

工作站在靖安党工委的支持下，以人社业务为指导，在搬迁对象中提前招募30名服务意识好、文化素质高的群众组建信息中心，通过电话形式逐一开展就业、就学、就医等信息的采集，以户为单位建立动态更新的管理台账；同时与中国移动联合开通云MSA短信送岗平台，精准锁定群众搬迁后的就业、就学意愿、患病情况等，以便为新区产业配套、学校设置、医院配比、人岗匹配提供科学研判依据。以群众为纽带充分发挥信息员来自群众的优势，利用现身说法、宣传政策有效地打消部分群众的搬迁顾虑。通过不断的跟踪服务，群众从一开始的抵触、谨慎，转变为后期的主动向信息员说谢谢，为坚定群众的迁后发展信心夯实基础。

多渠道就业

靖安临时党工委成立了党工委书记任组长，管委会主任任副组长，党工委副书记、管委会副主任，新区服务管理中心主任为成员的靖安新区产业就业领导组，切实加强对产业就业工作的领导、指挥、协调工作，组建了由社区党支部副书记任站长，楼栋长、就业扶贫信息员为成员的社区就业创业工作站，狠抓劳动力转移就业工作。在社区成立了由社区党支部书记（或居委会主任）任组长的工业、蔬菜基地、马铃薯种植、食用菌、家政、建筑劳务队，确保易迁劳动力能够有组织化向农业产业基地、扶贫车间、建筑工地输送。

结合靖安群众的就业意愿、技能需求，我们充分发挥人社技能提升培训的优势，围绕产业园（洋芋帝国、蔬菜产业园、食用菌产业园、工业扶贫产业园）和区内就业实训基地（工业、蔬菜、马铃薯、食用菌、家政服务、建筑、自主创业），组建了靖安新区技能培训学校，对工业厂房扶贫车间、江夏吉之汇蔬菜大棚、洋芋帝国、粤旺食用菌、乐活物业、中建、商管中心等企业和用工单位开展订单式、定岗式培训，有效提升群众的劳动技能，促进群众稳定就业。

感动中激起奋斗的力量

参与服务靖安易迁群众的一年半时间里，见证了强有力的凝聚力下呈现出的工作成效，同时也见证了党员干部在一线无私奉献、心怀群众、认真履职的温暖瞬间，这些温暖使我备受鼓舞，信仰在一线得到更好的淬炼。

搬迁志愿者带来的感动。在组建信息中心之初，我们利用城镇公益岗位面向搬迁群众招募志愿者，参与群众信息摸排及政策宣传。范太坚就是其中一位，她毕业于幼儿本科专业，参加志愿者之前她在贵州从事幼儿教育工作。当得知靖安要组织信息中心，她主动拨打了我的电话。交谈中了解到她的情况，我一度拒接，让其安心工作，但她坚定地说："我家是搬迁对象，受党的恩惠才能搬出大山，您们作为外来干部都在辛勤地为我们服务，作为受益党员，我怎么可能这么麻木不仁。工作没了可以再找，但是能参与到为新区人民服务的机会却不多，请站长给我一个机会。"话语间传递着暖暖的温情，展示出群众感党恩、听党话、跟党走的坚定决心，是一个个勤劳、善良群众的缩影，这份感动鼓舞着我，更加坚定了工作的信心。

搬迁前她每天要拨打 200 多个电话，用方言向乡亲传递靖安的变化，锁定一个又一个乡亲的就业意愿，解答一个又一个群众的困惑。2019 年 12 月 18 日靖安启动搬家以来，她每天穿梭在楼栋、邻里之间，把精准匹配的岗位一一送到群众手里；帮助群众开展疫情防控体检；组织群众开展点对点输出；建立楼栋微信群，定期向外出务工的群众推送留守老人、小孩的生活状况、生活照片等，搭建外出与在家人联络的纽带，让外出群众安心务工；正是这样的楼栋“办事通”用他们坚定的信念和澎湃的激情为搬迁群众就业工作筑起了全方位的服务堡垒。

“鳄鱼局长”带来的感动

“鳄鱼局长”吕建华是昭阳区人社局的副局长，“鳄鱼局长”的称号源自一双开了口的皮鞋。2019 年寒冬清晨在办公室行军床上休息的吕建华副局长，在水龙头上用冰冷的水擦洗干涩的眼睛，这样的状态他在靖安已经持续了一个星期。每天承接搬迁群众 300 余户，随迁车辆 400 余辆，既要对已入住的开展就业服务送上门，又要帮助新来的搬运家具物资，同时开展当天入住回访，鳄鱼局长的称号也在 12 月 18 号的晚上诞生了。

12 月 18 日一早他带着就业中心工作人员对 17 号入住的群众开展就业服务送进门活动，下午 312 户、403 辆货运车辆浩浩荡荡开进靖安，他随即投身到搬运服务大军中，一趟趟往返于车辆与群众家中。陪他一起奋战了一个多星期的皮鞋，由于不断地受到高强度的摩擦挤压开始脱胶。同行的同事让他放下手上的工作去街上买一双鞋子，但看到还有群众物资没有搬运完，他担心夜幕降临后寒气上升，群众安顿不下来会受苦。于是，他找了两根群众捆运货物的钢丝绑在鞋子上继续投入到搬运工作中。

裂开的鞋子犹如张嘴的鳄鱼，有人说，“同志你休息吧，我们自己搬嘛。你看你鞋子都穿成鳄鱼了，整得我们不好意思，真的感谢你们。”吕建华笑道：“不存在的，不影响，我这是鳄鱼牌的皮鞋，穿着力气大得很，来得起的。”群众嬉笑道：“你这个不是穿鳄鱼哟，明明就是‘鳄鱼局长’嘛，凶得很。”说话间搬运队伍的脚步更快了，身体犹如打了鸡血。“鳄鱼局长”

的称呼也就此传开。吕建华其实一点也不“鳄鱼”，瘦弱的身体加上连日的辛劳，使他看起来疲惫不堪，支撑他成为“鳄鱼”的是为民服务的信念和认真尽职的工作态度。这样的“鳄鱼”也正是千千万万扶贫干部的缩影。

（作者时任昭通市就业局副局长）

风雨无阻守一线

——靖安新区城市管理综合执法中心工作纪实

徐天瑾

2019年11月底，上级部门安排我来到靖安新区管理综合执法中心工作。中心40余人，在负责人尹鹏的带领下，我每天坚守在岗位上，克服重重困难，认真履行职责，较好地完成了检查督办的各项工作任务。

一、守在搬迁安置第一线

在2019年靖安新区第一批易迁群众即将搬入新家前，中心协助其他部门进入楼栋单元进行房屋建筑进度的跟进排查、挨家挨户入户排查房源问题，做到及时上报，及时协调有关部门解决，确保搬迁群众搬入新家后，住得安心，住得舒心。

（一）着力加强对迁入群众服务管理。在2019年12月至2020年1月靖安新区搬迁工作期间，综合执法中心紧紧围绕让搬迁群众既要“住上好房子”又要“过上好日子”的目标，我中心切实注重优化服务管理，帮助群众搬新家。安排一部分执法人员值守于楼栋单元，积极引导孤寡老人、残疾人等有困难的易迁群众搬运家具等物品，向他们宣传党的政策；对年老病残群众实行便民措施上门服务。在群众没有生活用水时，执法队员帮助群众提水爬楼梯送至家中，保障群众生活用水不成问题。这些行动消除了搬迁群众的顾虑，使困难群众切实感受到党和政府的温暖，切实增强了迁入群众的幸福感和获得感。

（二）强化治安防范，着力加强易地搬迁安置区域社会治安群防群治。组织执法队伍，深入各社区开展常态化巡逻防控，切实增强搬迁群众安全感。成立白班夜班两个班次，配合社区人员组建专业保安队伍和义务治安巡逻队伍，全天开展巡防及时消除安全隐患。

（三）结合新区的实际情况，本着“家乡人办家乡事”的便民服务理念，为解决新区搬迁群众就业难的问题，中心招聘符合要求的群众到中心工作，一方面解决就业问题，一方面让搬迁户树立“自己家园自己建”的观念，筑牢了移民搬迁工作的群众基础。

二、奋战在疫情防控一线

2020 年春节来临之际，一场全民抗击新型冠状病毒肺炎疫情的战役迅速打响。疫情就是命令，防疫就是责任。靖安新区综合管理执法中心在第一时间接到通知后，所有人员在负责人尹鹏的领导下，挺身而出、冲锋在前，在行动中践行初心勇担使命，日夜逆行在疫情防控一线。

（一）疫情期间，为切实加强统一领导，统一指挥，统一行动，强化联防联控，建立网格化管理机制，压紧压实楼栋管理责任，负责人尹鹏深入联系群众，对疫情第一时间反映，第一时间作为。将所有执法队员都分配到楼栋网格中，和一名社区干部对楼栋进出人员进行排查登记，建立排查登记台账，属于特殊重点人群的，及时上报纳入居家观察对象，每天为居家观察对象测量两次体温，询问家庭成员身体状况。

（二）在社区大门前设立总疫情防控卡口，我中心执法队员、医务人员和社区干部共同组成检查组，负责楼栋的安全和疫情的防控工作。以楼栋为单位，以户为网格，做到横向到边，纵向到底，全面落实管控措施，要求社区居民理性沉着应对疫情，消除恐慌，不造谣，不传谣，不转发无确切来源的信息，自觉做好自我保护，积极支持配合社区疫情防控工作。对社区群众加大宣传，形成全体居民积极响应的疫情联防联控格局。

（三）清洁工作做得好，病毒细菌没处跑。为打好疫情防控这一战，我中心要求保洁公司高压喷水车每天对新区各街道及社区进行喷洒消毒，协助疾控机构，针对各社区、各楼栋等重点区域，统一开展整治、清洁、消毒，并对进出社区楼栋小区车辆进行全面消毒，进而减轻病毒感染风险。保洁员加强环境卫生清理，有效阻断传染源。

三、游走在改善市容市貌的一线

新区市容管理工作搞得好与坏，直接影响靖安新区的市容市貌。靖安新区管理综合执法中心作为新区市容市貌监管的主要部门，紧紧把握“服务新区党组中心工作”原则，围绕网格化管理等重点工作，认真开展市容环境卫生和交通秩序的管理维护工作，较好地完成了各项任务。

靖安新区管理综合执法中心成立之初，靖安新区房屋正处于建设中，各中心没有办公室、没有办公桌椅，新区主要道路还未进行硬化，路面一片泥泞，环卫保洁方面还未进入。面对如此眼严峻的情况，靖安新区管理综合执法中心人员本着吃苦耐劳，无私奉献的工作精神，始终坚守在为提升新区市容市貌环境卫生的一线。

每天，中心执法队员对新区的交通秩序进行疏导，规范车辆停放，规范施工车辆的进出。对新区环境卫生进行监管，多次对新区建筑垃圾的清理、清运工作进行监督，并积极配合相关部门进行每项安保工作。针对新区早晚流动摊点泛滥的实际，开展了专项整治工作。一早一晚对新区流动摊点较多的街道进行巡查，发现问题及时进行劝离；开展了“垃圾不落地”、夜间市容秩序管理和户外广告整治等专项整治活动，并对巡查发现的问题及时进行了督办落实。群众说新区的市容市貌得到明显改善。

（作者系靖安新区城市管理综合执法中心工作人员）

有事您请说

——靖安新区思源社区工作纪实

吴家贵

思源社区共有19个楼栋29个单元。目前，有居住总户数1643户，总户籍人数8040人。现已成立社区党总支、社区临时工作站，有工作人员43名，（社区党总支成员5名，临时工作站工作人员4名，楼栋长29名、社区志愿者3人，昭通市海星行动公益协会社工2名）。思源社区党总支有党员110名（在家党员46人，流动党员64人，60岁上老党员14人，入党积极分子5名），下设两个党支部，每个支部配置班子成员3名。2020年2月18日，思源社区接到搬迁命令，“两委”立马组织到位，以全新的面貌迎接搬迁群众，面对跨县易地搬迁，时间紧、压力大、任务重、要求高，思源只有一句话：“坚决服从上级命令，坚持服务好搬迁群众，以最大的热情迎接搬迁群众，做好搬迁工作，保障群众搬迁顺利完成。”

家人眼中的“大忙人”

在各位社区干部的家人眼里，他们是“大忙人”，绝对称不上好丈夫、好父母、好子女。他们时常安慰家人说，扶贫搬迁责任大，任务重，“5+2”“白+黑”更是家常便饭。我们作为一名社区干部要带头干，大家都是舍小家，为大家，顾大局，我们不能在扶贫搬迁战场上做一名“逃兵”。

群众的“知心人”

他们虽然来自不同的地方，却是思源社区1643户搬迁群众的“亲戚”。他们自从踏上思源社区这片土地那一刻起，他们就把思源社区当成了家，将搬迁群众都当“亲戚”走。为将快速熟悉社区的情况，他们“白+黑”和“5+2”，不到一个月的时间将社区每户搬迁群众人员结构、老家住址、务工情况、享受哪些帮扶措施摸得清清楚楚，真正做到“户户清、一口清”。他们平时在社区里走着，群众总是笑脸相迎，还亲切地叫着“同志，来我家里坐一下”“同志，到我家里吃饭。”当得知搬迁群众王学光患大病，家庭极其困难，“两委”积极上门做其思想工作，鼓励王学光要对生活充满自信，并为其争取各项政策支持，并送上米、油等慰问品。

群众致富的“领路人”

要想真正实现“搬得出、稳得住、能致富、持续能发展”的总体目标要求，就业和产业是发动机、是带领群众致富的根本。社区现有劳动力4238人，现已就业3856人，其中外输2855人，内培737人，公益公服岗位264人，未就业382人。社区为破解就业难题，多方组织协调，积极联系企业等各种用工单位，积极宣传引导，组织97名大龄劳动力到洋芋基地务工，并委派一名委员到现场维护秩序。目前已引进5家企业，可提供岗位3200个；商家进驻215个，可提供岗位300个；蔬菜大棚3000个，可提供岗位1000个；洋芋帝国50000亩，可提供岗位3000个。有效地解决了社区搬迁群众就业难题。

选优配强“社区两委”力量的“参谋人”

选优配强社区“两委”的力量，是啃下扶贫搬迁这块“硬骨头”、摘下“穷帽子”的关键，是加强基层组织建设，实现持久脱贫的有效途径。思源社区共辖19个楼栋29个单元，1个党总支，下设2个党支部，将110名党员合理编排到对应的党组织网格，从迁入地党委政府机关优秀党员干部及易迁对象中逐级推荐了33名担任社区干部、片区长和楼栋长。同时，狠抓社区工会、共青团、妇联等群团基层组织建设，不断壮大扩大基层党组织工作覆盖面，实现社区有党员就有党组织，有群众就有党组织统领、就有群团组织参与。通过党组织的建立和作用发挥，确保每户易地搬迁户后面都有一个坚强的党组织和一名坚定的共产党员提供服务和管理，让党的领导说话有人听，干事有人跟。

建设惠民生的“跑腿人”

织好服务网，多方联动“一站办结”。一是社区坚持“有话您请说，有事您找我”的理念，除设立党群服务中心外，还设立党务、就业、维修、民政、退役军人等涉及群众经济生活各方面的5个服务窗口。以有温度、有爱心、有色彩、有特点的现代化党群服务中心为建设方向，按照“布局合理，功能齐备”原则，整合社区公共服务资源和各种服务功能，合理设置建设了党群服务中心、警务室、矛盾纠纷调解室、妇女儿童之家、4点半课堂、志愿服务工作站、职工之家、爱心超市、社区党校等社区业务功能用房。通过党群服务中心和5个服务窗口的建立和人员匹配，确保社区办公有阵地、服务有窗口、活动有场所、办事有专人，为群众提供“一站式”“全天候”服务，有效打通联系服务易迁群众的“最后一公里”。二是对社区搬迁群众实行分类管理。对社区1643户群众，按照经济条件等综合因素，分别以绿、黄、红3种颜色标注，其中绿色为放心户，家庭条件较为优异；黄色为关注户，家庭条件一般且家庭人员有六类重点人员的；红色为重点关注户，家庭条件差、有返贫风险的。对3类群众，按照“113”工作法开展工作，即放心户一个月走访一次；关注户一周走访一次；重点关注户一周走访3次。了解群众生产生活情况、思想动态等。

一方和谐的“保护人”

社区依托党建网格，构建“社区党总支—片区党支部—楼栋党小组”的综合治理网格，由社区党总支统筹协调，党总支书记担任总网格长，划分社区一级网格1个、片区二级网格5个、楼栋三级网格29个。110名党员遍布各楼栋网格，形成横向到边、纵向到底的“社区—片区—楼栋—党员—群众”五级联动的网格化管理模式，整合党建、综治、城管、就业等各类网格力量和资源，优化网格设置，形成“多网合一、一网到底”的社区治理模式。由社区牵头，组织社区“两委”、楼栋长、党员、群众志愿者成立治安防控队，实行分组、定人、定片、定职管理，不间断无缝隙地在辖区开展治安防控管理、隐患排查整改、巡逻防控、调处矛盾纠纷，严格日常管理措施，加强日常清查打击，确保流动人口不漏管、重点人口不失控、矛盾纠纷不上交，形成严密的网络化治安防控管理体系。同时还在公共区域设置 83 个监控探头，7 个人脸识别探头。构建起信息化为抓手，共建、共治、共享的平安社区创建模式。

（作者系靖安新区思源社区委员）

为了让孩子受到好的教育

——靖安新区教育保障工作纪实

郑绍云

2019 年 6 月，市委成立了靖安安置区临时党工委，同时任命于正萍同志为靖安安置区临时党工委副书记、靖安安置点临时管委会副主任，陈必贵同志为靖安安置区临时党工委委员。7 月 2 日，安置区临时党工委（管委会）第三次委员会议讨论通过《靖安易地扶贫搬迁安置区临时党工委（管委会）内部机构设置方案》，成立“一办六站”，其中教育卫生工作站（教育卫生工作领导组）负责靖安安置区教育卫生工作，于正萍同志任站长，陈必贵同志任副站长，领导组下设教育、卫生 2 个工作组，教育工作组从市区教体局抽调郑绍云、张波、耿彪、王太森 4 名同志组成，郑绍云同志任教育工作组组长。教育工作组工作职责为“两配合三负责”。两配合：一是配合安置区教育设施规划、设计工作；二是配合安置区中小学、幼儿园项目施工现场管理工作。三负责：一是负责摸清安置区群众子女的入学情况；二是负责安置区中小学、幼儿园的机构设置、教师编制和人员调配等工作；三是负责安置区中小学、幼儿园学生学籍转入转出工作，开通绿色通道，确保搬迁群众子女就学有保障。围绕“两配合三负责”的工作职责定位，教育工作组主要做了以下工作。

一是配合完成安置区教育设施规划、设计工作。2019 年 6 月 21 日，于正萍同志、陈必贵同志带领昭阳区教体局基建科负责人、靖安镇分管征地拆迁的副镇长、教育工作组4名同志到靖安中学、洪家营小学、长寨小学实地查看教育项目建设进展情况，经了解靖安中学、洪家营小学、长寨小学项目建设用地范围红线未划定，征地拆迁工作无法启动。2019年6月30日，党工委召开临时党工委会议，会上陈必贵同志提出教育设施建设进展情况缓慢的问题：靖安中学、洪家营小学、长寨小学扩建范围红线到目前尚未划定，改扩建的几所学校规划经多次调整未定。党工委书记周祥同志要求，改扩建的中学、2所小学红线如何划定，请管委会主任周廷昆同志牵头，于正萍同志、陈必贵同志协助，三天内完成。教育保障工作时间紧、任务重，一刻也不能松懈，2019年7月1日，于正萍同志、陈必贵同志与管委会主任周廷昆同志汇报同意后，于正萍同志、陈必贵同志带着设计院、区国土局、区教体局基建科、靖安镇分管征地拆迁副镇长、教育工作组相关同志冒着炎炎烈日，背着木桩、带着铁锤逐一到原洪家营、长寨小学和靖安中学对面初步圈定学校的红线，提出划定红线区域的建议意见，并实地做了标注。现场圈定红线后，于正萍同志、陈必贵同志立即向指挥部办公室与主抓工程建设的安置区管委会主任周廷昆同志汇报，周廷昆同志随即与党工委周祥书记、区委姜先奎书记逐级汇报，原则上同意了提出的中小学项目划定的红线范围建议。7月6日，三所改扩建的学校红线已划定，7月22日2所小学和2所幼儿园的规划设计方案定稿，与此同时征地、地勘工作同步启动。靖安新区第一幼儿园办学规模15个班450人；靖安新区第二幼儿园办学规模15个班450人；靖安新区第一小学（长寨）办学规模42个班2218人；靖安新区第二小学（洪家营），办学规模48个班2218人；靖安新区中学，办学规模54个班，2510人。

二是配合完成安置区中小学、幼儿园项目施工现场管理工作。于正萍同志、陈必贵同志、魏永翔同志分别带领教育工作组人员陪同省、市有关领导到2所幼儿园、2所小学和中学现场查看施工进度百余次，频率最高的一天跑一所学校工地三次。施工方按时交付使用两所小学46间教室，有效保障了安置区群众子女的就学问题。

三是负责摸清安置区群众子女的入学情况。7 月 2 日，教育工作组与市教体局扶贫办对接，获取了靖安安置区搬迁群众和随迁子女的基本情况表，7 月 22 日，教育工作组与区教体局对接，获取了靖安安置区搬迁群众和随迁子女的基本情况表，经过认真比对核实统计，靖安安置区规划共承接 6 个县区 9256 户 40549 人的搬迁安置。根据学龄段统计，其中幼儿园阶段 1798 人，小学阶段 4451 人，初中阶段 2581 人。

四是负责完成了安置区中小学、幼儿园的机构设置、教师编制和人员调配等工作。根据中共昭通市委编制委员会《关于印发昭阳区靖安安置区鲁甸县卯家湾安置区教育卫生机构设置编制调配方案的通知》（昭市编〔2019〕50 号）核定昭阳区靖安安置区中学、2 所小学、2 所幼儿园教师编制共 434 名，其中 189 名从搬迁相关县区调剂、市级调剂解决 245 名。昭阳区教育体育局拟定了《昭阳区靖安新区教师配备方案》。成立了靖安新区教师配备工作领导小组，从区委组织部、区教育体育局、区人社局、区委编办、区财政局抽调工作人员组成，负责教师配备日常工作。通过从搬迁相关县区调剂、招聘、调动等方式共调配 322 名教师，较好地满足了教育教学工作的需要。

五是负责完成了安置区中小学、幼儿园学生学籍转入转出工作，开通绿色通道，确保搬迁群众子女就学有保障。为保障好搬迁群众子女就学需要，党工委书记周祥同志、常务副书记魏永翔同志多次带领教育工作组同志研究教育保障相关工作，先后研究制定印发了中共靖安易地扶贫搬迁安置区临时工作委员会关于印发《靖安新区中小学开学工作实施方案》的通知（靖工委发〔2020〕26 号）、中共靖安易地扶贫搬迁安置区临时工作委员会关于印发《靖安新区中小学开学工作实施方案》的通知（靖工委函〔2020〕28 号）、中共靖安易地扶贫搬迁安置区临时工作委员会关于印发《靖安新区中小学开学准备工作实施方案》的通知文件（靖工委通〔2020〕37 号）等系列文件。2019 年 3 月 26 日，安置区中小学生在疫情防控工作常态化下安全有序平稳入学。截至 2020 年 11 月 6 日，靖安安置区搬迁群众子女共有小学、初中、高中学生 4191 人自愿转到安置区及相应学校安置就读，各学段人数如下：小学 2860 人，初中 1331 人，其他学生部分在原搬出地就读，部分随父母外出在务工地就读，有效保障了安置区群众子女的就学问题。

（作者系靖安新区社会事业管理中心工作人员）

战斗在扶贫一线

王　军

他叫罗国洪，开始关注他是在其2016年3月就职于永善县黄华镇人大主席团后，忘了第一次见面是什么时候，不过他给我留下的第一印象就是憨厚、老实、诚恳、实在。而真正对其了解，并被他个人的工作态度和热情所打动是在之后脱贫攻坚一系列紧张而艰苦的工作过程中。

由于时间紧、任务重、要求高，黄华镇党委分工直接把最难的道路交通建设、易地搬迁等工作交由刚调任的人大主席罗国洪同志负责。昭永二级公路横穿黄华镇龙冲河沟、二屯岩，3公里内有5个隧道4座桥梁，整条公路就是在悬崖峭壁上建设，施工难度大，征拆难度更大（因所有荒山都在悬崖峭壁上，土地和荒山未分配，居住的群众全部属于麻风病人及后代）。征地拆迁、施工安全保障、矛盾纠纷排查化解的任务由他负责。经过多次实地调研，最终他带领国土所、公路管理所的同志采取用索子一头拴在岩石或树上，一头由工作人员拉着往下走丈量红线范围内的林地、荒山等。他是第一个带头用索子吊下去的人。经过10天的辛苦奋斗，完成了其他人认为2个月才完成的征拆任务，为永善扶贫大动脉的打通奠定了基础。

由于建设永善扶贫大通道（昭永二级公路）倾倒的废弃物被洪水冲到龙冲河沟，堵塞形成堰塞湖，群众无法出行，储备物资全部吃完，如无法快速补给，会饿死人。2016年6月30日，他冒着生命危险带领党员到黄华社区龙冲河沟给受困群众送衣服、粮食、肉、盐等生活用品。据其描述，当天洪水肆虐，唯一必经之路被洪水和泥石流占据，大家只能用竹竿试探寻找人可以落脚的地方并快速撤离，要不然就会被陷进泥潭中。工作队进去的时候只能“搭人梯”，出来的时候只能“玩水上漂”，平时能负重 150 斤前行的大汉，在泥潭中行走也只能提 20 斤重的米，艰辛程度只有亲历过的人才能体会。在这次抢险救灾任务中，多亏了他精细指挥，睿智安排，冲锋陷阵，才安全带领 20 多名党员群众圆满完成任务。

随着不断地深入交往，我慢慢了解到罗国洪是一个毕业于公安院校且在公安战线工作 4 年多的人。在本次扶贫工作中，他发挥出吃苦耐劳的精神，运用自己的法律知识，带领工作人员驻村入户，协调技术工人，协调建筑材料，调解矛盾纠纷，宣讲政策，硬是把大家认为不可能完成的黄坪鹦哥嘴易地搬迁任务出色完成了。群众意愿签订、征地拆迁、建设费用筹集、建设完并搬迁入住，这些难题都在他的努力下得到迅速解决。甚至于百姓们口口相传的“黄华速度”，都是来自他。在极端困难、极端艰苦的工作环境下，他们整个工作组持续 6 个多月风餐露宿，克服烈日炙烤和蚊虫叮咬，凭着“掉皮掉肉不掉队，流血流汗不流泪”的韧劲和毅力，用“特别能吃苦、特别能战斗、特别能奉献”的坚强意志服务易地搬迁群众，成功打响了永善黄华易地搬迁的“首战”。驻村的 6 个多月里，他带领工作组无休息日、无假期的奋战在脱贫工作前线。白日里，工作队帮助群众协调建房材料和纠纷调处。到了日落西山，又挨家挨户宣讲政策、嘘寒问暖，查找不能建房、搬迁意愿不稳定的原因。等结束走访任务，回到住处召集工作队队员汇总完当天工作情况基本是十二点了。

罗国洪曾同我说，群众搬迁，他与同事一起抬老百姓的柜子，一条土狗从他们旁边经过，由于视线被柜子阻挡，同事不小心踩到了狗尾巴，那狗转身就把罗国洪的小腿咬伤了。疼痛一下子朝身体袭来，他甚至能感觉到自己的腿在忍不住地颤抖，身旁传来同事略带歉意的惊呼声。但他的第一反应却不是赶紧弯腰探查伤口，而是绝不能扔掉肩上的木柜。“老实说，这个柜子在平常也值不了几个钱，可在特殊时期，在易迁群众即将搬离世代居住的祖宅时那种复杂而多变的情绪下，我绝不允许自己出现任何纰漏。”他的话语铿锵有力，让我为之动容。

2017 年 10 月，他参加云南省卫计委公务员遴选，过五关斩六将，被录取了。但令所有人都没想到的是，他最终放弃了这难能可贵的机会，选择调回昭通市工信委工作，以此来弥补对妻子的亏欠与对女儿的爱。但 2018 年 11 月 3 日，市委需要安排科级以上干部到贫困县区驻村督导，工信委的任务数是 3 人，分管领导召集符合条件的人报名时，他不加思考第一个报名，也成了唯一一个主动报名的人。

实际上他也有很多困难，妻子工作繁忙无暇兼顾家，父母体弱多病需要照顾，女儿需要陪伴。

11 月 5 日进驻盐津县普洱镇黄坪村，第一个月他没有回家，全部时间用在走街串户上，用他的脚步丈量完黄坪村的 35 个村民小组。与所有贫困户家家见面，对照脱贫标准，对所有卡户逐一分析研判，督促村“两委”、驻村工作组及时整改。听村民们说，村里的干部一年才去一次马家、二宝、猴子岩等村民小组，罗国洪却半月就到访一次。半年的工作时间里，穿坏了 3 双解放鞋。

黄坪如期脱贫，本以为可以松口气了。但组织的一声令下，2019 年 4 月 19 日他就立刻应令转战永善县莲峰镇新店村。到了新店村以后，他马不停蹄地走访完 16 个村民小组。经过初步判断，把 16 个村民小组脱贫的难易程度分为三个等级。这还不算完，他主动承担了工作难度最大的三道水村民小组。经过调差、研判，他发现三道水脱贫的最大难题是需要从笔陡的大山上修一条 8.3 公里长的公路以连接黄码公路。整条公路回头弯多达 10 个，海拔从 1350 米降到 780 米，这种难度没有到过实地的人根本无法想象。确定解决方案后，他立刻上找镇党委、交通部门汇报请示，下找村民协商土地和投工投劳事宜。经过他的多次协调，公路如期开工建设。从接手公路建设以来，他组织化解的矛盾纠纷达 30 多起，每天步数超过 3 万步，单日喝水量 5 斤以上。

除了修路，危房修缮的难题也接踵而至。整个新店村，有 25 户土坯房需要修缮加固后才能达到安全标准。但群众并不配合工作，有的人觉得加固住房破坏了老房子的结构，有的人盘算着过几年经济条件好了再拆除重建，还有的人对加固施工方的工艺不满意，绝不退让。总而言之，群众的这些需求让本就不易的危房改善变得难上加难。罗国洪发现这个问题后，立马带领村主任殷举伟一家家发起动员，开始了漫长的入户开导工作。慢慢地，随着他们真切的宣政策、讲道理、拉家常，群众的心也被渐渐焐热了。从最开始不准进门，群众见他们到村就逃跑躲藏，到后来同意修缮加固并做饭给扶贫干部和施工工人吃，这个过程中的心酸曲折，只有罗国洪自己知道。

卷槽湾的邓正福，由于自身残疾，妻子外出至今未归，儿子年幼，一家人生活得异常拮据。房子都已判定为 C 级危房了，他还是紧咬牙关不松口，说什么都不同意修缮加固。了解情况后，罗国洪带领工作组人员到他家做动员工作不少于 15 次，不断摆事实，讲道理。还用他的法律知识帮助邓正福起诉离婚、参加庭审、调解等。最终邓正福同意修缮加固房屋。尽管群众的问题不尽相同，但罗国洪都能使用好政策，从群众的角度出发，设身处地打动群众，帮助他们解决实际困难。

平凡岗位中的优秀表现，绝不是偶然，而是日积月累的习惯。回望罗国洪的学习经历，大学期间，连续三年被评为“三好学生”、获得国家奖学金、获得“优秀毕业生”荣誉称号。工作 12 年，获得嘉奖 6 次、1 次优秀共产党员称号。

（作者时任昭通市水电移民办党组书记、主任）

不负韶华　乘风破浪

高旭晖

2017年5月，我到巧家县红山乡纸厂村参加全市为期4个月的贫困人口精准识别摸底调查工作。同年10月，作为新增驻村工作队队员到老店镇铅厂社区驻村工作。2018年3月任铅厂社区驻村工作队队长（第一书记）。驻村扶贫以来，见证了铅厂社区的变化，也看到了贫困群众从生活到精神面貌的改变，所有扶贫路上的付出与辛苦都变成了收获，心中感慨万千。

祖孙三代齐上阵

2017年5月，在巧家县红山乡纸厂村摸底调查时，区域内山高坡陡，群众居住分散，交通不便，入户调查工作只能靠步行，我背着8个月大的孩子与同事一起入户调查。两天下来，工作进展缓慢，年幼的孩子因为气候等原因一直哭哭啼啼。那天傍晚回到村委后，为了不影响工作队工作进度，也为让自己更好地投入工作，我拨通了妈妈的电话。母亲了解情况后，当机立断表示，姑娘别急，孩子我来帮你带着，你好好工作。因此纸厂村多了“一老一小”两个特殊的“工作队队员”。祖孙三代齐上阵，成为当时纸厂村开展贫困人口精准识别摸底调查工作的一道风景线。

我没有把自己当成客人，以村为家，把群众当亲人，和群众打成一片，成为一个名副其实的纸厂村闺女。有了亲人的理解和支持，我早上 7 点喂好孩子就从村委会出发。每天走访 20 多户农户，有时候两户农户相距几里路，有时候刚巧遇到有些农户不在家，所以不得不走很多次回头路，有时晚上才回到村委会。为高效推进摸底工作，我们组结合群众的实际情况，调整了工作思路：把外出和在家的农户进行区分，又把在家农户的时间进行划分以精准地对农户进行调查走访。在开展入户摸底调查时，我除了填写调查表外，还携带民情日记本，将农户人口情况、住房情况、家电情况、喂养的牲畜情况、养殖的家禽种类及数量、残疾证编号和残疾等次、患病就医情况等信息一一进行记录，确保该农户的档案资料更详细，同时也让工作队对农户有更全面的了解。三个多月以来，风里来，雨里去，顶着烈日，冒着酷暑，我们圆满完成了纸厂村摸底调查工作。因为成绩突出，纸厂村也成为巧家县精准识别的排头兵，全市贫困人口精准识别摸底调查工作专项督察组第三组实地到红山乡开展督察时，对纸厂村贫困人口精准识别摸底调查工作取得成绩给予高度评价。同时，各项工作进度在全乡名列前茅。昭通市环境保护局党组书记、局长童世新等领导多次到巧家县红山乡检查指导扶贫攻坚工作，对纸厂村贫困人口精准识别摸底调查工作给予充分肯定。

“四朵金花”搭班子

老店镇铅厂社区位于老店镇西北部，居委会距镇政府 18.3 公里，最低海拔 2530 米，最高海拔 2880 米，年平均气温 12.5℃。产业主要以农业生产为主，主要从事传统农作物马铃薯、荞麦的种植和畜禽养殖。

我们驻村的三个女队员加上一位女大学生村官，正好是“四朵金花”。刚到铅厂社区的时候，我能想象高寒山区深度贫困村的疾苦，但村里脱贫难度如此之大，是没有预料到的，我感到了巨大的压力。但我们没有退缩，竭尽全力迎接挑战。

抓精准识别，是驻村的第一本台账，是脱贫攻坚工作开展的基础。简单的拉家常，是小小的摸底，也是拉近群众关系的桥梁。“去年去哪里打工啊？”“还有没有人在家里种地？”“娃娃几年级啊？”“家里人身体好不好，有没有生病的？”走到一户，问到一户，趁着农户在家的时候我们开展走访，有时是清早，有时是晚上，尽量不耽误他们干农活或是在附近打零工。铅厂社区农户的纯朴和热情深深地刻在我的心里，用老百姓的话跟他们交谈，少说大道理，这些一点一滴累积的经验都是通过驻村慢慢实践得到的。有时也会遇到不理解的农户，第一次在小石洞社遍访的时候，为了解释什么是收入以及现行的脱贫标准，农户把我团团围住，七嘴八舌地说明他们并没有存款，我反反复复解释“收入并不是来问你家有多少存款，是问你去年苦（挣，编者注）了多少钱”“收入是说你赚了钱，你当然要用出去啊，大家都要吃喝养家”“我们不是来查账的，不是为了调查大家”“你说你没有收入难道去年都不吃不喝，大家一起喝西北风吗？”大家听了哈哈大笑，社里年长的老人说：“人家小姑娘都解释这么多遍了，我都听懂了，你们年轻人还听不懂啊？”最后农户都表示理解，配合完成了工作。讲政策、摆依据，不厌其烦地解释，只要我们实事求是，用心贴近群众，办法总比困难多！

“扶贫先扶智，治贫先治愚”。2018 年，我单位举行“精准扶贫，爱心捐赠”仪式，连续两年资助了挂钩村的本科、大专新生，帮他们解决现阶段面临的困难；给予三好学生和贫困家庭学生、特困家庭救助资金，让他们能够顺利完成学业，通过知识改变命运。让我印象特别深刻的是沈正香老人家，老人儿子去世，儿媳妇外嫁，留下两个孙子由老人抚养。孙女张明学习努力又孝顺，2018 年考上大理医学院，通过捐款解决了入学的燃眉之急。我去看她的时候，孩子不说话就一直哭。我说："不哭，不哭，你好好读书。你看学医多好，奶奶身体不好，你以后学好带她看病，好好让老人家享福。"她猛点头。沈正香老人视力已经不大好了，平时都是通过交谈来认人的。我每次去她家回访，只要一开口她就能认出我，热情地不停拉着我说话，给我塞土豆、红薯等吃的，告诉我孙子孙女的近况，就像自己的奶奶般亲切。当我代表单位将捐款送到贫困学生的手里，我能感受到他们的激动和感谢。

身体力行美环境

"绿水青山就是金山银山"，绿水青山是铅厂的财富，现在的人居环境提升战也是为了维护我们的美丽家园。走访到农户家中时，宣传环保知识，积极鼓励引导老百姓打扫卫生，改善人居环境。第一次去片子山蒋世连家的时候，院子里外都是垃圾，我告诉他要打扫，他很敷衍地答应。第二次再去，有所改善，但还是很脏。我们就提起扫把与他一起打扫。"金花"们一而再，再而三地登门宣传、参与打扫，他的生活环境质量得到了明显改善，也渐渐接受了"爱护环境讲卫生"的思想。后来我们回访，恰逢他正在做饭。一看到我们，马上笑着说："快进来吃饭，我们最近都打扫啦，反正事情忙完、吃完饭就顺手扫掉了，你看外头都没得垃圾了，屋头干净也住得舒服嘛。"听到这样的话，我们心里也是很欣慰。我们用集体的力量改变了以前大家对于高山农村"脏乱差"的刻板印象，高山农村也能路面干净、环境整洁，也能旧貌换新颜，老店镇政府还组织其他村到铅厂社区来交流学习。

山水见证青春

白天，我和驻村工作队及村“两委”同事入户核对贫困户家庭基本信息，晚上在办公室核实汇总整理好采集的数据。有时村委同事回家了，工作队继续加班整理历年来脱贫攻坚档案。根据巧家县建档立卡户资料袋清单要求，对每户贫困户的基本情况、近年得到补助情况、房屋情况等装档制作“连心袋”。高山的天气，仿佛除了夏天都是漫长的冬天，晚上加班的日子很辛苦，抱着取暖器依然很冷，大家就互相鼓励，“想想火上的烤洋芋、烤板栗，想想我们能吃到最最美味的食物，就不冷了”。办公室里传出一阵阵笑声。

2019 年，全村户籍人口为 1304 户 3944 人，共有建档立卡贫困户 500 户 2247 人，已脱贫 485 户 2189 人，未脱贫 15 户 58 人，2019 年全村贫困发生率为 1.47%。2020 年，所有卡户达到脱贫标准，铅厂社区脱贫出列；2020 年，铅厂社区顺利经过第三方考核评估验收以及普查，各方工作组都对铅厂社区脱贫攻坚工作取得的成绩给予了肯定，我们驻村工作队也得到了各方的认可。

一路的风雨历程，有着太多的艰辛和泪水。但参与脱贫攻坚时代伟业，青春有山水做伴，虽然辛苦，也乐在其中。看着铅厂社区及其变化，仿佛变成了我们的第二故乡，心里充满了自豪。毕竟这其中有我的青春，有我的一份辛劳。

（作者系昭通市生态环境局综合行政执法支队干部，2018—2020 年驻巧家县老店镇沿厂社区扶贫工作队队长、第一书记）

打造库区移民安置旅游名片

田贞平

水富邵女坪移民安置点位于水富县城以西17公里，东连西部大峡谷，与书楼古镇隔湖相望，紧邻向家坝水电站库区，交通便捷，具有得天独厚的旅游资源，安置向家坝水电站水富库区移民1365人。邵女坪移民安置点用地规模为289亩，建有移民安置房311幢，区域内配置有小学、村委会、卫生所、广场、农贸市场、短途汽车站、客运码头等公共基础设施。

一、超前谋划打造安置点，为后期发展留空间

水富发挥邵女坪的地理优势，提出了把邵女坪打造成为独具川南特色民居风格，集旅游、餐饮、休闲为一体的小集镇。

（一）统筹考虑，明确方向，与地方发展相结合。水富市委市政府统筹考虑全市经济社会发展，充分考虑移民未来的生存与发展，围绕“打造精品山水旅游观光小镇”的思路，确定了发展休闲旅游度假业和生态种（养）殖业带动移民发展的安置思路，谋划把邵家坪移民安置点建设成为最具发展潜力和独具特色的移民安置小区，最具特色和活力的社会主义新农村，

最具发展潜力的农业生态园。

（二）明确责任，以人为本，做好移民思想工作。邵女坪移民安置点建设方案确定后，先行在安置点修建好样板房供移民群众参观，同时水富建立“三挂”“四包”“一制度”的责任机制，选派干部深入村组，把政府的想法跟群众讲清楚，把安置规划拿给群众看。通过对移民群众关心的问题耐心解答，得到群众的理解和支持，为开展后续搬迁安置工作打下坚实基础。

（三）统一规划，高效管理，移民建房有序开展。为了高标准建好邵女坪移民安置点，在移民建房过程中，水富充分尊重移民群众的意愿，积极引导自主参与建房过程，政府全程跟踪服务。政府在安置规划、建房价格控制、建房质量等关键环节上强势推进，提出严格目标和统一要求；在移民与建筑企业签订建房协议时，政府则退出，让双方用合同来约束建房质量和工期。政府职能部门的工作重心在规范服务、平抑建房价格、减免各种税费、充分调动移民群众建房和搬迁的积极性方面。水富各责任单位全员参与移民工作，真情服务，精心组织各个环节，保证整个安置点建设顺利、有序进行。

（四）强劲推进，全面落实，完成库区搬迁安置。2010 年 2 月启动邵女坪安置点场坪工程建设，同年 11 月底完成场平工程；2011 年 3 月启动邵女坪 311 幢移民房建工程，每幢建 3 层，占地 128 平方米左右，总建筑面积 5.4 万多平方米；2011 年 12 月，全面完成安置房建设，交付移民使用；同年 12 月 29 日，市委、市政府在邵女坪举行云南水富库区首批移民搬迁安置仪式，库区移民搬入新居；至 2012 年 2 月底，移民全部搬迁安置完毕。水富成为向家坝库区第一个完成搬迁安置的移民单位，为整个库区移民搬迁工作起到带头示范作用。

二、打造精品特色小镇，移民增收见实效

为实现向家坝库区移民“搬得出、稳得住、逐步能致富”的移民工作目标，水富着力以旅游产业带动邵女坪安置点移民发展。

（一）打造特色产业，创造幸福新生活希望。确立“一线两区”产业发展思路，“一线”即以水绥二级公路为主线，发挥交通便捷优势，重点布局以桂圆产业为主，引导移民发展种养殖业，大力种植桂圆、猕猴桃、茵红李、核桃增收，打造特色水果产业基地，并形成绿色长廊。“两区”即以开发大坪片区产业示范区，在水绥公路以上，整合资金项目连片开发，打造邵女坪后花园及后扶保障基地，引导移民流转群众土地养猪、牛、羊、肉兔和家禽增收致富；利用向家坝电站蓄水库区形成的大面积湖泊，打造水产养殖产业示范区。2014 年，邵女坪社区引进水富金土地公司，按照“公司 + 合作社 + 移民”模式参与“福叠庄园”生态渔业项目发展，动员群众把 300 万元移民后扶资金作为集体股份入股公司参与分红。目前，建成“福叠庄园”生态鱼类养殖区共 82 亩水域 384 口网箱。

（二）打造旅游品牌，展示移民新生活窗口。围绕“差异化旅游产品，植入式新兴产业链”为两大引擎发展思路，打造邵女坪“山上有果，镇里有花，湖边有景”的湖滨生态旅游发展的新方向。目前，水富锦苑旅游开发有限公司已完成旅游游客接待中心、人工沙滩、湖边观景路、水上游泳池、水上娱乐、垂钓台、休闲观景台等综合性娱乐休闲服务区建设。水富金园现代农业综合开发有限公司已流转邵女坪后山移民剩余土地 1000 余亩，建设完成了集现代农业新优品种、高新技术成果、生态观光、农业人才培训、科普教育、农业体验、现代农业组织化生产经营、山地运动等综合功能于一体的现代化农业观光园及旅游度假、休闲运动基地。邵女坪旅游小镇接待能力和水平得到极大提升，已有客栈 38 家、餐饮店 6 家、烧烤店 2 家、KTV1 家、旅游商品铺 5 家、小吃店 4 家，带动 100 余名群众实现就近就业。

自2016年开始，连续举办四届“云南北大门·邵女坪湖滨狂欢节”，品牌影响力不断扩大，累计接待游客25万人次，实现旅游收入7500余万元。

经过近几年的精心打造，如今的邵女坪移民社区不仅基本实现“搬得出、稳得住、逐渐能致富”目标，获评“国家AAA景区”和“中国美丽休闲乡村”，发展成为水富湖滨生态旅游度假的一张新名片，每到节假日总会吸引一大批来自宜宾、泸州、乐山等周边地区的游客前来休闲度假。2018年，在国家博物馆展出的“伟大的变革——庆祝改革开放40周年大型展览”中，金沙江库区邵女坪移民小镇作为云南元素列入参展。

（作者时任水富市移民服务中心办公室主任）

借力国家重点工程建设　助推库区经济社会发展

——金沙江白鹤滩水电站巧家县移民工作纪实

李军宏

白鹤滩水电站建设涉及巧家县近5万移民，是整个库区移民第一大县。库区共有建档立卡贫困移民845户2815人，截至2019年年底还有175户515人未脱贫。移民工作面临任务重、实施时间紧、安置容量不足、利益诉求多样等诸多困难问题。

高起点编制移民安置规划

高起点制定移民安置方案。巧家县在完成实物指标调查、安置环境容量分析等工作的基础上，深入调查研究，充分征求和尊重移民群众意愿，累计发放移民安置初步意愿征询表18000余份，收回12531份，配合三峡集团和华东院做好移民安置规划的编制。搬迁安置采取城集镇集中安置为主、分散安置为辅，生产安置采取逐年补偿安置为主、复合安置和自行安置为辅。将城集镇周边发展最好区域用于安置移民，争取移民安置区按照城市扩建区、集镇标准进行高起点规划，严格按标准进行交通、水利、电力、通信等专业项目迁建规划。移民安置规划报告于2016年年底审核通过。

编制特色旅游城镇规划。为化解巧家县移民安置规划生产安置土地严重不足，解决移民就业创业问题，确保移民安置后持续发展。巧家县将移民安置区纳入城市集镇规划区，配套完善安置区学校、医院、农贸市场、公厕、社区服务场所等市政基础设施。同时，编制了巧家县白鹤滩水电站库区暨特色城镇旅游总体规划，提升安置区道路、绿化、亮化、景观等市政基础设施标准，在安置区及周边配套建设旅游服务设施和特色农林产业，发展避寒康养、观光旅游等第三产业，促进移民就业增收。

高效率推进移民搬迁安置基础工作

构建组织机构、完善工作机制。巧家县成立了由县委书记、县长任组长的移民工作领导组，由县长任指挥长的移民搬迁安置工作指挥部，下设20个工作机构开展工作。建立县四家班子主要领导挂镇、处级领导挂村、县直部门包组、干部职工包户的挂钩包保制度，明确了“四包四保”（包政策宣传、保协议签订；包思想动员、保搬迁入住；包工作规范、保公平公正；包矛盾化解、保和谐稳定）工作责任。

制定实事求是的移民安置政策。采取自上而下、自下而上的方法，充分尊重移民群众意愿、吸纳基层意见，解决广大移民群众的现实问题，将移民政策制定与落实的全过程做到与巧家实际、群众期盼和长远发展紧密融合。按照“统规统建、商住分离、小区化楼房”安置模式，利用节约出来的土地用于移民长远发展，并充分考虑移民库区原住房面积、子女成家后住房无保障等因素，确定安置房面积为在每人25平方米基本住房建购面积的基础上，可根据自身意愿和经济条件每人增加5平方米的基本住房建购面积；对自身经济条件较好的移民户，还可选择每人不超过20平方米的改善性住房建购面积。

以激励机制助推搬迁协议签订。制定实施移民搬迁安置协议和建购房协议签订激励办法，对第一时间内签订搬迁安置协议和建购房协议的移民户，给予2000元/人的奖励，签订完成率达100%的村（居）民小组，再给予移民户300元/人的奖励；对第二时间内签订协议的，每人奖励1000元。通过建立激励机制，移民群众相互宣传促动，依靠群众做好群众工作，实现移民搬迁安置协议签订率99.73%。

多措并举实现精准扶贫。为确保库区建档立卡贫困移民如期脱贫，针对原住房鉴定为C、D级的，采取避让搬迁安置、发放补助租房、入住敬老院等措施保障安全住房。“十三五”期间，累计实施移民后期扶持项目80个，投入资金8018万元，涉及道路建设、农村饮水、活动场所及文体设施、人居环境提升、产业发展等。其中，累计实施移民扶贫项目15个，总投资1379万元，受益人口9814人，其中移民3296人、贫困移民241人。做好职业教育专项招生，2016年至2019年，累计招收324名移民学生进入职业教育院校，其中建档立卡移民学生25名。

全力维护移民合法权益。坚持亲情移民，结合实际采取“五千”工作法，在行动上关心移民、在生活上帮扶移民、在感情上贴近移民，用干部的真心、耐心、细心、爱心换取群众对移民工作的思想认同、工作认同、情感认同。县级设移民工作服务中心、镇设移民工作服务站、村（社区）设移民服务室、村（居）民小组设移民服务点，构建“四级服务网络”体系，切实做到讲清政策要点、讲清移民疑惑、讲清初心使命“三个讲清”，增强移民群众对政策的知晓率，对党和政府的认同感，引导广大群众“感党恩、听党话、跟党走”。畅通移民诉求反映渠道，依法解决移民群众合法诉求，最大限度化解矛盾纠纷，全力维护库区社会稳定。出台矛盾纠纷化解“以案定补”办法，进一步加强矛盾纠纷基层调解力度。

高质量推进移民安置工程建设

移民房屋与市政、交通、水利、电力、通信等移民安置工程均设立专项指挥部负责建设管理，严格按照招投标规定进行发包。委托施工监理、项目管理、造价咨询、质量检测等第三方服务类机构协助参与工程管理。移民房屋与市政工程选聘移民代表参与工程管理，发挥移民代表的收集意见、质量监督、宣传政策的桥梁纽带作用，确保移民安置工程高质量推进建设。

快速推进移民房屋与市政工程。8 个移民集中安置区建设移民安置房 724 栋，总建筑面积 313 万平方米。截至 2020 年 8 月，移民房进度最快的金塘迁建集镇已经全部封顶，进度最慢的大寨镇王家湾安置区完成 54%。各安置区学校、卫生院、社区、农贸市场等公共配套设施有序推进，与移民房屋同步建成投入使用。

（作者时任巧家县移民服务中心办公室副主任）

牛栏江红石岩堰塞湖整治工程移民搬迁安置

戚文船

2014年8月3日，鲁甸发生6.5级地震，造成牛栏江干流两岸山体发生塌方，在鲁甸县火德红镇李家山村和巧家县苞谷垴乡红石岩村交界处形成堰塞湖，堰塞体总方量约为1000万立方米，属大型堰塞湖，危险级别为极高级，严重威胁4县区3万余人生命财产、3.3万亩耕地安全。在经过深入调查和科学论证、缜密规划后，启动了牛栏江红石岩堰塞湖治理工程，该工程概算总投资33.07亿元（其中中央财政专项资金15.54亿元，其余为电站股东融资）。

迅速行动，摸清底数

红石岩堰塞湖整治工程涉及鲁甸县3个乡镇7个行政村，涉及土地总面积3.911平方千米（陆地面积3.279平方千米，水域面积0.632平方千米），其中耕地1356.48亩、园地404.57亩、林地1505.19亩、鱼塘6.4亩，建设用地189.16亩，未利用地2248.84亩。涉及人口445户1608人，涉及房屋面积共计62808.79平方米，完全毁损房屋面积共计43560.29平方米（按库区人均指标推算)。涉及专业项目主要有:农村道路6.7千米,其中农村四级公路3.5千米,乡村道路3.2千米,铁索桥5座501米(权属争议),红石岩街场1个(已损毁),专业单位2个(其中鲁甸县红石岩水电站挡水坝、珍珠温泉各1个)。基准年生产安置人口1196人,水平年生产安置人口为1207人。基准年搬迁安置人口1608人,水平年搬迁安置人口1623人。涉及鲁甸县费用合计21153.47万元,其中农村部分补偿费16886.53万元,专业项目补偿费4180.73万元,库底清理费86.21万元。

统一认识,加强组织领导

红石岩堰塞湖整治是省政府“除害兴利、综合治理、变废为宝”的一项重大灾害治理典范工程,事关灾区群众生产生活,事关经济社会发展,具有良好的经济、社会和生态效益。县委、县政府高度重视,及时成立了由县政府主要领导任组长的鲁甸县牛栏江红石岩堰塞湖整治工作协调服务领导小组,下设综合协调、征地拆迁和移民安置、群众工作、资金管理、秩序维护5个职能小组和1个办公室,分别由1—2名县级领导任职能小组组长,切实加强对整治工作的组织领导。

为确保工作顺利推进,县委、县政府多次召开会议进行了研究部署,加强人力、物力、财力保障,抽调县、乡、村三级干部60余人蹲点一线,扎实开展各项工作。通过广泛征求移民意愿,结合地震恢复重建,移民搬迁安置采取后靠安置、集中安置和分散安置相结合方式。由中国电建集团昆明勘测设计研究院有限公司、工程建设指挥部和县、乡、村人员开展实物调查工作。

明确工作责任,细化工作措施,制定切实可行的解决办法;加大工作力度,完善各项工作机制,加快推进实物指标签字确认工作。加强移民动态管理，及时摸排和处置信访等问题，切实做到事事有人管、件件有着落。各乡镇及县直各相关部门明确目标任务，严守纪律、严明规矩放到重要位置，经常强调，规范督查，营造守纪律、讲规矩的良好氛围。

加强宣传，疏通思想

在牛栏江红石岩堰塞湖整治移民搬迁安置工作中，移民群众对搬迁安置政策不理解、不支持、不配合。认为土地补偿补助标准偏低，应分类别进行补助；损毁房屋按人均标准补助不合理；鱼塘按照耕地的补偿标准执行不合理，应考虑修建鱼塘的成本；林地若能提供依据的应按照防护林的标准进行补助；集中安置点群众要求享受基础设施建设补助费；对于户籍不在淹没范围，房屋已损毁的应按照人均标准进行补助；部分群众土地全部在淹没范围，蓄水后将丧失基本的生产生活条件，要求随迁。

针对移民群众提出的这些问题，镇村干部每天下乡开展堰塞湖实物核查工作中，都要与当地移民群众宣传移民政策。比如火德红镇副镇长王辉、工作人员夏文省等同志，下乡开展移民实物核查工作时，随身携带《云南省牛栏江红石岩堰塞湖整治工程建设征地移民安置规划设计专题报告》（审定本）、省市移民部门下发的文件及召开相关会议的会议纪要，根据相关的移民政策法规、上级部门出台的文件规定及会议精神，当面与移民群众宣传解释，及时答复移民群众提出问题及诉求。

明确任务，积极部署

自2015年9月21日开展堰塞湖整治工程建设征地及实物指标调查工作以来，我县始终把此项工作作为重点来抓，召开了专题会议进行研究，细化任务，明确责任，及时抽调县直相关部门及江底、火德红、龙头山3个乡镇相关工作人员会同中国电建集团昆明勘测设计研究院有限公司组成联合调查工作组，按照上级会议精神及相关文件要求，根据统一安排部署，本着科学核查、数据准确、不重不漏的原则，全面开展红石岩堰塞湖整治工程涉及鲁甸县的初步设计阶段实物调查工作。

强化措施，核实数据

为进一步提高工作效率和水平，加快推进红石岩堰塞湖移民安置实物核查工作，我县及时厘清思路，细化措施，由县移民局协调安排，各相关乡镇、部门及工作组积极配合，主动作为，齐心合力，正确把握工作重点，切实开展地类认定、实物登记等工作。到目前为止，红石岩堰塞湖整治工程涉及我县江底、火德红和龙头山3个乡镇、6个村民委员会、25个村民小组的实物核查工作已全面完成。水库淹没影响区及整治工程区总面积3.868平方公里，包含陆地面积3.239平方公里、水域面积0.629平方公里。其中，耕地1340.92亩、园地370.86亩、林地2355.9亩、国有防护林181.45亩、建设用地301.24亩、鱼塘5.12亩、未利用地304.09亩；住房面积37371.66平方米（不含损毁房屋及邓家田失稳区新建房屋），其中砖（石）混结构12302.46平方米，土木结构24772.04平方米，砖木结构297.16平方米；杂房面积9913.51平方米（其中砖（石）混结构3028.51平方米，土木结构

6690.11 平方米，砖木结构 194.89 平方米）；堰塞湖整治工程范围内现有人口 405 户 1409 人，涉及专业项目有珍珠温泉、红石岩街场及红石岩电站，汽车便道 5.84 公里，铁索桥 4 座 393 米，压覆矿产一处。

复核资料，公示确认

为保障移民切身利益及权益，确保实物指标调查工作公平、公开、公正，在取得实物调查数据后，对照移民资料及数据进行复核，确认无误后进行张榜公示。江底、火德红、龙头山三镇按照相关要求对完成的实物指标在各村民小组进行了一榜公示。一榜公示期间，对移民群众提出与公示实物指标不符的，联合调查组对移民群众提出的问题进行现场复核确认，并经移民群众、镇村组负责人、业主代表、设计单位代表、监理单位代表等共同签字确认，经一榜公示结束后，对现场调查核实的实物指标进行二榜，二榜公示实物指标即为经认定的最终确认实物指标成果。县移民局按照最终确认实物指标成果及《云南省牛栏江红石岩堰塞湖整治工程建设征地移民安置规划设计专题报告》（审定本）确定的标准测算移民补偿补助资金后，经各方签字后将资金兑付给移民群众。

把握时间节点，稳步推进

按照上级部门和县委、县政府的统一安排，牢牢把握时间节点和工作要求，强力推进红石岩堰塞湖整治工程移民安置工作。目前，完成了枢纽工程建设区实物指标调查及群众安置意愿调查工作；完成了移民安置规划专题报告；已签订资金兑付协议 737 份（其中搬迁安置 298 份，土地和其他 439 份），兑付移民补偿补助资金共计 15366.04 万元，已基本完成了移民安置工作（火德红镇集中安置点 176 户 660 人，火德红镇南筐村邓家田集中安置点 58 户 265 人，火德红镇南筐村河边二组集中安置点 36 户 156 人，火德红镇银厂村鱼塘坪子集中安置点 53 户 222 人，火德红镇银厂村钱家坪子集中安置点 30 户 117 人，火德红镇银厂村沟边集中安置点 23 户 94 人，火德红镇机车村樊家田小集镇集中安置点 26 户 106 人，火德红镇机车村董家树林集中安置点 15 户 70 人；江底镇江底社区院子社 1 户 5 人）；2019 年 4 月完成了库底清理并通过验收，2019 年 11 月下闸蓄水，2019 年 12 月 16 日水库水位蓄至 EL.1180 米；已基本完成牛栏江红石岩堰塞湖整治工程专业项目改复建 3#5# 人行悬索桥建设；牛栏江红石岩堰塞湖整治工程王家坡机耕路复建工程建设。

（作者时任鲁甸县水务局水利移民股股长）

风雨兼程十余载　库区旧貌换新颜

——溪洛渡水电站移民安置工作

孙　元

一、溪洛渡水电站基本概况

溪洛渡水电站坝址位于四川省雷波县和云南省永善县之间的溪洛渡大桥上游，下距宜宾市河道里程约 184 千米，是三峡水电站建成后，开发金沙江水电资源，实现“西电东送”的重点开发项目。该项目以发电为主，兼有防洪、拦沙和改善下游航运条件等综合作用。电站枢纽由拦河坝、泄洪、引水、发电等建筑物组成。拦河坝为混凝土双曲拱坝，坝顶高程 610 米，最大坝高 285.5 米，坝顶弧长 698.07 米。电站装机容量 1386 万千瓦（18×77 万千瓦），多年平均发电量 640.6 亿千瓦时。水库正常蓄水位 600 米，死水位 540 米，水库总库容 126.7 亿立方米，调节库容 64.6 亿立方米，防洪库容 46.5 亿立方米，可进行不完全年调节。水库面积 133.65 平方千米。

溪洛渡水电站于 2002 年 9 月经国务院批准立项，2003 年 8 月筹建工程开工建设，主体工程 2005 年开工建设，2007 年 11 月围堰截流，2013 年 5 月下闸蓄水、7 月首台机组发电，2014 年 6 月全部机组投产发电。

二、移民工作体系的建立历程

金沙江是我国规划建设的重要水电基地，其下游规划建设的乌东德、白鹤滩、溪洛渡和向家坝四个梯级电站，规模巨大，移民众多，涉及四川、云南两省，移民工作难度大，情况复杂。为此，国家发展改革委发布《国家发展改革委办公厅关于印发溪洛渡和向家坝水电站移民工作协调会议纪要的通知》（发改办能源〔2009〕1112号），要求加强对金沙江下游水电移民工作的指导和协调，确保移民工作顺利开展，保障电站顺利建设。随后，国家能源局以《关于建立金沙江下游水电移民工作协调机制有关事项的通知》（国能新能〔2010〕155号）文正式成立了金沙江下游水电移民工作协调领导小组及办公室。协调领导小组由国家能源局牵头，成员包括四川、云南两省发展改革委（能源局）、移民机构，溪洛渡、向家坝等水电站移民所涉及州、市政府，三峡集团公司、水电总院和设计单位的代表以及协调领导小组办公室主任；协调领导小组办公室设在水电总院，主任由国家能源局新能源司领导担任，常务副主任由水电总院领导担任，副主任分别由四川、云南两省和三峡集团公司三方代表担任。除国家层面协调机制外，还建立了省、市、县三级协调机制，省级层面协调机制由云南、四川两省移民机构和三峡集团公司等各方参加，市州级层面协调机制由相关市州政府和三峡集团公司等各方参加；县级层面协调机制由相关县级政府与三峡集团公司、设计单位等各方参加。确保移民安置质量，2006年，国务院颁布471号令，规定“国家对移民安置实行全过程监督评估”。2007年，国家发展改革委颁布2007规范，规定移民安置监督评估包括移民综合监理和移民安置独立评估。四川、云南两省均颁布了相关规定。据此，溪洛渡水电站按规定开展了移民综合监理和移民安置独立评估工作。2007年，三峡集团公司成立特设移民局，根据三峡集团公司授权归口负责大型水电工程移民相关工作，主要负责金沙江下游向家坝、溪洛渡、乌东德、白鹤滩四座水电站移民工作。主要职责有：组织编制移民安置规划大纲和移民安置规划报告；负责枢纽区和库区建设征地手续办理工作；负责建设征地移民补偿投资管理与控制，签订建设征地移民工作协议，参与移民安置实施阶段的管理与协调、移民搬迁安置组织实施工作，组织开展影响库区地质灾害防治工作等。

三、溪洛渡水电站移民安置工作纪实

初夏时节，当你来到碧波荡漾的永善县溪洛渡水电站三坪施工区观景平台，在惊叹巨型水电工程的气势磅礴，欣赏着高278米巨型大坝上如翡翠般碧绿的湖泊时，你或许想到了具有“天下第一难事”的水库移民工作。这个横跨金沙江界河两岸，涉及川、滇两省，政策性强，利益群体众多、操作复杂、时间紧迫的系统工程，关系着川、滇数十万移民群众生存发展和工程建设区地方经济的崛起，决定着工程建设的成败与得失。成百上千的移民工作者秉承“付出千辛万苦，想尽千方百计，走遍千山万水，坐进千家万户，说出千言万语”的“五千”移民精神，用他们的豪情、智慧和汗水，书写了这段历史。

溪洛渡水电站最大坝高278米，蓄水后库区水位由400米抬升到600米，水库淹没涉及川、滇两省9个县（区）搬迁安置移民6万余人，土地面积20余万亩，房屋面积200余万平方米。为查清库区淹没影响对象的基本情况，科学合理制定移民安置方案，精确计算各移民户补偿补助费用，库区实物指标调查成为移民安置工作者的首要任务。

库区山大沟深，道路崎岖，部分区域随风摇晃的溜索、吊桥成了实物指标调查组队员的必经通道；部分调查区域距工作组驻地较远，方便面、榨菜和瓶装水成了调查队员每天的午餐；每天田间地头到处跑，对移民户房屋、土地、附属设施进行调查、登记并拍照存档，与不同人群进行沟通、协调，体力与脑力消耗极大。在工作中由于移民群众提出不符合政策的要求不能得到满足等原因，被移民群众赶出门、纠缠甚至围堵的事件时有发生。调查过程中，“委屈、压力、疲累”无处不在。在库区一待就是几个月，没有周末、没有假期，偶尔才能回次家。

记得在调查关键时刻，一位移民找到调查组，要求将他家媳妇肚子里尚未出生的孩子进行调查登记。面对这样让人哭笑不得的要求，调查人员还是以极大地耐心对其进行解释。3 年漫漫实物指标调查路，高峰时期五六十个调查小组，近千人的调查队员，每天跋山涉水，早出晚归，凝聚了难以想象的汗水、心血。

如今，走在库区复建公路上，连排的移民新房，青瓦白墙水墨画，仿佛滨江小镇。深入库区已建成的龙汛、黄坪等集镇和集中居民点，和搬迁前的老村庄有天壤之别。搬迁前，土木结构为主的住房，学校、医院等公共基础配套设施落后，没电、没水、没信号，孩子上学、群众就医都非常困难，卫生环境极差。搬迁后，整齐的街道，完善的水、电、路、文、教、卫等基础设施，舒适的生产发展条件，村容整洁，公共事业设施配套齐全。同时，村民们的思想观念发生了根本变化。挣钱的门路更多了，不少移民使用上先进的电视、冰箱、手机、摩托车，甚至还买了私家车。

回首 10 年间，溪洛渡水电站移民工作者同舟共济，不断探索，始终坚持“修建一座电站、改善一片环境、兴活一方经济、造福一批移民”的工作理念，闯过重重难关，在金沙江两岸两省实现了 6 万移民顺利搬迁。

（作者时任昭通市水电移民办规划安置一科科长）

昭通市金沙江下游水电移民搬迁安置工作

陶金林

一、全市金沙江下游水电工程概况

昭通是金沙江下游水电移民工作的主战场，三峡集团公司在金沙江下游开发的4座梯级电站中，昭通市涉及溪洛渡、向家坝、白鹤滩3座，总装机容量3626万千瓦，接近2个三峡电站的装机容量。电站建设涉及全市6个县（市、区），淹没土地31万余亩、房屋1032万余平方米，搬迁安置移民近16万人，是全省水电移民搬迁安置任务最重的州市。

（一）白鹤滩水电站。电站位于四川省宁南县和昭通市巧家县交界处的金沙江干流上，正常蓄水位825米，水库总库容206.27亿立方米，初选装机容量1600万千瓦（单机80万千瓦），多年平均发电量640.95亿千瓦·时，设计静态投资682.05亿元。截至目前，市级累计拨付移民资金127.95亿元，其中移民专项资金124.34亿元、独立费用3.6亿元。根据规划，电站建设征地涉及我市巧家县大寨、白鹤滩、金塘、蒙姑和崇溪5个乡镇24个村142个村民小组，房屋18128户353.09万平方米，人口16465户39815人。淹没影响土地29个村176个村民小组，总面积11.39万亩；影响1个集镇（金塘集镇）、62家企事业单位（企业45家、事业17家）以及若干交通、水利、供电、通信等基础设施。

（二）溪洛渡水电站。电站位于四川省雷波县和昭通市永善县交界处的金沙江干流上，正常蓄水位600米，水库总库容126.7亿立方米，装机容量1386万千瓦，多年平均发电量571.2亿千瓦·时，设计静态投资503.42亿元（其中移民部分39.82亿元）。截至目前，市级累计拨付移民资金87.47亿元，其中移民专项资金84.82亿元、独立费用2.65亿元。电站于2005年12月26日正式开工，2007年11月顺利截流，2013年6月第一台机组发电，现18台机组（单机77万千瓦）已全部投产发电。电站建设涉及我市昭阳、鲁甸、巧家、永善4县（区），累计搬迁安置移民4.38万人（其中昭阳区0.37万人、鲁甸县0.02万人、巧家县0.35万人、永善县3.64万人），影响各类房屋面积146.2万平方米，各类土地面积11.85万亩（其中耕地1.06万亩、园地5.25万亩，其他土地5.54万亩）。

（三）向家坝水电站。电站位于四川省宜宾县和昭通市水富县交界处的金沙江干流上，正常蓄水位380米，水库总库容51.63亿立方米，装机容量640万千瓦，多年平均发电量307.47亿千瓦·时，设计静态投资434.23亿元（其中移民部分78.26亿元）。截至目前，市级累计拨付移民资金157.99亿元，其中移民专项资金154.52亿元、独立费用3.47亿元。电站于2006年11月26日正式动工，2008年12月28日二期围堰截流，2012年10月第一台机组发电，现8台机组（单机80万千瓦）已全部投产发电。电站建设涉及我市永善、绥江、水富3县（市），累计搬迁安置移民6.8万人（其中水富县0.85万人、绥江县5.47万人、永善县0.48万人），影响各类房屋面积533.38万平方米，各类土地面积7.78万亩（其中耕地2.01万亩、园地0.91万亩、林地1.01万亩、其他土地3.85万亩）。

二、移民搬迁安置工作开展情况

一直以来，我市坚持把支援和服务电站建设作为一项义不容辞的重大政治任务，作为一个推动地方跨越发展的重大机遇，全面贯彻落实国家和省系列部署和要求，举全市之力做好援建服务和移民搬迁安置各项工作。

（一）白鹤滩水电站移民搬迁安置工作稳步推进。白鹤滩水电站是国内在建装机容量最大的水电项目，是向建党100周年献礼的国之重器，政治和经济等各方面意义影响重大而深远。为切实做好白鹤滩水电站移民搬迁安置工作，我市周密组织、科学谋划，切实转变思想，强化政治意识、机遇意识和责任意识，变压力为动力，克难攻坚，稳步推进各项工作。一是强化组织保障。成立以市委、市政府主要领导任“双组长”的领导机构，制度化、常态化召开领导小组会议、专题会议研究部署，为高效推进落实移民搬迁安置工作提供了坚强组织保障。制定责任清单，细化任务分解，形成了全市上下一盘棋的工作格局。同时，在决战脱贫攻坚的关键时期，克服人少事多等多重困难，抽调精干力量充实移民干部队伍，充分发挥现场协调工作机制，及时协调解决工作中存在的问题。二是主动汇报协调。围绕工作推进过程中的阻梗问题，积极加强向上请示汇报，市委、市政府主要领导多次带队到国家发展改革委、能源局、水规总院、三峡集团公司、华东院等单位反复汇报协调，竭力争取各级各方支持，促进移民工程设计变更、特色旅游城镇规划衔接等一系列重大问题的解决。三是抓实基础工作。完成了巧家县总体规划的修编审批和特色旅游城镇规划的编制审批工作；委托编制了设计变更工作大纲和结合移民搬迁安置打造巧家县特色旅游城镇工作大纲；出台了《移民安置实施细则》以及《移民集中安置房建购办法》等配套政策；采取多渠道、多形式、全方位宣传移民政策、法律法规等，对县、乡、村、组移民干部实现全覆盖培训；经过巧家县全县干部群众35天的苦干实干和艰苦努力，签订搬迁安置协议16379户47946人，完成总量的99.73%。四是强推工程建设。7个安置区总工程量完成率超60%，累计封顶287栋；大寨、蒙姑、金塘和县城4个片区专业项目供水工程均完成总工程量的40%以上；交通、电力、通信、广播电视等专业项目及学校搬迁复建有序推进。五是全力确保稳定。建立移民信访维稳研判机制，定期集中研判移民信访稳定工作，积极收集并采取有效措施应对。构筑“四级服务网络”体系，畅通移民诉求表达渠道，化解矛盾纠纷，全力维护库区社会稳定。积极协调争取维稳专项工作经费，增加维稳工作投入，强队伍、打基础，不断增强维稳队伍应对突发事件的能力和水平。

（二）溪洛渡和向家坝水电站收口工作压力逐减。在电站枢纽工程超前、移民安置规划滞后、移民政策不配套的历史背景下，按时完成了“两站”11.18万移民的搬迁安置任务，确保了电站如期下闸蓄水发电目标。目前，我们积极强加与电站业主、主设单位、综合监理等相关各方的沟通对接，按照已明确的工作原则、方法、路径，有序推进“两站”移民安置收口工作。一是抓紧推进设计变更。“两站”计划编制移民项目设计变更报告55个（溪洛渡13个，向家坝42个），现已完成报告编制送审53个（溪洛渡11个，向家坝42个），占计划编制数的96.36%；通过审定30个（溪洛渡11个，向家坝19个），占送审数的56.6%。二是初步锁定移民迁建缺口资金数额，目前，经过与省搬迁安置办、三峡集团公司等各方的协调沟通，主设单位纳入分析的我市溪洛渡、向家坝水电站移民迁建缺口资金为82.2亿元（溪洛渡14.02亿元、向家坝68.18亿元），未纳入分析的缺口资金9.74亿元（溪洛渡2.53亿元、向家坝7.21亿元）。随着设计变更报告的相继审定，缺口资金存量逐步减少，收口压力有所缓解。三是稳步推进新增影响区移民安置工作。溪洛渡库区共界定水库新增影响区82处，分两期实施移民搬迁安置。第一期44处新增影响区涉及搬迁安置移民2191人已完成安置。第二批38处新增影响区移民安置规划报告于2019年10月进行了初审。向家坝库区水富市涉及的3个影响区工程治理和移民安置工作基本完成；绥江县滑坡塌岸影响区有序推进处理。四是绥江县城C区治理效果明显。绥江县C区和凤池十组治理工程和移民安置资金3亿元（治理工程资金2.4亿元，移民安置资金0.6亿元）。目前，治理工程效果明显，通过中南院的技术监测，滑坡开裂趋势得到有效遏制，堆积体卸载起到了明显的稳定效果。

（三）其他水利水电工程移民工作统筹布局。目前，全市已建成和在建的各型水利水电工程478个（溪洛渡、向家坝和白鹤滩水电站除外），搬迁安置移民7.08万人，居全省第一。其中，中型水电站9个、水库25座（建成14座，在建11座），涉及移民搬迁安置1.85万人；小型水电站266个（建成259个，在建7个）、水库178座（建成161座，在建17座），实施移民搬迁安置5.23万人。“十四五”期间，全市拟建镇雄县安尔水库、镇雄县苏木水库、镇雄县坪上水库、鲁甸县猫鼻子（主要是其扩建工程）、巧家县红乐水库共5座，预计搬迁安置移民2983人、生产安置移民3134人。

（四）大中型水利水电工程移民后期扶持成效显著。截至目前，全市累计上报国家核定登记大中型水库移民后期扶持人口11.87万人，累计下拨大中型水库移民后期扶持专项资金27.13亿元，累计规划实施移民后扶项目1322个，已完工项目1099个，占总数的83%。同时，协调三峡集团公司加大库区基金项目对昭通库区的倾斜力度，大力支持库区教育、卫生等公共事业发展。通过后扶政策的实施，不但有效改善了库区和安置区移民公共基础设施条件，以种植、养殖、加工、旅游业为主的特色产业逐步壮大，移民群众增收致富的渠道更加宽阔。

三、存在的问题

当前，全市移民工作既存在“两站”数十亿缺口资金亟待解决的问题，又面临白鹤滩水电站枢纽工程远远超前、移民工作时间紧的重大挑战，矛盾尖锐。在贯彻落实移民条例过程中，遇到很多花大力气突破和解决的问题。

（一）政策方面的问题。移民工作政策性强，涉及面广，矛盾交织，问题繁多，工作程序严谨细致。当前的移民工作整体认识、工作思路、实施步骤、操作程序与先移民、后建设，依法移民的要求差距较大。为确保电站如期下闸蓄水发电，移民先行搬迁、过渡搬迁、勉强搬迁、被迫搬迁等水赶人走的问题在所难免，电站枢纽工程超前与移民搬迁安置工作滞后的矛盾十分突出。川滇两省之间、“三站”之间以及施工区、围堰区、库区之间都一定程度存在政策差异，移民安置补偿补助标准不统一，实施阻力较大。

（二）工程方面的问题。大型水电站项目一旦核准上马，其蓄水发电时间既定，地方政府就必须按此时间节点倒逼移民工作进度。由于移民工作政策性强，涉及面广，矛盾交织，问题繁多，具体工作必须循规蹈矩、按部就班，电站枢纽工程超前与移民搬迁安置工作滞后的矛盾十分突出。为确保电站如期下闸蓄水发电，移民先行搬迁、过渡搬迁、勉强搬迁等水赶人走的问题在所难免，存在极大地维稳风险和安全隐患。就该问题，2012 年 2 月 7 日印发的《国家发展改革委关于做好水电工程先移民后建设有关工作的通知》（发改能源〔2012〕293 号）已有明确要求。但实施过程中，特别是白鹤滩水电站，工程建设明显早于移民搬迁（2017 年 7 月 31 日才核准），以至于目前地方政府还在为工程提早启动建设带来的遗留问题补课买单。

（三）安置方面的问题。我市环境容量十分有限，在已实施的溪洛渡、向家坝水电站 8.28 万生产安置移民中，有 7.69 万移民选择逐年补偿、城镇安置等无土安置方式，比率高达 92.9%。农村移民失去长期赖以生存的土地生产资料后，受资金、文化、技能等诸多因素制约，自行实现就业或创业的困难很大。而地方政府在第二、三产业发展滞后的情况下，可提供的就业岗位十分有限。特别是无土安置移民的就业困难问题已成为制约移民发展困难核心问题。而白鹤滩水电站巧家县在移民安置容量、移民发展环境上存在的问题更加尖锐，至规划水平年 2021 年生产安置人口为 4.49 万人，安置压力更加巨大，安置后如何长远发展成为摆在地方政府面前的一大难题。

（四）协调方面的问题。凡涉及政策、技术层面的问题，都需要地方政府与业主单位、设计单位、监理单位多次反复协调才能解决，甚至有一些问题经多次协调沟通也得不到解决，导致不少问题议而不决、决而无果。尽管国家层面和省、市级层面都已成立了专门的沟通协调机制，但现有的管理体制和协调机制都难以满足“妥善解决问题，快速推进工作”的需要。

（五）维稳方面的问题。移民搬迁安置过程中遗留了一些具有特殊性的“老、大、难”问题，很难在现行政策框架范围内处理，涉及移民在多次向地方政府反映无果后，越级上访的现象时有发生；移民迁复建项目缺口资金大，农民工工资和建材款拖欠问题没有彻底解决，容易引发劳资纠纷；移民就业难、发展难，现行的逐年补偿和后期扶持标准难以满足生产生活的需要，情绪不稳定，极易引发上访、群访情况。特别需要汇报的是，因溪洛渡和向家坝水电站移民搬迁安置缺口资金没有解决，伴随各类信访不断爆发的同时，地方（主要是绥江县水电移民服务中心和涉及移民乡镇人民政府）成为司法诉讼的集中重点对象，建设方通过司法途径，致使绥江县水电移民服务中心和涉及移民乡镇人民政府多次败诉，法人代表列入诚信黑名单，各类资金被强制执行，运转越发困难。

（作者时任昭通市水电移民办数据管理科科长）

第五编　网页文稿

鲁甸卯家湾安置区：幸福都是奋斗出来的

天气晴朗、阳光明媚，走进鲁甸卯家湾安置区，大路入口处“幸福都是奋斗出来的”几个大字被照得格外耀眼。2019 年 12 月 20 日，鲁甸卯家湾安置区启动首批搬迁，转眼间来自巧家、永善、彝良、盐津和鲁甸县的 3.6 万搬迁群众已经入住新家园 7 个月了。在这 7 个月里，他们的生活发生了翻天覆地的大变化。面对全新的生活，搬迁群众胡嘉良这样说道：“从山里到城里，我们一步就到了小康了。”

上午 8 点不到，胡嘉良夫妇骑着电动单车，一头扎进了自己承包的香菇大棚，胡嘉良说：“因为我爱学习香菇种植技术，管理大棚也用了心，现在我成了种植示范户。”

今年 45 岁的胡嘉良搬迁前和妻子带着两个孩子在福建泉州打工，因为孩子太小，需要有人照看，夫妇两人只能换着出去找工作，仅用一份工资养活一家人。由于家庭经济拮据，一家四口人不得不挤在一间小房子里，每月还得支付 500 元的租金，小儿子在租房附近村子里的幼儿园读书，大儿子读的小学不提供营养餐，每天四次来回只能是靠夫妻二人骑着电动车接送。如今搬来了卯家湾安置区，一家人从小小的出租屋住进了真正属于自己的大房子，两个孩子出门就能坐车上学，夫妻二人在社区的帮助下，掌握了食用菌大棚种植技术，并于今年 3 月承包了一个食用菌大棚。胡嘉良说："以前，我们两夫妻始终要拿一个工照顾小孩儿照顾老人，只能一个人去打工，除掉一家人的开支，根本存不了钱修房子，现在我们不但没有出钱，甚至没提一桶沙灰，没拿一块砖头，就住进了这么好的楼房，我3月份种植香菇，一个棒出五茬，我今天摘的已经是第三茬了，这三茬就差不多回本了，四茬五茬菇，就是我们家赚的，有一万多块钱，不但生活费够了，还添置了几样家具，我认为这就是小康生活了。"

在卯家湾安置区，像胡嘉良这样的自力更生的奋斗者还有很多很多。

57岁的许国翠，每天都到藤编厂编藤椅，许国翠说："以前在老家，我就是种地，吃的有了，但是一年也见不到几个钱，搬来卯家湾以后，就来附近的藤编厂上班，现在一天编两三个，一个月能挣一千一二，对我这样腿脚不好、年纪又大的人来说，自己根本没想到自己还能过上领工资的日子，现在想吃白菜买白菜，想吃肉买肉，多编一个藤椅，桃木李果就都有了。"

杜周平在菜市场卖水果时，认识了在核桃加工厂剥核桃的搬迁群众王大爹，知道王大爹想去菜市场卖烧洋芋，但是没有钱买烤洋芋的烤箱时，杜周平借了素不相识的王大爹1000块钱，用于购买烤洋芋的烤箱。刚过了一个月，王大爹找杜周平还钱，杜周平第一句话就是问："你哪里来的钱？"王大爹说："我卖烧洋芋赚的，"杜周平才放心地收下钱。杜周平说，"我们就是要不等不靠、自立自强谋发展，我们都是从大山里搬到卯家湾的，就是要互相帮助，互相帮衬着脱贫致富，就像进卯家湾的大路入口那里那句话说的一样：幸福都是奋斗出来的！"

自群众搬迁入住以来，卯家湾安置区精细管理，用社区治理网格平台、城市管理智慧平台"两个平台"推动基层治理一网到边；精准施策，以建设扶贫车间、配套产业基地、组织转移就业、拓展公益岗位、覆盖技能培训助力持续发展；精心引导，用讲给群众听、做给群众看、带着群众干"三步法"落实服务群众，带动群众"在关怀与自强中活出精彩人生"上做足准备、下足功夫。同时，不断完善各项帮扶机制，有效调动搬迁群众脱贫致富的主动性和积极性，“幸福都是奋斗出来的”理念已成为安置区社区群众的坚定信念，大家相信通过自己勤劳的双手，一定会在新家园收获满满的幸福！

2020 年 7 月 23 日

https://www.sohu.com/a/409301563_120054806
（来源：卯家湾安置区　邹树娟）

脱贫而出！全国最大易地扶贫搬迁安置区昭通靖安新区的“中国脱贫故事”

脱贫而出

2015年1月19日至21日，中共中央总书记习近平在云南昭通、大理、昆明等地调研时强调，坚决打好扶贫开发攻坚战，加快民族地区经济社会发展。如今已过去快5年的时间，乌蒙大地上的昭通正发生着翻天覆地的变化。

2019年12月18日，全国最大易地扶贫搬迁安置区——云南省昭通市靖安新区搬迁工作正式启动，首批1000户易地搬迁群众搬进新家。据不完全统计，截至2019年12月31日，已有上万名易迁群众搬入靖安新区。按照搬家计划，今年春节前，来自昭通市昭阳区、大关县、永善县、彝良县、盐津县、镇雄县等6县（区）的9256户40549名山区群众，将陆续搬迁到靖安新区，过上幸福的生活。

2020年是具有里程碑意义的一年。中国将全面建成小康社会，实现第一个百年奋斗目标。2020年也是脱贫攻坚决战决胜之年。

习总书记在2020年新年贺词中发出号召：“我们要万众一心加油干，越是艰险越向前，把短板补得再扎实一些，把基础打得再牢靠一些，坚决打赢脱贫攻坚战，如期实现现行标准下农村贫困人口全部脱贫、贫困县全部摘帽。”

易地扶贫搬迁是脱贫攻坚中的“头号工程”和“标志性工程”，也是“五个一批”中最难啃的硬骨头，任务十分艰巨。

昭通集革命老区、乌蒙山连片特困地区、散杂居民族地区、生态脆弱敏感地区为一体，是全国贫困人口最多的地级市和云南省脱贫攻坚主战场。

全国脱贫看云南，云南脱贫看昭通。

年末岁尾，新年伊始，都市时报全媒体记者走进靖安新区，见证并记录全国最大易地扶贫搬迁安置区易迁群众的第一个新年，讲述“中国脱贫故事”。

彭发德的结婚照和新生活

彭发德老家的房子是土坯房，低矮破旧。彭发德打开木门上的锁，借助一根木棍把塌了一边的门撬开，身高不到1.7米的他弯腰进了大门，咕哝了一句：“不低头弯腰，脑袋要碰门框。”

彭发德从被烟火熏燎得漆黑的墙上，小心翼翼地取下了他和妻子的结婚照，装在相框里的结婚照上有“幸福一生”4个字。彭发德说：“搬进了靖安新区，我和媳妇、我们全家人，幸福一生的日子算是开了头。”

这天，是2019年12月30日。

千疮百孔土坯房

彭发德今年48岁，原来是昭通昭阳区靖安镇龙潭村委会大火地13社的农民，2019年12月18日，彭发德一家5口搬迁到靖安新区惠民社区15栋2单元的新房，从“山里人”变成了“城里人”。

2019 年 12 月 30 日下午 3 点多，彭发德从靖安新区搭车，来到云雾缭绕的村里，专门到老家来拿这张结婚照。这是彭发德和妻子的唯一一张结婚照，是 6 年前在镇上赶街时拍的。他说："要在新家过第一个新年了，一定要把这张结婚照摆到新房子里。"彭发德的老家距离靖安新区约 18 公里，一路上 20 多个弯道，大部分都是石头路和土路。汽车在路上蹦蹦跳跳，人在车里摇摇晃晃，彭发德多次提醒驾驶员："前面那个坡要换个挡，不然，车会熄火。"这条山路不通客车，村里人平时上山下山全靠脚走。

彭发德的老房子，土墙千疮百孔，屋顶上盖着灰色的石棉瓦，石棉瓦漏雨，堂屋的房顶上挂着五颜六色的塑料布。堂屋里有一张桌子、一个柜子，墙角堆着一堆洋芋，屋里弥散着一股霉味。堂屋也是厨房，墙上挂着铁锅、筷子兜，地上摆着水桶、炉子。堂屋的左边，是住人的房间，房里仅有一张床和一张桌子，地上堆满了玉米，衣物随意堆在玉米上。屋外，地上挖个坑，坑上搭块木板，一块篷布、几根木头就搭成了厕所。

彭发德拿着结婚照，锁上老家的木门，说："再也不回来了。"

动员邻居快搬迁

在村口，彭发德遇到了即将搬迁到靖安新区的邻居肖开金。肖开金把彭发德拉进屋里，要他说说城里的新家是啥样。

肖开金的房子是茅草房，屋里只有一个柜子、一张床、一张烂沙发、几个锅碗瓢盆。地上有个地火炉，墙角堆满木柴。屋里的物品老而旧，呈现出灰黑的色调。家里唯一一样新东西，是一块刚从村公所领来的菜板。

肖开金的妻子文友凤往地火炉里加了根木柴，端来前一天没吃完的酸菜红豆汤，放在地火炉上加热，烟气熏得她直咳嗽。说起搬迁，文友凤凑了过来，拿着自己的新区选房确认书给彭发德看："你看我家在哪里，离你家远不远？"

文友凤穿了一件黑色棉衣，肩上、腰上的缝线裂开了几处，用粗粗的线密密缝补着，缝补的线是绿色的，很显眼。她不好意思地说："我就这一件冬衣，穿着它进城怪不好意思的。”她又拿出一件丈夫的棉衣，衣领上破了几个洞，露出了白色的棉絮。她提着棉衣问：“这种衣服还要不要带进城？”彭发德摆摆手：“不要啦，住新家就要有新样子，进城后苦钱买新的。”

正在用牛粪抹墙的村民肖开福也来肖开金家串门子，他们围着彭发德，听他讲新家的好处。“新家都是高楼大厦，有电梯、有马桶、有厨房，门口就有超市，买什么都很方便……”说起新家，彭发德眉飞色舞，为邻居们勾勒出幸福新生活的美好图景。肖开福边听边搓着手上的牛粪，彭发德说：“肖老哥，进城后手上的脏东西不能搓，要立马去卫生间洗。”大家大声笑了起来，惊得蹲在地火炉边烤火的一只猫“嗖”地跑出了门。

过几天，肖开金、肖开福都要搬到靖安新区的新家。

喜庆新家过新年

2019 年 12 月 31 日中午，彭发德把结婚照摆在了靖安新区新家的电视柜上，结婚照的旁边，是一盆鲜艳的塑料花。他用抹布把相框抹了又抹，结婚照上“幸福一生”的字越发清晰了。

彭发德三室一厅一厨二卫的新家，宽敞明亮，米黄色的落地窗帘上洒满阳光，透出家的温馨氛围。客厅和卧室里，沙发、茶几、液晶电视、电视柜、床等家具一应俱全，新崭崭的；厨房里，电饭煲、电磁炉、米面粮油置办得妥妥当当；卫生间里，安装有马桶、淋浴花洒、洗漱台。

新家的客厅茶几上，摆了个玻璃烟灰缸，彭发德小心翼翼往里面抖烟灰。妻子钟国巧用上了一套护肤品，是大女儿送给她的。家门口，贴上了大红的春联和福字……彭发德说：“新生活就要有新样子。”

今年的这个新年，还有让彭发德高兴的事——原来住在昭通市永善县黄华镇青岗村 5 社的表哥刘富雄，也搬迁到了靖安新区惠民社区 14 栋。3 年前，刘富雄到彭发德家过春节，爬高爬低走山路，一路颠簸坐客车，要花 5 个多小时。如今，相隔 150 多公里的表兄弟，成了近在咫尺的邻居。

彭发德和刘富雄商量好了，今年春节，两家人在彭发德家一起吃团圆饭，人多热闹。元旦的晚上，两家人在一起商量年夜饭的菜单，鸡、鱼、酥肉、烧白、粉蒸肉……彭发德的小儿子彭万朋提醒：“还有糖果和饮料别忘了哦。”

彭发德和刘富雄还商量了一件事，争取春节前找到工作，领工资过日子，或者就合伙做点小生意。

范天忠“劫后余生”过上好日子

21年了，每逢过年，昭通市昭阳区青岗岭乡金瓜村村民范天忠都会想起那年春节前“差点丢命的惊险事”。今年特别不一样，搬到靖安新区准备过大年的范天忠说起这件事，更是感慨，他说：“幸好当时留了一条命，不然，就过不上现在这样做梦都没有想到的好日子了。”

买年货　马车翻到水沟里

1999年农历腊月二十八上午，范天忠驾着马车，去8公里以外的青岗岭乡街购买年货。

山路崎岖、道路结冰、寒风刺骨，一不留神，马车翻到了旁边的水沟里，范天忠的头磕碰在坚硬的石头上，晕厥了过去。过了10多分钟，路过的村民发现了他。

家人得到消息赶到时，范天忠昏迷不醒。妻子和弟弟卸下车架，把范天忠驮在马背上。弟弟扶着人，妻子牵着马，在山路上走了3个多小时，又坐了2个多小时的客车，终于来到了昭通市第二人民医院。经过医院3天抢救，范天忠身体机能才逐渐恢复了正常。当时，诊治医生告诉家人，如果再晚到一会儿，后果不堪设想。

2016年以前，范天忠家里种植洋芋、玉米、荞麦等农作物，收成不好并且没有销路，每年仅有1000余元的收入。2016年后，范天忠种了5亩苹果，每年能有1万余元的收入，日子虽然好过了一些，但仍然没有条件解决住房问题。范天忠和妻子付阳礼带着两个儿子，在53平方米的土坯房里住了20多年。因家里只有一个房间，大儿子范开用和小儿子范开行成家后，便到昭阳区打工，租房生活，一家人离多聚少。

提及过去的生活，范天忠皱起眉头说："大山深处住房简陋，老百姓不仅日子苦，而且生活环境恶劣，经常发生意外，稍不注意就可能把命丢了。"

"挪穷窝" 全家齐心奔小康

2019年12月18日，范天忠一家搬进了靖安新区惠民社区，100平方米的新房有三室一厅，屋内家电齐全、窗明几净，户型好，采光佳。

谈起新房的好处，范天忠有说不完的话，特别是靖安新区便利的交通，更是让范天忠感慨。他说："下了高速公路，就是靖安新区，大卡车都能开到新家门口，进城办事做生意，不怕路难走，再不用担惊受怕了。"

范天忠介绍，春节过后，他将到靖安新区的社区服务站工作，每月可领到1500元工资。小儿子和儿媳也打算搬到靖安新区和父母一起居住，去靖安新区就业服务中心寻一份稳定的工作，或者在新区租个铺面开一家小吃店，陪伴父母安度晚年。

新家宽敞了，今年春节，范天忠6个兄弟姐妹，都要到他的新家过年，大家整整齐齐、欢天喜地过一个红火喜庆的春节，把在新家过的第一个春节，作为彻底告别"穷窝窝"、奔向美好新生活的开始。

49岁的范天忠说，以后要像城里人一样过日子，每个星期约着老伴去量一下血压，早上起来不再闲着发呆晒太阳，要在小区做一些晨练活动，然后去上班。他说："我们要健健康康的，全家人一起奔小康。"

让易迁群众"搬得出、稳得住、能发展、可致富"，是易地搬迁的最终目的。靖安新区易迁群众中有22861名劳动力，近年来，针对易迁群众的就业安置工作提前展开，目前已有16619人实现了就业。对未就业的易迁群众，将通过工业园区、扶贫车间、蔬菜基地、劳务输出等多渠道提供岗位，解决就业问题。

母女俩蔬菜大棚里成工友

18 岁的唐首巧做梦都没想到，能和 38 岁的妈妈罗朝会一起上班。

在距离靖安新区 5 公里左右的“昭通江厦吉之汇蔬菜基地”蔬菜大棚里，罗朝会用小铁锹在松软的地里刨出一个坑，唐首巧跟在母亲身后，迅速往坑里放一株菜苗，再用双手把土坑拢平，固定住菜苗。

2019 年 12 月 18 日，罗朝会母女俩从大关县上高桥乡大寨村搬迁入住靖安新区惠民社区。搬进新区第 5 天，母女俩就一起在蔬菜大棚里上班，成了工友，领工资吃饭，在播种蔬菜的同时，一起“播种”未来的生活。

易地搬迁　圆了女儿亲情梦

白色的大棚撑起一个个独立温室，罗朝会母女俩的面前，是一排排整整齐齐的菜苗。此情此景，让罗朝会想起 10 年前带女儿种地的情景，她问女儿：“你还记得小时候，我是怎么教你点玉米的吗？”唐首巧会心一笑：“记得，跟现在栽菜苗一样。”

2018 年 6 月，唐首巧初中毕业，为减轻家中的经济负担，跟着村里人一起到江苏省常州市金坛区的一家电子厂上班，成了一名电子配件组装工人。唐首巧每天工作 11 个小时，全程站着，平均每月工资 2100 元左右。由于工资按件计算，唐首巧为了多挣十几元，经常加班到深夜。

这是唐首巧第一次离开家，她常常想家，想妈妈。从常州到昭通，单程车费上千元，回一趟家，车费就顶唐首巧一个月的工资，她舍不得花钱。2019 年春节，除夕之夜，唐首巧和妈妈用手机视频通话，相隔千里的母女，在一部手机里过了年。挂断视频后，唐首巧许了个新年愿望：要是能和妈妈天天在一起就好了。

易地扶贫搬迁，让唐首巧梦想成真了。2019 年 10 月，唐首巧接到妈妈的电话："我们家要搬到昭通的靖安新区，进城住楼房了。小组长说，我们在新区可以上班当工人，你回家吧。"唐首巧立即辞去电子厂的工作，回家了。

母女俩一起上班的日子，温馨快乐。由于长时间弯腰挖土，罗朝会的腰腿经常酸疼，只要听到妈妈喊一声"哎哟"，唐首巧立马放下手中的菜苗，给妈妈捶背捏腿。唐首巧大大咧咧，脸上出汗了，沾着泥土的手往脸上一抹，成了个"大花猫"，罗朝会兜里总是装着纸巾，给女儿擦脸用。

告别坡地 学习种菜新方法

罗朝会身体健壮，皮肤黝黑，四肢粗壮有力，手上皮肤有些粗糙，掌心结了一层厚厚的老茧，染了些泥土的颜色。看得出，这双手常握锄头、刨泥巴。

罗朝会种了一辈子的地，但种植时鲜蔬菜，她却是个生手。

罗朝会的老家上高桥乡属于高寒山区，土地均是贫瘠的坡地，只能种植洋芋、玉米、荞子等耐寒农作物。罗朝会说不清自家土地的面积，也没算过一年的产量，她说："收的玉米、洋芋就够一家七口人一年的口粮，能剩下一点喂几只鸡。"

罗朝会在老家种地时，沿用广种薄收的传统种植方法，春种秋收，靠天吃饭。到了蔬菜大棚基地后，罗朝会开了眼界，苔菜、荠菜、油菜……许多蔬菜见所未见；反季栽培、软化栽培、促进栽培……各种种植方式闻所未闻。来到蔬菜大棚基地第一天，基地安排了师傅对新工人进行培训，讲解了育苗、栽种、浇灌等方法，罗朝会听得格外认真。

目前，罗朝会和唐首巧做的是最基础的栽种工作，每人每天工资 70 元，每天工作 8 小时，基地提供免费午餐，并有专车接送。罗朝会说："在基地上班，有专业的种植人员对我们进行培训，等我学会种植技术，工资会越来越高。收入有了保障，心里踏实，我想长久地干下去。”

颠沛矿工要过“安稳好日子”

48 岁的易迁群众魏永国，同样在“昭通江厦吉之汇蔬菜基地”当上了工人。搬到靖安新区前，魏永国曾颠沛流离、远走他乡，到四川、贵州等地的一些矿山打工，经历过矿难，见证过生死。

2019 年 12 月 18 日，魏永国与母亲从永善县大兴镇核桃村搬到了靖安新区。他们家有五口人，大儿子在昭阳区旧圃镇安了家，二女儿在昭阳区上技校，妻子在老家照顾上初中的小儿子，孩子放寒假后，他们也将搬到靖安新区。

说起老家的山高路远，魏永国深有感触。路难走，村里外出打工的年轻人买了新车，只能开到半路停下，走路回家；上学难，学校在山下，孩子上学要顺着崎岖的山路步行 3 个小时，回家爬坡，差不多要走 5 个小时；看病难，去年，魏永国的父亲生病后因为找不到车，得不到及时救治，直到去世都不知道得的是什么病……他说：“现在搬到靖安新区，这些问题都不存在了。”

说起自己原来在矿山打工的经历，魏永国心有余悸。5 年前的一次矿山事故中，魏永国从矿洞里拖出了两个工友，送到医院没有抢救过来，离开了人世。魏永国的妹夫也在矿山打工，因为矿难成了植物人。魏永国说，在矿山上班收入高一些，但风险很大，还容易感染硅肺病。如果遇到矿山老板拖欠工资，或发生事故卷款跑路，那几个月甚至一年半载的辛劳就白费了。

让魏永国揪心的是，母亲已经 78 岁了，并且身体不好，需要人照顾，但自己常年在千里之外打工，根本尽不了孝道。

2019年12月23日，在靖安新区创业就业工作站的介绍下，魏永国到“昭通江厦吉之汇蔬菜基地”上班，每天有70元的收入。孝顺的魏永国，每天早上上班前，都要先把母亲的饭做好、菜炒好，放在锅里温着，才出家门。

魏永国说，他现在在蔬菜基地上班，主要是为了就近照顾老人，等家人都搬到靖安新区，如果妻子能在蔬菜基地上班，能够照顾好老人和孩子，他就在昭通重新找一份工作，理想收入是每月3000元左右。他说：“我再也不会去矿山打工了，太危险。现在有了漂亮的新家，成了城里人，好日子有盼头了。一家人平平安安的，孝敬好老人，带好孩子，才是最重要的。”

忙碌而幸福的易迁群众

2019年12月31日下午，下班后的刘正堂，帮妻子上班所在的家具店送完家具刚回到家里，电话响了，离靖安新区不远的蔬菜基地需要50名工人。他立马通过电话联系，确定了第二天到蔬菜基地上班的易迁群众名单。

今年38岁的刘正堂，原是昭通市彝良县钟鸣镇麻窝村民委员会两红岩村民小组的村民，2019年12月18日，刘正堂一家搬进了靖安新区的新家。

刘正堂兄弟姐妹7人，自己排行老三，两个妹妹出嫁后，家里还有老少20口人。家里经历了40年风雨的老房子，面积不到100平方米，屋顶瓦片透着光，外墙的水泥掉了一半，不仅简陋危险，而且根本不够一家人居住。

为了生计，刘正堂兄弟5人都外出打工，大哥辗转福建等地打工后，回到昭通和二哥一起蹬三轮，四弟疾病缠身生活困难，五弟外出打工，在贵州铜仁当了上门女婿，得益于国家的扶贫政策，现在也搬迁住进了新房。

每年春节，一家人回到老家没地方住，兄弟几人只能轮流回去陪父母过年，已经10多年没有在一起过团圆年了。刘正堂还记得，他和妻子结婚时，因为他家条件太差，岳父不太乐意，至今都没有去过他家。

在扶贫挂包干部的推荐下，刘正堂到靖安新区就业创业扶贫工作站提供的公益岗位上班，为易迁群众的创业就业提供帮助和服务，每月工资1500元。刘正堂十分珍惜这份工作，对工作充满了热情。

无论什么时候，只要有事，刘正堂不讲任何条件，为易迁群众的就业忙碌着，特别是接到有企业需要工人的用工电话，他就高兴和兴奋，易迁群众又有就业的机会了。他说："我自己也是易迁群众，知道就业对新生活的重要性。通过我们的服务，新搬来的易迁群众能找到一份工作，安安稳稳生活，这是一件很有意义的事情。"

现在，忙碌一天的刘正堂下班回到家里，和母亲、妻子吃完饭，抱着7个月大的小女儿在沙发上玩耍，是他最幸福的时刻。

刘正堂的二哥一家，也从老家搬迁到了靖安新区。哥俩打算，找时间把一家人聚起来，吃顿团圆饭。春节后，刘正堂还要邀请岳父到新家住上几天，尽尽做女婿的孝心。

乌蒙大地，一座新城的崛起

磅礴乌蒙起高楼，开山辟地建新城。

从昭通市主城区昭阳区沿渝昆高速公路往北28公里，便是昭通靖安收费站。出了靖安收费站，一块印有习近平总书记大幅画像的红色宣传牌屹立在路旁，宣传牌上写着大大的字："幸福是奋斗出来的，脱贫致富不能等靠要，既然党的政策好，就要努力向前跑。"

路的一边，一块蓝色指示牌标明"靖安新区由此去"，顺着箭头指向望去，乌蒙群山中，一栋栋崭新的米黄色高楼拔地而起。距离蓝色指示牌1公里左右，一座新城呈现在世人面前。

这里，就是靖安新区。

靖安新区位于昭通市昭阳区靖安镇洪家营村，规划用地 2177 亩，总建筑面积 98.2 万平方米，绿地率 30%，总投资 43.61 亿元，建设安置房 149 栋 9256 套，计划安置来自昭阳区、大关县、永善县、彝良县、盐津县、镇雄县等 6 县（区）搬迁群众 9256 户 40549 人。

一年时间新建 9 个集镇 2 座中等县城

2019 年 12 月 31 日下午 4 点多，阳光从窗外晒进屋里，冬日的新家暖暖的。66 岁的李贤珍拄着拐杖，慢慢挪到窗边，看着窗外的绿树、高楼、奔跑的孩子，笑了。

2019 年 12 月 23 日，李贤珍一家从昭通市大关县玉碗镇老街村委会沙木林 8 社，搬迁到了靖安新区惠民社区，这是李贤珍三年来第一次走出村子。2016 年 7 月，李贤珍从村里去镇上买药，下过雨的土路一片泥泞，李贤珍脚下一滑，摔倒在地。由于交通不方便，没有得到及时治疗，李贤珍落下了残疾。李贤珍说："新家就是好，路平树多房子新，白天有阳光，晚上有路灯，和县城一模一样。"

一年前，被人们称为"新城"的靖安新区，还是一片田地。

在易地扶贫搬迁攻坚战中，昭通市按照"进城、入镇、进厂、上楼"的思路，探索"中心城区安置、县城安置、保障房安置、中心集镇安置"四种模式，因地制宜新规划建设集中安置区 23 个，中心城区和县城安置占比达 91%。2019 年昭通市安置贫困群众 5.24 万户 23.06 万人。其中，万人以上安置区 8 个、跨县安置人数达 7.69 万人，相当于一年时间新建了 9 个集镇、2 座中等县城。

至 2019 年年底，23 个安置区已建成 21 个，靖安、卯家湾 2 个大型跨县区安置区已具备搬迁入住条件，正在按照节点目标分期分批组织移交并启动搬家，春节前可完成入住，教育卫生等综合配套可按计划完成。

2019 年 12 月 18 日以来，搬迁到靖安新区的易迁群众已达 2000 户 10106 人，3531 户 14192 人搬到了卯家湾新区。截至 12 月 25 日，23 个安置区已平稳有序搬迁建档立卡群众 26742 户 116812 人，其余 70627 人已完成分房，正在组织搬家入住。

就业岗位让易迁群众"稳得住、富起来"

2019 年 12 月 18 日，靖安新区迎来首批易迁群众。第二天，就有易迁群众到新区附近的"昭通江厦吉之汇蔬菜基地"上班。

至今，基地已经为 500 余人（次）的靖安新区易迁群众提供了就业岗位。每天，基地都安排专车接送易迁群众上下班，并为他们免费提供午餐，仅此项投入，平均每人每天为 150 元。

"昭通江厦吉之汇蔬菜基地"于 2019 年 8 月投入生产，共有 4000 余亩土地，第一期建设有 2608 个蔬菜大棚，第二期将启动 1000 余个大棚建设和生产，每年为 10 万人次提供就业。基地负责人周银明介绍，基地随时随地免费提供对易迁群众种植技术的培训，培训内容不仅包括蔬菜种植中的光照、气温、水源、肥料、病虫害预防等知识，还有蔬菜的采收、包装等，尽力让愿意到基地打工的易迁群众尽快掌握就业本领，争取做到"培训一个人，成功一个家，致富一片，带动一方"。

这个蔬菜基地仅仅是靖安新区易迁群众实现就业的一个缩影。

围绕"搬得出、稳得住、能致富"这一目标，为保障靖安新区易迁群众充分就业，靖安新区采取"龙头企业 + 基地 + 贫困户"的模式，建设了马铃薯、胡萝卜、蔬菜产业基地，整合贫困户产业扶持资金入股，通过海升胡萝卜基地、恒大蔬菜大棚、靖安西魁马铃薯种薯基地等，开发岗位 1200 个。同时，还开发了生态护林员岗位 1000 个，保洁绿化、治安联防、楼栋长等公共服务岗位 702 个，家政、餐饮等服务岗位 313 个，建筑及其他行业岗位 275 个，扶持创业带动就业 100 人。

在现有基础上，靖安新区还积极引进劳动密集型、涉农、电子产品加工、家具生产销售等企业，着力拓展岗位。

目前，靖安新区已经引入人力资源市场进驻，进一步推进易迁群众的劳务输出工作，并且在缴纳保证金、最低薪酬保证、转岗务工补贴、车费代缴补贴、意外伤亡保险等方面，通过协议签订，充分保障外出务工人员的权益。在劳务输出中，通过培训，让就业扶贫信息员成为靖安新区的劳务经纪人，成立劳务队，充分带动易迁群众实现就业。

截至2019年12月25日，昭通市建档立卡贫困劳动力100.61万人，已实现就业84.13万人，就业率达83.62%；易地扶贫搬迁劳动力13.34万人，实现就业11.9万人，就业率达89.21%。

“一站式”精细服务提升易迁群众生活质量

2019年12月30日下午，准备搬迁到靖安新区的昭通市大关县天星镇斜文村村民宋春一家，领取到新房钥匙后的第一件事，就是带着小儿子一起到靖安新区管委会，在新区的规划建设沙盘上，寻找新区的学校位置。

宋春夫妻俩原来在浙江的工厂打工，两人每月总收入能达到上万元，他们家的两个孩子，分别是初三和小学二年级学生。夫妻俩为两个孩子的“上学难”问题一直苦恼。当他们了解到2020年春季，靖安新区新建的中小学就能建成开学后，松了口气：“这下可解决我们的后顾之忧了。”

就医就学是否方便，是很多易迁群众最关注的问题。为保障易迁群众就医就学，靖安新区规划建设1所中学、2所小学和4所幼儿园，同时规划建设1个二级综合医院、6个社区卫生室。

为确保搬迁群众搬入新区后“较满意”，并且能“持续和谐发展”，昭通市明确提出，各级各部门要在群众的生产生活中，提供全过程、全方位的“一站式”“保姆式”精细服务，切实加强易地搬迁安置区人居环境建设、配套设施和精细化服务，全力以赴提升易迁群众的生活质量。

靖安新区共有149栋9256套房屋，服务和管理的难度都比较大。为此，靖安新区将以片区、楼栋为单位，成立6个社区服务站，形成横向到边、纵向到底的“社区—片区—楼栋—群众”四级联动的服务和管理网格模式。此外，靖安新区还将成立6个社区党总支，以及临时妇工委、团工委、工会工作委员会，建设6个居家养老服务中心、1个儿童服务中心和心理疏导工作站，组建巾帼志愿服务队伍，配套建设为民服务大厅、多功能厅、党员活动室、居民议事室、矛盾纠纷调解室、办公室、档案室等，切切实实为易迁群众提供服务。

在文化建设方面，靖安新区将建设历史文化民俗展示馆、图书阅览室、文化活动室、职工之家、青年之家、妇女之家、儿童之家等，根据实际情况开展一系列活动，丰富易迁群众的文化生活，营造城乡一体的文化氛围，帮助易迁群众尽快转变观念，融入现代城市生活。

据了解，近年来，昭通市在全市扶贫搬迁安置区新建学校44所、医疗卫生服务机构33个、群众活动场所26个、派出所3个和警务室27个、社区服务中心34个、“一水两污”项目48个。

据不完全统计，靖安新区目前已有上万名易迁群众搬入新家。按搬家计划，今年春节前，9256户40549名易迁群众将陆续搬入靖安新区，实现由村民变市民的历史性跨越，在新家度过第一个春节。

微信公众号：都市时报

新闻热线：0871-65353000

http://mp.weixin.qq.com/ssrc=11&timestamp=1608199624&ver=2772&signature=PU8DHqFFYCTp-wK99wX3I4RZo6xSpTvcMfQ6WKNuyxRY99BVjmnkFBOrWuzxuF Pzkm64dGR--dO*Xx4NIpqdqCR2X8Xr2*qAYqyRNZUWdSbKG96CyIwM5E30ZRS*J5lX1&new=1

来源：都市时报

文字：都市时报全媒体记者 刘光华 曾永会 杨丽菊 梁圆琪 熊少宇

图片：都市时报全媒体记者 刘光华 杨丽菊 梁圆琪 熊少宇

编辑：张雨馨

审核：周健军

云南昭通靖安新区这样做好易地扶贫搬迁“后半篇”文章

“一河两岸汇六溪，五区绕水山环绿，三山绿廊望田园。”这是云南省跨区县安置搬迁群众最多的安置区——昭通市靖安新区整体空间结构设计理念。

在不到一年的时间里，随着占地2177亩、投资42.85亿元的149栋9256套安置房拔地而起，配套设施的逐步完善，来自昭通市6个县区的31000名建档立卡贫困群众安全有序地搬迁入住，一幅“搬得出、稳得住、能发展”的易地扶贫搬迁美丽画卷正在昭通大地徐徐展开。

围绕让搬迁群众“安居、乐业、幸福”目标，昭通市靖安安置区临时党工委（管委会）强化党建引领，通过抓组织、重服务、强治理、谋发展、优干群等措施，增强产业就业支撑，优化管理服务保障，让人在网中走、事在格中办，全力做实易地扶贫搬迁“后半篇”文章。

织好组织网，党的领导“一呼百应”

“乡亲们，到社区党群服务中心门口集中，开展爱国卫生运动了！”近日，随着靖安新区滨江社区党总支书记丁红云在社区微信群里一声号令，

15分钟后，来自滨江社区的300多名老少群众有的提着扫帚、有的扛着铁锹、有的拎着塑料袋齐刷刷地聚到小区院坝，在社区党总支工作人员的简单分工和带领下，不到半小时就将小区内的公共区域清理得干干净净。

为实现靖安新区党的组织全覆盖，全面实施党建网格服务管理，靖安安置区临时党工委按照“规模适当、相近相邻、易于管理、便于服务”的原则，依据安置区工程建设相关规划布局方案，把安置区建设的12个地块110幢房屋149楼幢单元科学划分为6个社区，组建了惠民、合顺、滨江、思源、康庄、福兴等6个社区党总支，党总支下设32个片区党支部、149个楼栋党小组，将467名党员合理编排到对应的党组织网格，从迁入地党委政府机关优秀党员干部及易迁对象中逐级推荐了159人担任社区干部、片区长和楼栋长。同时，狠抓社区工会、共青团、妇联等群团基层组织建设，不断壮大扩大基层党组织工作覆盖面，实现社区有党员就有党组织、有群众就有党组织统领、就有群团组织参与。

通过各级党组织的建立和作用发挥，确保每户易地搬迁户后面都有一个坚强的党组织和一名坚定的共产党员提供服务和管理，让党的领导说话有人听，干事有人跟。

织好服务网，多方联动“一站办结”

唐远城从彝良县柳溪乡搬迁到靖安新区后，因疫情影响无法外出务工，便和一同搬来的老乡唐仁维筹划开一家海鲜店。正当他们为缺口资金发愁的时候，通过靖安新区公众号发布的信息了解到可以在安置区临时团委办公室申请创业贷款，但他们的海鲜店还没有办营业执照，不符合申请条件。靖安新区彝良工作站干部了解这一情况后，及时告诉他到新区服务大厅就能办完相关手续，不用去市区，也不用回老家去办。

第二天一早，唐远城带齐资料到服务大厅，半天时间就办好营业执照和创业贷款。唐远城兴奋地向工作人员感谢道：“以前在老家要跑到几十公里外，花几天时间才能办好的事情，没想到你们用半天时间就帮我办好了！”

靖安安置区临时党工委（管委会）坚持“重视群众服务”的理念，除设立相当于街道办事处的群众服务管理工作机构外，还从搬迁人口较多的大关、永善、彝良等三个县协调抽调工作人员组建工作站，从昭阳区各行业部门抽调精干力量充实到易迁群众便民服务大厅设立的医疗、社保、民政、教育、工商、就业等涉及群众经济生活各方面的九个服务窗口；以有温度、有爱心、有色彩、有特点的现代化党群服务中心为建设方向，按照“布局合理，功能齐备”原则，整合社区公共服务资源和各种服务功能，合理设置建设了6个“党群服务中心、综治中心、警务室、矛盾纠纷调解室、妇女儿童之家、4点半课堂、志愿服务工作站、职工之家、爱心超市、社区党校”等社区业务功能用房。

通过服务管理中心和社区服务机构的建立和人员匹配，确保靖安新区办公有阵地、服务有窗口、活动有场所、办事有专人，为群众提供“一站式”“一条龙”“全天候”服务，有效打通联系服务易迁群众的“最后一公里”。

织好发展网，带动群众“一同致富”

张顺兵一家从大关县搬到靖安新区惠民社区后，张顺兵在新区蔬菜大棚务工，女儿在新区就业服务中心工作，妻子偶尔抽时间回去打理一下老家通过退耕还竹发展的产业，父女俩的工资加上每年卖竹笋的收入，一家人过上了其乐融融的小康生活。

围绕易地扶贫搬迁“搬得出、稳得住、能发展”目标，靖安安置区临时党工委（管委会）聚焦疫情给贫困群众外出就业及产业发展带来的新困难，瞄准易地扶贫搬迁后续扶持的新问题，坚持“搬迁安置同发展产业紧密结合”，建成蔬菜、食用菌大棚3000个，建成扶贫车间2.5万平方米，广东立时电子、锡箔纸、君子兰服装等劳动密集型企业已投产运营，1397名搬迁群众实现就近就地就业。

在做好疫情防控的基础上，通过“点对点、一站式”输出稳定就业15002人；盘活利用新区500多间各类商铺资源，为520余名搬迁群众提供就业创业；统筹、整合、衔接物业管理、片区长、楼栋长、绿化、保洁、河道管理员、看护员、就业信息员等公益性岗位，在新区科学合理设置1393个岗位，确保每户搬迁群众至少有1人就业。

针对剩余未就业劳动力，靖安新区劳动力就业转移中心已做详细意愿调查，目前与入驻新区的云南东顺、云南业图、昭通锦豫、昭通九和、上海一言、云南建琪等人力资源公司开展企业订单化培训，不断提高易迁劳动力就业务工技能。

织好治理网，携手护航“一方和谐”

靖安新区依托党建网格，构建“社区党总支 + 片区党支部 + 楼栋党小组”的综合治理网格。由6个社区党总支统筹协调，由片区党支部书记担任网格长，成立23个片区党支部、51个楼栋党小组，划分社区一级网格6个、片区二级网格32个、楼栋三级网格149个，467名党员遍布各楼栋网格，形成横向到边、纵向到底的“社区 + 片区 + 楼栋 + 党员 + 群众”五级联动的网格化管理模式，整合党建、综治、城管、就业等各类网格力量和资源，优化网格设置，形成“多网合一、一网到底”的社区治理模式。

由6个社区警务站牵头，组织物业管理、社区协管员、楼栋长、社区“两委”干部、居民代表成立治安防控队实行分组、定人、定片、定职管理，不间断无缝隙地在辖区开展治安防控管理、隐患排查整改、巡逻防控、调处矛盾纠纷、查办案件，严格日常管理措施，加强日常清查打击，确保流动人口不漏管、重点人口不失控、矛盾纠纷不上交，形成严密的网络化治安防控管理体系。同时还在公共区域设置 1280 个监控探头，240 个人脸识别探头。结合社区设立 6 个警务室，在辖区设立 14 个治安交通岗亭，24 小时值守。

自疫情发生以来，靖安安置区临时党工委（管委会）严格按照网格化管理要求，对所有重点对象实行严格的动态排查，持续跟踪，新区至今未发生新冠肺炎感染病例。

织好干群网，同心向党“一网情深”

“要不是包保我家的小姑娘扶我去看病，我可能病死在家都没人知道，搬到靖安新区不仅有了家，还多了一个‘孙女’”。这是靖安新区惠民社区 13 栋的 70 岁老人芶仁敏独自在家卧病在床，被包保干部送去医院治疗并精心照料，康复后写在卫生纸上的一段话。

芶仁敏老人的故事就是靖安新区党群、干群关系的一个缩影。靖安安置区临时党工委以落实挂包联系责任制、开展感恩教育、推动群众性精神文明教育为载体，与搬迁群众建立起浓浓的鱼水情。

截至目前，安置区临时党工委（管委会）5 个副处级领导和 1 个服务管理中心负责人挂钩联系到社区，部门科级领导帮扶到楼栋，200 多名党员干部全部包保到 9256 户易迁户，为搬迁群众就学、就医、就业和服务管理提供全天候、保姆式服务；开展了“自强诚信感恩”和操家理务培训 34 期 3000 余人次，编印“操家理务”培训服务手册 20000 册、“平安家庭”宣传日历 10000 张；以创建文明家庭为载体，开展了操家理务大比拼表彰活动，表彰优秀家庭32个；围绕公共卫生、邻里互助、勤俭节约等方面的内容，在6个社党总支的引导下，149个楼栋均建立了居民公约，倡导和引导搬迁群众改掉陈规陋习；邀请专业人士组织群众开展唱歌、跳舞等文娱活动，让搬迁群众快速融入城市生活。

“靖安新区欢迎您、幸福生活已开启！”在靖安新区大道入口处，真切反映搬迁群众心声的红底白字大型标语十分醒目。随着昭通中心城市“一城三区”规划布局的深入实施，在靖安新区党员干部和4万搬迁群众的共同努力下，靖安新区这座易迁新城未来可期！

http://zhaotong.yunnan.cn/system/2020/05/25/030683983.shtml

来源：云南网

云南网记者　沈迅　通信员　李安林　牟玉婷　摄影报道

鲁甸县卯家湾易地扶贫搬迁安置区

——美丽幸福新家园

盛夏时节，鲁甸县卯家湾易地扶贫搬迁安置区阳光明媚、热闹祥和，一栋栋崭新的高楼拔地而起，一条条市政大道纵横交错，学校、医院、商超、集贸市场、文化广场等配套设施一应俱全，一座跨县易地扶贫搬迁新城在鲁甸县城北部崛起。

“美丽新家园，幸福卯家湾。”一年多前，这片小山坡还是成片的玉米地，经过 17 个月的不懈努力，一个功能完善、环境优美、宜居宜业的美丽新家园如期建成。在各级党委、政府和广大党员干部的帮助下，来自鲁甸、巧家、彝良、永善、盐津 5 个县的偏远山区群众 8322 户 35585 人搬出大山进入县城，开始幸福新生活。

搬出大山奔小康

“享共产党的福，搬进城来住上这么好的楼房。”眼瞅着搬进城的日子一天比一天好，卯家湾安置区和悦社区搬迁群众邹文昌脸上满是幸福的笑容。

现年67岁的邹文昌来自鲁甸县梭山镇甘田村，老家山高坡陡、道路崎岖、土地贫瘠，他们一家5口挤在狭小破旧的土墙房里。去年年底，在各级干部的帮助下，邹文昌一家欢欢喜喜搬进卯家湾安置区，住进100多平方米的新家。

“党和政府不仅帮助我们建起新家，还给家人联系工厂落实工作，学校、医院、超市都在家门口，这种好日子打着灯笼都找不到。”邹文昌说。

为破解“一方水土养不活一方人”难题，卯家湾安置区坚持“卡户与随迁户同步、住房建设与各类综合配套同步、人员安置与产业就业同步、硬件建设与建立完善社区管理机制同步”原则，在卯家湾选址一次性规划用地3.31平方公里，其中安置区占地面积3700亩，建设安置房66栋8866套，配套新建2所学校、4所幼儿园、1个卫生院、6个社区卫生室，承接来自鲁甸、巧家、彝良、永善、盐津5个县的搬迁群众。今年3月31日，最后一批建档立卡贫困群众实现搬迁入住。

产业就业强支撑

蓝天白云下，卯家湾安置区食用菌产业园的香菇大棚整齐地排列成一片，棚内的格架上摆满了菌包，朵朵香菇破膜而出，长势喜人。正在摘香菇的搬迁群众李德东告诉记者：“去年年底搬到卯家湾后，我到食用菌产业园承包了2个香菇大棚，现在已经采摘了1.7万多斤，毛收入有6.8万多元。”

为解决好搬迁群众的后续发展问题，鲁甸县借助东西部扶贫协作机遇，引进广东粤旺集团食用菌项目落地卯家湾安置区，发展特色产业带动搬迁群众增收致富。食用菌产业园负责人介绍：“我们规划建设了1000个标准化大棚和4.8万平方米分加工厂房，可帮助卯家湾安置区500户建档立卡贫困群众就近就业，间接带动2000余人就业增收。”

鲁甸县按照“短期靠就业、长期靠产业”的思路，分级建立劳务微信群，成立劳务输出协会，搭建互联网掌上“就业平台”，建立“工作站＋社区＋楼栋长”的网格化就业服务机制，大力推动劳动力安全有序转移就业。同时，制定实施“两园两基地”产业规划，在卯家湾片区建设3000亩现代物流园和2200亩高原特色绿色食品加工园，打造万亩苹果基地、万亩蔬菜基地，带动群众增收致富。

此外，鲁甸县还配套建设了一个4万平方米标准化厂房的扶贫车间，加上安置区配套产业及周边企业可提供6000个就业岗位，可实现搬迁群众户均一人就近就业。目前卯家湾安置区有劳动力1.8万人，其中外出务工劳动力1.4万人，剩余4000名劳动力将在安置区“两园两基地”实现就近就业。

贴心服务暖民心

“社区干部是亲人。”回想起社区工作人员对自己的关心和照顾，卯家湾安置区雨露社区69岁的独居老人明在翠热泪盈眶。

明在翠老人中年丧偶，两个儿子常年外出务工，搬到安置区后独自一人生活。根据安置区“红、黄、绿”分类管理精准服务机制要求，社区将其标注为“红色”家庭户纳入“日随访”管理，社区干部及楼栋长每天开展至少1次入户随访。

前些日子，明在翠老人肠炎发作，无人照料。入户随访的社区干部了解情况后，及时把老人送到鲁甸县人民医院救治，并轮流值班帮助办理手续、照料一日三餐，直到老人在外务工的儿子赶回来。

为了让搬迁群众早日融入新环境、成为新市民，卯家湾安置区临时党工委（管委会）在抓好产业就业支撑的同时，充分利用社区党群服务中心、新时代文明实践站等阵地，常态化开展政策理论、产业就业、人居环境、文明新风等10项文明实践主题活动，把“自强、诚信、感恩”融入易地扶贫搬迁工作全过程，从物质生活、思想认识、致富能力、适应新家园等方面进行全方位帮扶，不断增强搬迁群众的幸福感和获得感。

“小康路上跟党走，脱贫致富感党恩。”夕阳西下，安置区高楼外墙上的大型红色标语格外醒目。路对面的小广场上人头攒动，搬迁群众相聚在一起对唱山歌，“搬迁住进新房子，啊来来……”“感谢党的好政策，啊来来……”深情的歌声唱响了搬迁后的幸福生活。

http://www.yn.gov.cn/ztgg/jjdytpgjz/xwjj/202008/t20200810_208686.html

来源：云南日报　2020年8月10日

挪出穷山窝　过上甜日子

——全国第二大跨县易地扶贫搬迁安置区昭通卯家湾的幸福新生

冬日的湛蓝天空下，云南昭通市鲁甸县卯家湾易地扶贫搬迁安置区阳光明媚、热闹祥和。一栋栋高楼拔地而起，一条条大道纵横交错，学校、医院、商超、集贸市场、文化广场等配套设施一应俱全。

昭通地处乌蒙山腹地，96.3% 的地域是石漠化严重的山区。2014 年年底，昭通尚有贫困人口 185 万，11 个县（市、区）有 10 个是国家级贫困县，是全国贫困人口最多的地级市。

鲁甸县卯家湾是全国第二大跨县易地扶贫搬迁安置区。按照“不是建一个安置区，而是建一座新城”的定位，总投资 53.08 亿元、占地 3700 亩的卯家湾安置区已经建成。

挪出穷窝

“没花一分钱就住进了宽敞明亮的房子，水电齐全，交通也很方便。”一大早，家住鲁甸县卯家湾易地扶贫搬迁安置区春熙社区的搬迁群众杨明祥，打开了电视机。

祖祖辈辈过着面朝黄土背朝天的生活，杨明祥没想到自己还能住进楼房——他的新居有80平方米。“以前吃个豆腐都不方便，现在出门就能买到。想吃啥有啥，十分方便。”说着现在的幸福生活，杨明祥高兴得像个孩子。

为破解“一方水土养不活一方人”的难题，卯家湾安置区坚持“卡户与随迁户同步、住房建设与各类综合配套同步、人员安置与产业就业同步、硬件建设与建立完善社区管理机制同步”的原则，建设安置房66栋8866套，配套新建2所学校、4所幼儿园、1个卫生院、6个社区卫生室，承接来自鲁甸、巧家、彝良、永善、盐津5个县的搬迁群众。

就业就在家门口

卯家湾安置区食用菌产业园的香菇大棚，整齐地排列成一片，棚内的格架上摆满了菌包，朵朵香菇长势喜人。“脱袋以后，一个星期左右就长菌子。公司回收后，每年有3万元的纯收入呢。”洪章贵兴奋地说。

洪章贵是从巧家县新店镇搬到安置区的群众，由政府担保贷款2万元承包了300亩食用菌大棚，经过两个月管理，香菇菌棒可以脱袋了，丰收在望。

为解决好搬迁群众的后续发展问题，鲁甸县借助东西部扶贫协作机遇，引进广东粤旺集团食用菌项目落地卯家湾安置区，发展特色产业带动搬迁群众增收致富。食用菌产业园负责人介绍说：“我们规划建设了1000个标准化大棚和4.8万平方米加工厂房，可帮助安置区500户建档立卡贫困群众就近就业，间接带动2000余人就业增收。”

同时，鲁甸县按照“短期靠就业、长期靠产业”的思路，分级建立劳务微信群，成立劳务输出协会，搭建互联网掌上“就业平台”，建立“工作站＋社区＋楼栋长”的网格化就业服务机制，大力推动劳动力安全有序转移就业。

该县制定实施了“两园两基地”产业规划。为了让搬迁农户“生根”安家，卯家湾安置区配套建设标准化扶贫车间，引进家具制造、电子科技等加工产业，让搬迁群众在家门口就业。

过上甜日子

“以前住在大山里，现在好了，在党的关怀下，我们一家5口住进了新房子。学校、医院、超市配套齐全，还有志愿者上门教我们就医买菜、使用电器，真是太幸福了！”65岁的搬迁户蒋文德一边收拾屋子，一边憧憬新生活。刚搬进新居几天，卫生院的医护人员就为他做了免费的健康体检。

近日，中建二局鲁甸项目部政策宣传志愿服务团的志愿者，将党的十九届五中全会精神宣讲平台前移，面对面、点对点向搬迁群众开展宣讲。

鲁甸县委相关负责人介绍，为了让群众搬得进、留得住，昭通市委成立了卯家湾易地扶贫搬迁安置区临时党工委，组建36个网格党支部、76个楼宇党小组。同时，创建了“团连排班”志愿服务工作模式，组建了1个志愿服务团，20个志愿服务连，2000多名志愿者为入住群众提供驻点服务、轮换服务、跟踪服务。6家社会组织进驻社区，帮助居民更好地融入新生活。

http://bbs1.people.com.cn/post/2/1/2/177158671.html

来源：人民网

工人日报－中工网记者　黄榆

《昭通市脱贫攻坚大决战实录》后记

经过半年的筹划，历时一年的编撰，《昭通市脱贫攻坚大决战实录》〔全套书共 19 卷，其中市级 8 卷、县（市、区）11 卷〕终于在党的百年华诞之际与广大读者见面了。这既是政协昭通市第四届委员会文史工作的成果展示，又是对我市脱贫攻坚工作客观真实的记录，更是用真实的故事展示历史资料的大胆尝试。

反贫困是世界性难题，也是现代国家面临的迫切任务。党的十八大以来，以习近平同志为核心的党中央把扶贫开发摆到治国理政的重要位置，提升到事关全面建成小康社会、实现第一个百年奋斗目标的新高度，纳入“五位一体”总体布局和“四个全面”战略布局进行决策部署，加大扶贫投入，创新扶贫方式，出台系列重大政策措施，扶贫开发取得巨大成就。

昭通作为全国、全省脱贫攻坚的主战场，是最难啃的“硬骨头”。2015 年习近平总书记首次离京考察就到昭通，对昭通脱贫攻坚工作提出了“三个更加”的重要指示要求。昭通全市上下牢记习近平总书记的殷切嘱托，坚持把脱贫攻坚作为全市工作的主题主线，坚持“双统领”“双保障”“双推进”，践行“133”工作思路，汇聚中央和省定点单位、东西部扶贫协作、社会扶贫和各族干部群众磅礴力量，在昭通脱贫攻坚主战场上打响了一场史无前例的脱贫攻坚大决战，长期困扰昭通发展的主要“瓶颈”得以突破，实现根本性跨越，全市 185.07 万贫困人口全部脱贫、1235 个贫困村全部出列、10 个贫困县（区）全部摘帽，昭通大地发生了翻天覆地的变化，困扰昭通千百年的绝对贫困得到历史性解决。

为充分发挥政协文史资料“存史、资政、团结、育人”功能，客观、真实地记录昭通市在脱贫攻坚中各项建设和群众生活发生的变化，记述各级干部群众在脱贫攻坚工作中可歌可泣的感人故事，市政协党组拟组织相关部门、专家对 2015 — 2020 年我市开展脱贫攻坚的重大事件、典型故事进行搜集整理，编撰《昭通市脱贫攻坚大决战实录》丛书。

在市政协成联远主席亲自关心和指导下，编委会拟订了编撰工作的初步方案和《昭通市脱贫攻坚大决战实录》的整体框架，并于 2019 年 8 月 7 日向市委报送了关于编撰《昭通市脱贫攻坚大决战实录》的请示，市委杨亚林书记批示“此项工作很有意义，同意组织编写，请联远主席牵头负责”。按照市委的批示，市政协党组迅速行动，成联远主席亲自安排、统一部署，及时组织专家拟出了《昭通市脱贫攻坚大决战实录》编撰任务分解方案，经反复讨论、多次修改后，于 2020 年 3 月 30 日上报市委，市委杨亚林书记批示“同意所报方案，客观精准务实地做好工作”。

2020 年 4 月 14 日，市政协组织召开了《昭通市脱贫攻坚大决战实录》专题会议，市委副书记朱家伟出席会议并作动员讲话，编撰工作在全市正式启动，会议统一了认识、明确了要求。为进一步细化任务、落实责任，编委会于 2020 年 4 月 23 日印发了《昭通市脱贫攻坚大决战实录》编撰任务分解方案的通知，加强对市级单位和县区市编撰工作的指导。随后，市政协副主席陶仁带领专家对 11 个县（市、区）的编撰工作进行了调研、培训、指导、督促，推动各县（市、区）编撰工作有效开展。针对全市编撰工作存在的问题，编委会经反复研究，统一思想，召开了由 40 多个市级部门参加的征求意见协商座谈会，在此基础上，进一步完善了编撰任务细化量化分解方案，印发到各县市区加强指导，并于 2020 年 7 月 16 日召开了《昭通市脱贫攻坚大决战实录》编撰工作推进暨培训会议，推进编撰进度，提升编撰水平。

为把《昭通市脱贫攻坚大决战实录》打造成“建党一百周年特别献礼工程”“昭通脱贫攻坚工作特别纪念”，市政协抢抓时间，及时出台系列配套文件，明确了市政协机关各委室联系各单位、部门及市政协委员，专门负责催稿工作，2020 年 10 月底稿件收集基本结束。为使编辑审稿工作有序推进，落到实处，市政协从昭通学院和市委党史研究室聘请专家对编辑工作进行审稿（其中，昭通学院教授唐靖负责市级篇章《综合卷》和《巧家卷》，市政协原经农委主任王华国负责市级篇章《产业就业扶贫卷》和《鲁甸卷》，昭通学院教授傅奠基负责市级篇章《基础设施建设卷》和《盐津卷》《大关卷》，昭通学院教授陈玥负责市级篇章《易地搬迁扶贫卷》和《永善卷》，昭通学院教授王琼负责《民生扶贫卷》和《镇雄卷》，昭通学院教授任继敏负责市级篇章《挂钩帮扶及社会扶贫卷》和《水富卷》，昭通学院教授周玲负责市级篇章《扶贫协作卷》和《彝良卷》《威信卷》，市委党史研究室副主任翟昭明负责市级篇章《组织保障卷》和《昭阳卷》《绥江卷》）。2020 年 11 月 18 日，市政协陶仁副主席主持召开《昭通市脱贫攻坚大决战实录》统稿工作会，统一了丛书形式和内容、结构和逻辑框架。

在市政协党组的坚强领导下，在各位编撰专家、市直各单位、市政协机关各委室、各县市区政协以及编撰办公室成员的大力支持和共同努力下，经夏历冬，数易其稿，2021 年 3 月初，《昭通市脱贫攻坚大决战实录》样书基本成型。2021 年 3 月 17 日，市政协副主席陶仁主持召开《昭通市脱贫攻坚大决战实录》样稿讨论会，进一步推动《昭通市脱贫攻坚大决战实录》编辑出版工作。

首先，本丛书的编撰出版得益于各级领导的正确领导，特别是市委杨亚林书记、市政府郭大进市长、市委朱家伟副书记的指导和支持。其次，本丛书的编撰出版得益于市政协党组的坚强领导，特别是成联远主席亲自指挥，亲自督战，亲自修订纲要，并亲自撰写总序和文章。第三，本丛书的编撰出版得益于全市 200 余家单位和部门的积极参与，全市领导干部，基层工作人员，脱贫攻坚督导员、驻村工作队员，政协委员，他们不仅是脱贫攻坚一线指战员，同时还撰写亲身经历脱贫攻坚工作的真实故事。据统计，全市共有1700余人参与《昭通市脱贫攻坚大决战实录》撰稿工作中，收到初稿2526篇。应该说，本丛书的编撰工作是我市脱贫攻坚工作的有机组成部分，同样也凝聚着全市干部群众的智慧和心血，是集体智慧的结晶。最后，特别要提的是昭通学院对本丛书编撰工作的支持和帮助。昭通学院党委大力支持《昭通市脱贫攻坚大决战实录》的编撰工作，在师资紧缺的情况下，委派出周玲、傅奠基、唐靖、陈玥、任继敏、王琼等六位教授参与编撰工作中，为编撰工作注入了智慧和力量。

在编撰《昭通市脱贫攻坚大决战实录》时，编撰专家精心筛选、整理、提炼，力求将那些散落于基层的珍珠捡拾起来，洗尽铅华，还原本真，形成真实的历史故事。这套书注重文史资料“亲历、亲见、亲闻”原则，以第一人称行文，部分新闻通讯、消息类稿件，在公开媒体上发表过，体现新闻的真实性，也作为资料收录，补充《昭通市脱贫攻坚大决战实录》内容。编者旨在通过真实、感人的故事让脱贫攻坚工作在时代的聚光灯下接受检阅，给过往和经历者以心灵的依稀穿越，获取一种灵魂的战栗和反思。同时，给不曾经历，甚至不曾听闻过的后人以另一种历史的演绎，告诉他们当年自己的祖先那段荡气回肠、可歌可泣的脱贫史。

虽说《昭通市脱贫攻坚大决战实录》丛书已呈现在读者面前，但由于编撰时间紧迫、人手不够、水平有限，不免存在内容欠全面、认知不到位、归类难把握等问题和瑕疵，恳请各位方家在阅读过程中批评指正，不吝赐教，我们定当虚心接受意见建议，进一步加以修改完善，以遗后人，真正达到“存史、资政、团结、育人”之目的。

编委会办公室